Lutz Völker

Berufsbildungsrecht kompakt

Berufsbildungsrecht kompakt

Lutz Völker

Bibliografische Information der Deutschen Nationalbibliothek: Die Deutsche Nationalbibliothek verzeichnet diese Publikation in der Deutschen National-bibliografie; detaillierte bibliografische Daten sind im Internet unter http://dnb.d-nb.de abrufbar.

4. Auflage 2023

© 2023 Lutz Völker

Herstellung und Verlag: BoD – Books on Demand, Norderstedt

ISBN 978-3-7519-1706-3

Vorwort

Die Berufsausbildung im Rahmen des dualen Systems ist eines der wichtigsten Instrumente zur Ausbildung von Fachkräften. Zur Personalentwicklung leistet die berufliche Fortbildung einen entscheidenden Beitrag. Berufsbildung erfasst zudem die Berufausbildungsvorbereitung und berufliche Umschulung, um erste oder neue Chancen auf dem Ausbildungs- und Arbeitsmarkt zu schaffen.

Damit die Berufsbildung in einem geordneten Rahmen durchgeführt werden kann, sind Rechtsvorschriften erforderlich. Maßgeblich sind neben dem Berufsbildungsgesetz (BBiG) eine Reihe weiterer Rechtsvorschriften des privaten und des öffentlichen Rechts. Deren Zusammenspiel ist jedoch nicht einfach zu erfassen.

Das vorliegende Buch soll dazu beitragen, die wesentlichen für die Berufsbildung relevanten Rechtsvorschriften praxisgerecht anwenden zu können. Es stellt die wichtigsten Rechtsgrundlagen in kompakter Form anhand zahlreicher Beispiele dar. Zielgruppen sind vorrangig angehende oder aktive Ausbilder sowie Personalverantwortliche, die berufliche Bildung in Betrieben und außerbetrieblichen Ausbildungsstätten durchführen und organisieren.

Nach einer Darstellung der Grundlagen der Berufsbildung wird das Berufsausbildungsverhältnis von seiner Begründung bis zur Beendigung betrachtet. Danach werden Aspekte des Prüfungswesens, besondere Bereiche der Berufsbildung, die Institutionen der Berufsbildung, der Mutterschutz sowie die Rechte der Arbeitnehmervertretungen vorgestellt. Ein kurzer Überblick zeigt die finanziellen Förderungsmöglichkeiten nach dem SGB III und dem AFBG.

Um den Zugriff auf die wichtigsten Gesetze zu vereinfachen, sind die Texte des Berufsbildungsgesetzes und des Jugendarbeitsschutzgesetzes als Anhang enthalten.

Die Neuauflage berücksichtigt u.a. die Änderungen durch die Umsetzung der Richtlinie (EU) 2019/1152, die ab dem 1.8.2022 in Kraft getreten sind.

Für die Übernahme des aufwendigen Korrekturlesens bedanke ich mich bei Evelyn Atzler.

Mai 2023

Lutz Völker

Inhaltsverzeichnis

Abkürzungsverzeichnis

a.A.	anderer Ansicht
AAG	Gesetz über den Ausgleich der Arbeitgeber-aufwendungen für Entgeltfortzahlungen (Aufwendungsausgleichsgesetz)
AEVO	Ausbilder-Eignungsverordnung
AFBG	Aufstiegsfortbildungsförderungsgesetz
AGG	Allgemeines Gleichbehandlungsgesetz
ArbGG	Arbeitsgerichtsgesetz
ArbSchG	Gesetz über die Durchführung von Maßnahmen des Arbeitsschutzes zur Verbesserung der Sicherheit und des Gesundheitsschutzes der Beschäftigten bei der Arbeit (Arbeitsschutzgesetz)
ArbZG	Arbeitszeitgesetz
Art.	Artikel
BAG	Bundesarbeitsgericht
BAnz	Bundesanzeiger
BArbBl.	Bundesarbeitsblatt
BAVB-VO	Verordnung über die Bescheinigung von Grundlagen beruflicher Handlungsfähigkeit im Rahmen der Berufsausbildungsvorbereitung
BBIB	Bundesinstitut für Berufsbildung
BBiG	Berufsbildungsgesetz
BDSG	Bundesdatenschutzgesetz
BEEG	Gesetz zum Elterngeld und zur Elternzeit (Bundeselterngeld- und Elternzeitgesetz)
BetrVG	Betriebsverfassungsgesetz
BGB	Bürgerliches Gesetzbuch
BGBl.	Bundesgesetzblatt
BtMG	Betäubungsmittelgesetz
BUrlG	Mindesturlaubsgesetz für Arbeitnehmer (Bundesurlaubsgesetz)
BverfG	Bundesverfassungsgericht
BVerwG	Bundesverwaltungsgericht
bzw.	beziehungsweise
CNC	Computerized Numerical Control
d.h.	das heißt
DQR	Deutscher Qualifikationsrahmen
EFZG	Gesetz über die Zahlung des Arbeitsentgelts an Feiertagen und im Krankheitsfall (Entgeltfortzahlungsgesetz)
EuGH	Europäischer Gerichtshof
ff.	fortfolgende

FG	Finanzgericht
GewO	Gewerbeordnung
GG	Grundgesetz
ggf.	gegebenenfalls
h.M.	herrschende Meinung
HwK	Handwerkskammer
HwO	Handwerksordnung
i.d.R.	in der Regel
IHK	Industrie- und Handelskammer
i.V.m.	in Verbindung mit
JArbSchG	Gesetz zum Schutz der arbeitenden Jugend (Jugendarbeitsschutzgesetz)
KSchG	Kündigungsschutzgesetz
LAG	Landesarbeitsgericht
MiLoG	Mindestlohngesetz
MPO	Musterprüfungsordnung
MuSchG	Gesetz zum Schutz der erwerbstätigen Mutter (Mutterschutzgesetz)
m.w.N.	mit weiteren Nachweisen
NachwG	Gesetz über den Nachweis der für ein Arbeitsverhältnis geltenden wesentlichen Bedingungen (Nachweisgesetz)
Nr.	Nummer
o.ä.	oder ähnliche(s)
o.g.	oben genannt(e)
OVG	Oberverwaltungsgericht
OWiG	Ordnungswidrigkeitengesetz
PflBG	Pflegeberufegesetz
Rn.	Randnummer
s.	siehe
S.	Satz
SGB	Sozialgesetzbuch
TVG	Tarifvertragsgesetz
TVAöD	Tarifvertrag für Auszubildende des öffentlichen Dienstes
TzBfG	Gesetz über Teilzeitarbeit und befristete Arbeitsverträge (Teilzeit- und Befristungsgesetz)
u.a.	und andere(s)
u.ä.	und ähnliche(s)
usw.	und so weiter
u.U.	unter Umständen
VG	Verwaltungsgericht
VGH	Verwaltungsgerichtshof

vgl.	vergleiche
VwVfG	Verwaltungsverfahrensgesetz
VwGO	Verwaltungsgerichtsordnung
z.B.	zum Beispiel
z.T.	zum Teil

Literatur

Benecke, Martina/Hergenröder, Carmen Silvia: Berufsbildungsgesetz, 1. Auflage, München 2009.

Bundesministerium für Arbeit und Soziales (Hrsg.): Übersicht über das Arbeitsrecht/Arbeitsschutzrecht, 13. Auflage, Nürnberg 2019.

Hergenröder, Carmen Silvia: Berufsausbildung im Betrieb, 1. Auflage, Münster 2016

Herkert, Josef/Töltl, Harald: Berufsbildungsgesetz – Kommentar mit Nebenbestimmungen, 116. Aktualisierung, Regensburg 2020.

Knopp, Anton/Kraegeloh, Wolfgang: Berufsbildungsgesetz, 5. Auflage, Köln 2005.

Lakies, Thomas: Rechte und Pflichten in der Berufsausbildung, 2. Auflage, Berlin 2013.

Lakies, Thomas/Malottke, Anette: Berufsbildungsgesetz, 6. Auflage, Frankfurt/Main 2018.

Leinemann, Wolfgang/Taubert, Thomas: Berufsbildungsgesetz, 2. Auflage, München 2008.

Müller-Glöge, Rudi/Preis, Ulrich/Schmidt, Ingrid: Erfurter Kommentar zum Arbeitsrecht, 19. Auflage, München 2019.

Stolpmann, Frank/Teufer, Andreas: Prüfungsrecht für Auszubildende und ihre Prüfer, 1. Auflage, Baden-Baden 2009.

Völker, Lutz: Arbeits- und Sozialversicherungsrecht kompakt, 10. Auflage, Norderstedt 2020.

Wohlgemuth, Hans Hermann/Pepping, Georg (Hrsg.): Berufsbildungsgesetz, 2. Auflage, Baden-Baden 2020.

1. Grundlagen
1.1. Begriff Berufsbildung

Der Begriff der Berufsbildung im Sinne des Berufsbildungsgesetzes wird in § 1 Abs. 1 BBiG definiert. **Berufsbildung** als **Oberbegriff** umfasst vier Bereiche:

• die Berufsausbildungsvorbereitung,
• die Berufsausbildung,
• die berufliche Fortbildung und
• die berufliche Umschulung.

Berufsausbildungsvorbereitung dient dem Ziel, durch die Vermittlung von Grundlagen an eine Berufsausbildung in einem anerkannten Ausbildungsberuf heranzuführen (§ 1 Abs. 2 BBiG). Zielgruppe sind Personen, für die aufgrund persönlicher oder sozialer Defizite eine Berufsausbildung im dualen System noch nicht in möglich ist. In Betracht kommen z.b. Personen ohne Schulabschluss oder mit Sprachdefiziten. Die besonderen Vorschriften zur Berufsausbildungsvorbereitung werden in den §§ 68 ff. BBiG geregelt.

Die **Berufsausbildung** stellt den Kernregelungsbereich des Berufsbildungsgesetzes dar. Berufsausbildung ist im Sinne einer beruflichen Erstausbildung zu verstehen. Es besteht aber auch die Möglichkeit, unmittelbar im Anschluss an einer erste Berufsausbildung eine Zweitausbildung in einem anderen Beruf zu absolvieren. Berufsausbildung dient dazu, die berufliche Handlungsfähigkeit in einem geordneten Ausbildungsgang zu vermitteln (§ 1 Abs. 3 BBiG). Die berufliche Handlungsfähigkeit umfasst die notwendigen beruflichen Fertigkeiten, Kenntnisse und Fähigkeiten zur Ausübung einer qualifizierten Tätigkeit. Zudem soll die Berufsausbildung den Erwerb von Berufserfahrungen ermöglichen, was den Einsatz der Auszubildenden in den realen betrieblichen Arbeitssituationen erfordert. Hauptzielgruppe sind die Absolventen der allgemeinbildenden Schulen. Allerdings ist der Schulabschluss keine notwendige Voraussetzung für eine Berufsausbildung.

Berufliche Fortbildung baut i.d.R. auf einem bereits vorhandenen Berufsabschluss auf. Sie dient nach § 1 Abs. 4 BBiG zum einen dazu, die berufliche Handlungsfähigkeit zu erhalten und anzupassen (Anpassungsfortbildung), zum anderen die berufliche Handlungsfähigkeit zu erweitern und beruflich aufzusteigen (höherqualifizierende Berufsbildung).

Die **berufliche Umschulung** dient dem Zweck, zu einer anderen, bisher nicht erlernten Berufstätigkeit zu befähigen. Damit richtet sich die berufliche Umschulung an Personen, die bereits eine Berufsausbildung absolviert und in ihrem Beruf gearbeitet haben, aber z.B. aus gesundheitlichen oder arbeitsmarktbedingten Gründen ihrer bisherigen Beruf nicht mehr ausüben können.

Keine Umschulung sondern eine Berufsausbildung als Zweitausbildung liegt vor, wenn ein Auszubildender unmittelbar im Anschluss an einer erste Berufsausbildung eine Ausbildung in einem anderen Beruf absolviert.[1] Die zwischenzeitliche, nicht nur unerhebliche praktische Tätigkeit im zunächst erlernten Beruf ist somit unverzichtbare Voraussetzung für eine Umschulung.

Als **Lernorte** der Berufsbildung kommen vorrangig Betriebe der Wirtschaft sowie des öffentlichen Dienstes (z.b. Behörden) und der freien Berufe (z.b. Arztpraxen oder Anwaltskanzleien) sowie Haushalte in Betracht (§ 2 Abs. 1 Nr. 1 BBiG).

Ergänzt wird die Berufsbildung in Betrieben durch die Ausbildung in **beruflichen Schulen** (§ 2 Abs. 1 Nr. 2 BBiG). Daraus ergibt sich die Durchführung der Berufsausbildung im dualen System. Zudem kommen als Lernorte sonstige **außerbetriebliche Berufsbildungseinrichtungen** in Betracht (§ 2 Abs. 1 Nr. 3 BBiG). Dazu zählen insbesondere Berufsbildungszentren, Ausbildungseinrichtungen der Kammern oder Verbände und Einrichtungen der beruflichen Rehabilitation (§ 51 SGB IX). Nach § 2 Abs. 2 BBiG besteht bei verschiedenen Lernorten das Gebot der Lernortkooperation.

Ein Teil der Ausbildung von bis zu einem Viertel kann auch im **Ausland** absolviert werden (§ 2 Abs. 3 BBiG). Der Auslandsaufenthalt gilt als Teil der Berufsausbildung, sofern er dem Ausbildungsziel dient. Davon ist auszugehen, wenn die im Ausland vermittelten Ausbildungsinhalte im Wesentlichen dem entsprechen, was Gegenstand der heimischen Ausbildung ist oder wenn Sprachkenntnisse vermittelt werden, die für den Beruf bedeutsam sind.

1.2. Geltungsbereich des Berufsbildungsgesetzes

Das Berufsbildungsgesetz regelt im § 3 BBiG seinen Anwendungsbereich. Dabei gilt der Grundsatz, dass das Berufsbildungsgesetz für die Berufsbildung gilt, soweit diese **nicht in berufsbildenden Schulen** stattfindet, welche den Schulgesetzen der Länder unterliegen (§ 3 Abs. 1 BBiG). Diese Abgrenzung ist verfassungsrechtlich geboten (Artt. 30, 70 GG). Erfasst wird daher nur die betriebliche Berufsbildung und die Berufsbildung in sonstigen außerbetrieblichen Berufsbildungseinrichtungen.

Ausdrücklich vom Geltungsbereich **ausgenommen** sind nach § 3 Abs. 2 BBiG:

• Studiengängen an Hochschulen,
• die Berufsbildung in einem öffentlich-rechtlichen Dienstverhältnis sowie
• die Berufsbildung auf Kauffahrteischiffen.

---

[1] *BAG*, Urteil vom 03. Juni 1987 – 5 AZR 285/86.

Wird im Rahmen eines **dualen Studiums** eine Berufsausbildung mit einem Studium kombiniert (ausbildungsintegrierendes duales Studium), findet das Berufsbildungsgesetz nur auf den betrieblichen Teil Anwendung. Ist hingegen der praktische Teil integrierter Bestandteil des dualen Studiums in Form eines Praktikums (praxisintegrierendes duales Studium), ist das Berufsbildungsgesetz nicht anzuwenden.

Für die Berufsbildung in **Berufen der Handwerksordnung** werden nach § 3 Abs. 3 BBiG einige Vorschriften des Berufsbildungsgesetzes durch entsprechende Vorschriften der Handwerksordnung ersetzt. Erfasst werden vorrangig die ordnungsrechtlichen Vorschriften. Demgegenüber gelten die vertragsrechtlichen Bestimmungen des Berufsbildungsgesetzes auch für die Berufe der Handwerksordnung. Diese Regelung findet sowohl auf die zulassungspflichtigen Handwerke als auch auf zulassungsfreie Handwerke sowie handwerksähnliche Gewerbe Anwendung.

Die inhaltlichen Unterschiede zwischen den Regelungen des Berufsbildungsgesetzes und denen der Handwerksordnung sind allerdings gering. Bei den folgenden Ausführungen wird daher vorrangig auf die Regelungen des Berufsbildungsgesetzes eingegangen. Regelungen der Handwerksordnung werden nur dann betrachtet, wenn diese substantielle Unterschiede aufweisen.

Das BBiG findet zudem keine Anwendung für die in Spezialgesetzen geregelten Berufsausbildungen, soweit diese vom BBiG abweichende Vorschriften enthalten.[2] Das betrifft vor allem Berufe im **Gesundheits- und Sozialwesen**. Im Pflegeberufegesetz[3] wird die Ausbildung zum Pflegefachmann bzw. zur Pflegefachfrau geregelt, für die das BBiG ausdrücklich keine Anwendung findet (§ 63 PflBG). Auch die Ausbildung z.B. von Ergotherapeuten[4], Physiotherapeuten[5] usw. fällt nicht unter das BBiG.

1.3.   Duales System

Für die Berufsausbildung in Deutschland ist das duale System prägend. Mit dem Begriff des dualen Systems wird die Ausbildung an den zwei Lernorten **Betrieb** und **Berufsschule** (§ 2 Abs. 1 BBiG) bezeichnet. Die beiden Lernorte sind durch unterschiedliche Zuständigkeiten, Rechtsgrundlagen, die Finanzierung und inhaltliche Schwerpunkte gekennzeichnet.

---

[2] *BAG*, Urteil vom 7. März 1990 – 5 AZR 217/89.
[3] Pflegeberufegesetz vom 17. Juli 2017, BGBl I, S. 2581; dieses ersetzt seit 2020 das Kranken- und Altenpflegegesetz.
[4] Ergotherapeutengesetz vom 25. Mai 1976, BGBl. I, S. 1246.
[5] Masseur- und Physiotherapeutengesetz vom 26. Mai 1994, BGBl. I, S. 1084.

Ausbildungsbetrieb	Lernort	Berufsschule
Bund Zuständige Stelle, z.b. IHK, HwK	**Zuständigkeit**	Bundesländer Schulaufsichts- behörden
Privatrecht Bundesrecht	**Rechtsebene**	Öffentl. Recht Landesrecht
BBiG Ausbildungsvertrag	**Rechtliche Grundlage**	Schulgesetze Berufsschulpflicht
privat	**Finanzierung**	staatlich
Ausbildungsordnung	**inhaltliche Grundlage**	Rahmenlehrplan
Praxis	**inhaltlicher Schwerpunkt**	Theorie

Zuständig für die betriebliche Berufsausbildung ist als Gesetzgeber der Bund, für die Überwachung die zuständigen Stellen, insbesondere die Kammern. Für die Schulgesetzgebung liegt die Zuständigkeit bei den Bundesländern, bezüglich der Überwachung sind die Schulaufsichtsbehörden, i.d.r. die Schulämter, zuständig.

Die **betriebliche Berufsausbildung** basiert auf dem Berufsausbildungsvertrag, welcher **privatrechtlich**er Natur ist. Gesetzliche Grundlage ist das BBiG. Die Finanzierung der betrieblichen Ausbildung erfolgt durch die Betriebe selbst. Demgegenüber unterliegt die **Berufsschulausbildung** dem **öffentlichen Recht** mit den Schulgesetzen der Länder als gesetzlicher Grundlage. Für die Finanzierung ist der Staat zuständig.

Inhaltlicher Schwerpunkt der betrieblichen Ausbildung ist die berufspraktische Ausbildung auf Basis der **Ausbildungsordnung**. In der Ausbildungsordnung ist u.a. der Ausbildungsrahmenplan enthalten, welcher die sachliche und zeitliche Gliederung der zu vermittelnden Kenntnisse, Fertigkeiten und Fähigkeiten enthält. Der inhaltliche Schwerpunkt der Berufsschulausbildung liegt auf fachtheoretischen Inhalten. Daneben werden durch die Berufsschulen auch allgemeinbildende Inhalte vermittelt. Grundlage der zu vermittelnden Inhalte ist der jeweilige **Rahmenlehrplan**.

Die beiden Lernorte sind nach § 2 Abs. 2 BBiG zur **Kooperation** verpflichtet. Die Kooperation zeigt sich z.B. darin, dass Lehrer berufsbildender Schulen in den Prüfungsausschüssen vertreten sind (§ 40 Abs. 2 BBiG) und dass der wesentliche Berufsschulstoff Gegenstand der Abschlussprüfung ist (§ 38 S. 2 BBiG).

1.4. Rechtsquellen des Berufsbildungsrechts
1.4.1. Öffentliches Recht und Privatrecht

Das Berufsbildungsrecht ist durch das Zusammenspiel von Privatrecht und öffentlichem Recht gekennzeichnet. Die beiden Gebiete sind durch unterschiedliche Merkmale gekennzeichnet:

Privatrecht	**Öffentliches Recht**
Regelung der rechtlichen Beziehungen zwischen Personen untereinander	Regelung der rechtlichen Beziehungen zwischen Bürger und Staat
Gleichstellung	Über-/Unterordnung
Überwiegend dispositives Recht, d.h. Abreden haben Vorrang vor gesetzlichen Regelungen	Zwingendes Recht

```
                                         ┌──────────────┐
      ┌──────────────┐                    │ Öffentliches │
      │  Privatrecht │                    │    Recht     │
      └──────────────┘                    └──────────────┘

                                               ┌────────┐
                                               │ Staat  │
  ┌──────────┐         ┌──────────┐            └────────┘
  │  Person  │◄───────►│  Person  │                │
  └──────────┘         └──────────┘            ┌────────┐
                                               │ Bürger │
                                               └────────┘
```

In der Berufsausbildung haben vor allem der **Berufsausbildungsvertrag** sowie die dazu geltenden Rechtsvorschriften, insbesondere die §§ 10 bis 26 BBiG, **privatrechtlich**en Charakter. Demgegenüber sind die Fragen der **Ordnung der Berufsausbildung** dem **öffentlichen Recht** zuzuordnen.

Infolge dessen sind die Vertragspartner des Berufsausbildungsvertrags selbst gehalten, Ansprüche aus diesem geltend zu machen und ggf. bei Pflichtverletzungen ihre Rechte gerichtlich durchzusetzen. Verstöße gegen öffentlich-rechtliche Vorschriften werden demgegenüber staatlich überwacht und ggf. sanktioniert.

Beispiele: Ausbildender und Auszubildender können ihren Vertragspartner frei wählen und den Ausbildungsvertrag im Rahmen der geltenden gesetzlichen Vorschriften frei ausgestalten. So kann z.b. die Ausbildungsvergütung im Rahmen der Angemessenheit (§ 17 Abs. 1 S. 1 BBiG) frei vereinbart werden, wenn keine Tarifbindung besteht und soweit die Mindestausbildungsvergütung nicht unterschritten wird. Wird dem Auszubildenden keine angemessene Vergütung gezahlt, muss er seinen Anspruch gegenüber dem Ausbildenden einfordern und ggf. gerichtlich geltend machen.

Demgegenüber sind die Eignungsvoraussetzungen für die Ausbildung zwingend, Verstöße können staatlich sanktioniert werden, z.b. durch Untersagung der Ausbildung (§ 33 BBiG) oder Bußgelder bis zu 5.000 € (§ 101 Abs. 1 Nr. 6 BBiG).

Auch die **gerichtliche Zuständigkeit** im Berufsbildungsrecht hängt davon ab, ob die öffentlich-rechtliche oder die privatrechtliche Seite Gegenstand ist.

Rechtsstreitigkeiten zwischen Ausbildenden und Auszubildenden aus dem Berufsausbildungsverhältnis unterliegen der Zuständigkeit der Arbeitsgerichte (§ 2 Abs. 1 Nr. 3 i.V.m. § 5 Abs. 1 S. 1 ArbGG). Im Berufsbildungsrecht gilt die Besonderheit, dass nach § 111 Abs. 2 ArbGG von den zuständigen Stellen **Schlichtungsausschüsse** zur Beilegung von Rechtsstreitigkeiten gebildet werden können. Besteht ein solcher Schlichtungsausschuss, ist das Schlichtungsverfahren Voraussetzung für die Klage vor dem Arbeitsgericht (§ 111 Abs. 2 S. 5 ArbGG). Allerdings kommt das Schlichtungsverfahren nur zur Anwendung, wenn es um **Rechtsstreitigkeiten aus einem bestehenden Ausbildungsverhältnis** geht, nicht aber wenn dieses bereits beendet ist.

Der Schlichtungsausschuss ist aus einer gleichen Zahl von Arbeitnehmern und Arbeitgebern zu bilden. Im Verfahren vor dem Schlichtungsausschuss sind die Parteien zunächst mündlich anzuhören. Einigen sich die Parteien nicht auf einen Vergleich, entscheidet der Ausschuss durch einen Schlichterspruch. Der Spruch wird rechtskräftig, wenn er von beiden Parteien binnen einer Woche anerkannt wird. Scheitert die Schlichtung durch Nichtanerkennung des Spruchs, kann binnen zwei Wochen ab ergangenem Spruch Klage vor dem Arbeitsgericht erhoben werden.

Entscheidungen der zuständigen Stellen sind i.d.R. Verwaltungsakte (§ 35 VwVfG). Gegen Verwaltungsakte kann binnen eines Monats schriftlich Widerspruch erhoben werden. Erst nach vorheriger Durchführung des Widerspruchsverfahrens bei der erlassenden Behörde ist der Rechtsweg zu den Verwaltungsgerichten eröffnet (§§ 68 ff. VwGO).

Werden Bußgelder verhängt, kann gegen den Bußgeldbescheid Einspruch eingelegt werden (§ 67 OWiG), über den das Amtsgericht entscheidet (§ 68 OWiG).

1.4.2. Überblick über die wichtigsten Rechtsnormen

Die Rechte und Pflichten der Institutionen und Personen, die an der Berufsausbildung beteiligt sind, werden durch unterschiedliche Gesetze, Verordnungen und sonstige Rechtsvorschriften bestimmt. Für das Berufsbildungsrecht sind insbesondere von Bedeutung:

- das Grundgesetz,
- das Berufsbildungsgesetz,
- die Handwerksordnung,
- das Jugendarbeitsschutzgesetz,
- verschiedene arbeitsrechtliche Gesetze,
- verschiedene Verordnungen,
- Rechtsvorschriften der zuständigen Stellen,
- kollektivrechtliche Vereinbarungen und
- der Berufsausbildungsvertrag.

Das **Grundgesetz** stellt die Basis der Rechtsordnung dar. Dazu gehören zum einen die Grundrechte. Staatliche oder tarifvertragliche[6] Rechtsnormen, die gegen Grundrechte verstoßen, sind grundsätzlich nichtig. Das für die Berufsbildung wichtigste Grundrecht ist die Berufsfreiheit, Art. 12 Abs. 1 GG. Danach haben alle Deutschen u.a. das Recht, Beruf und Ausbildungsstätte frei zu wählen. Demgegenüber kann die Berufsausübung per Gesetz reglementiert werden.

Das Grundgesetz regelt zum anderen das Staatorganisationsrecht. Hierzu gehört z.B. die für das Berufsbildungsrecht bedeutsame Gesetzgebungszuständigkeit von Bund und Ländern (Art. 70 ff. GG), aus der sich u.a. die unterschiedlichen Zuständigkeiten im dualen System ergeben.

Das für die Berufsbildung wichtigste Gesetz ist das **Berufsbildungsgesetz.**

Durch das Berufsbildungsgesetz vom 14. August 1969 wurde das Berufsbildungsrecht erstmals umfassend und bundeseinheitlich geregelt.[7] Das Berufsbildungsreformgesetz hat mit Wirkung zum 1. April 2005 das BBiG grundlegend reformiert.[8] Mit dem Berufsbildungsmodernisierungsgesetz, welches zum 1. Januar 2020 in Kraft getreten ist, erfolgte eine erneute Novellierung.[9]

Der aktuelle Text des Berufsbildungsgesetzes ist im **Anhang** abgedruckt.

---

[6] *BAG*, Urteil vom 31. Juli 2002 – 7 AZR 140/01.
[7] Berufsbildungsgesetz vom 14. August 1969, BGBl. I S. 1112.
[8] Gesetz zur Reform der beruflichen Bildung vom 23. März 2005, BGBl. I S. 931.
[9] Gesetz zur Modernisierung und Stärkung der beruflichen Bildung vom 12. Dezember 2019, BGBl. I S. 2522.

Die folgende Übersicht zeigt die wesentlichen Inhalte des Berufsbildungsgesetzes.

Berufsbildungsgesetz

§§	Regelungsbereiche	Inhalte
1-3	Definitionen Geltungsbereich	Ziel und Begriff der Berufsbildung Lernorte Geltungsbereich
4-9	Ausbildungsberuf, Ausbildungsordnung	Regelungsbereich u. Inhalt der Ausbildungsordnung, Anrechnung Vorbildung, Abkürzung/Verlängerung Ausbildungszeit
10-26	Berufsausbildungsverhältnis	Begründung, Inhalt, Pflichten, Vergütung, Probezeit, Beendigung
27-33	Voraussetzungen zum Ausbilden	Persönliche u. fachliche Eignung, Eignung der Ausbildungsstätte
34-36	Verzeichnis der BAV	Zuständigkeit, Eintragungen
37-50a	Prüfungswesen	Abschlussprüfung, Prüfungsausschuss, Prüferdelegation, Zulassung, Prüfungsordnung, Zwischenprüfung
51-52	Interessenvertretung	Interessensvertretung außerbetrieblicher Azubi
53-70	Besondere Bereiche	berufl. Fortbildung, berufl. Umschulung berufl. Bildung Behinderter, BA-Vorbereitung
71-83	Organisation der Berufsausbildung	Zuständige Stellen, Ausbildungsberater, BB-Ausschuss, Landesausschüsse
84-100	Berufsbildungsforschung, Planung und Statistik	Forschung, Ziele der Planung, Berufsbildungsbericht und -statistik, BIBB
101	Bußgeldvorschriften	Ordnungswidrigkeiten
103-106	Schlussvorschriften	Fortgeltungs- und Übergangsregelungen

Für die Ausbildung in Handwerksberufen werden nach § 3 Abs. 3 BBiG einige Vorschriften des Berufsbildungsgesetzes durch entsprechende Vorschriften der **Handwerksordnung** ersetzt. Die übrigen Vorschriften des Berufsbildungsgesetzes gelten auch im Handwerk. Erfasst wird von § 3 Abs. 3 BBiG die Ausbildung in **allen** Handwerksberufen, d.h. in zulassungspflichtigen und zulassungsfreien Handwerken sowie handwerksähnlichen Gewerben.

Die Regelungen der Handwerksordnung betreffen im Wesentlichen die ordnungsrechtlichen Vorschriften, während die vertragsrechtlichen Regelungen des BBiG auch im Handwerk gelten. Die inhaltlichen Unterschiede sind gering.

Eine Gegenüberstellung der Regelungen der Handwerksordnung zur Berufsbildung und der analogen Vorschriften des Berufsbildungsgesetzes nach § 3 Abs. 3 BBiG zeigt die folgende Übersicht.

HwO	BBiG	Bemerkung
Vergleich der Vorschriften der HwO und des BBiG		
§ 21	§ 27	Eignung der Ausbildungsstätte
§ 22	§ 28	Eignung Ausbildungspersonal
§ 22a	§ 29	persönliche Eignung
§ 22b	§ 30	fachliche Eignung
§ 22c	§ 31	Europaklausel
§ 23	§ 32	Überwachung der Eignung
§ 24	§ 33	Untersagung des Ausbildens
§ 25	§ 4	Anerkennung von Ausbildungsberufen
§ 26	§ 5	Ausbildungsordnung
§ 27	§ 6	Erprobung neuer Ausbildungsberufe
§ 27a	§ 7	Anrechnung Vorbildung
§ 27b	§ 7a	Teilzeitberufsausbildung
§ 27c	§ 8	Verkürzung, Verlängerung
§ 27d		Ausbildung in zwei Handwerken
§ 28	§ 34	Verzeichnis der Berufsausbildungsverhältnisse
§ 29	§ 35	Eintragung
§ 30	§ 36	Antrag auf Eintragung
§ 31	§ 37	Abschlussprüfung
§ 32	§ 38	Prüfungsgegenstand
§ 33	§ 39	Prüfungsausschüsse
§ 34	§ 40	Zusammensetzung, Berufung
§ 35	§ 41	Vorsitz, Beschlussfähigkeit
§ 35a	§ 42	Prüfungsbewertung
§ 36	§ 43	Zulassung zur Abschlussprüfung
§ 36a	§ 44	Zulassung zur gestreckten Abschlussprüfung
§ 37	§ 45	Zulassung in besonderen Fällen
§ 37a	§ 46	Entscheidung über die Zulassung
§ 38	§ 47	Prüfungsordnung
§ 39	§ 48	Zwischenprüfung
§ 39a	§ 49	Zusatzqualifikation
§ 40	§ 50	Gleichstellung von Prüfungszeugnissen

Vergleich der Vorschriften der HwO und des BBiG		
HwO	BBiG	Bemerkung
§ 40a	§ 50a	Ausländische Berufsqualifikationen
§ 41	§ 9	Regelungsbefugnis
§ 41a	§ 76	Überwachung, Beratung
§ 42	§ 53	Fortbildungsordnung
§ 42a	§ 53a	Fortbildungsstufen
§ 42b	§ 53b	Geprüfter Berufsspezialist
§ 42c	§ 53c	Bachelor Professional
§ 42d	§ 53d	Master Professional
§ 42e	§ 53e	Anpassungsfortbildungsordnung
§ 42f	§ 54	Fortbildungsordnung
§ 42g	§ 55	Ausländische Vorqualifikation
§ 42h	§ 56	Fortbildungsprüfung
§ 42i	§ 57	Gleichstellung von Prüfungszeugnissen
§ 42j	§ 58	Umschulungsordnung
§ 42k	§ 59	Erlass durch zuständige Stelle
§ 42l	§ 60	Umschulung für anerkannte Ausbildungsberufe
§ 42m	§ 61	Ausländische Vorqualifikation
§ 42n	§ 62	Umschulungsmaßnahmen, -prüfungen
§ 42o	§ 63	Gleichstellung von Prüfungszeugnissen
§ 42p	§ 64	Berufsausbildung behinderter Menschen
§ 42q	§ 65	Berufsausbildung in anerkannten Ausbildungsberufen
§ 42r	§ 66	Ausbildungsregelungen der zuständigen Stellen
§ 42s	§ 67	Berufliche Fortbildung, berufliche Umschulung
§ 42t	§ 68	Personenkreis Berufsausbildungsvorbereitung
§ 42u	§ 69	Qualifizierungsbausteine
§ 42v	§ 70	Überwachung, Beratung
§ 43	§ 77	Errichtung Berufsbildungsausschuss
§ 44	§ 79	Aufgaben
§ 44a	§ 78	Beschlussfähigkeit, Abstimmung
§ 44b	§ 80	Geschäftsordnung
§§ 45 ff.		Meisterprüfung
§ 118	§ 101	Bußgeldvorschriften

Ist der Auszubildende noch minderjährig, ist neben dem Berufsbildungsgesetz insbesondere das **Jugendarbeitsschutzgesetz** zu beachten.

Der Text des Jugendarbeitsschutzgesetzes ist im **Anhang** abgedruckt.

Das Jugendarbeitsschutzgesetz regelt die Bestimmungen, die bei der Beschäftigung von **Personen unter 18 Jahren** als Arbeitnehmer oder in der Berufsausbildung zu beachten sind (§ 1 Abs. 1 JArbSchG). Das Jugendarbeitsschutzgesetz unterscheidet dabei Kinder und Jugendliche.

Minderjährige, die das 15. Lebensjahr noch nicht vollendet haben, gelten als Kinder (§ 2 Abs. 1 JArbSchG). Als Jugendliche zählen Personen unter 18 Jahren, die mindestens 15 Jahre alt sind. (§ 2 Abs. 2 JArbSchG). Für vollzeitschulpflichtige Jugendliche sind die für Kinder geltenden Vorschriften anzuwenden (§ 2 Abs. 3 JArbSchG).

Die Beschäftigung von **Kindern** ist grundsätzlich verboten (§ 5 Abs. 1 JArbSchG). Ausnahmen sind in den §§ 5 bis 7 JArbSchG geregelt, z.b. im Rahmen eines Praktikums während der Vollzeitschulpflicht, ab 13 Jahre bis zu 2 Stunden mit leichten, für Kinder geeigneten Tätigkeiten und ab 15 Jahre in den Ferien für 4 Wochen. Kinder, die nicht mehr der Vollzeitschulpflicht unterliegen, dürfen im Rahmen eines Berufsausbildungsverhältnisses nach Maßgabe der für Jugendliche geltenden Vorschriften beschäftigt werden (§ 7 Nr. 1 BBiG).

Hauptschwerpunkt des Jugendarbeitsschutzgesetzes ist die **Beschäftigung von Jugendlichen**. Dazu werden insbesondere

• Arbeitszeit, Freizeit und Urlaubsansprüche,
• Beschäftigungsverbote mit bestimmten Tätigkeiten bzw. durch bestimmte Personen,
• die gesundheitliche Betreuung Jugendlicher,
• Vorschriften zur Durchführung des Gesetzes sowie
• Aufsichts-, Bußgeld- und Strafvorschriften geregelt.

Auf diese Regelungen im Einzelnen wird nachfolgend im jeweiligen Kontext des Berufsausbildungsverhältnisses eingegangen.

Das Jugendarbeitsschutzgesetz ist **aushangpflichtig**, wenn regelmäßig mindestens ein Jugendlicher beschäftigt wird (§ 47 JArbSchG). Werden mindestens drei Jugendliche beschäftigt, so ist zusätzlich ein Aushang über Beginn und Ende der täglichen Arbeitszeit und der Pausen erforderlich (§ 48 JArbSchG).

Verstöße gegen das Jugendarbeitsschutzgesetz werden als Ordnungswidrigkeiten mit Bußgeldern bis zu 30.000 € (§§ 58, 59 JArbSchG) und als Straftaten mit bis zu einem Jahr Freiheitsentzug geahndet (§ 58 JArbSchG).

Neben dem Berufsbildungsgesetz, der Handwerksordnung und dem Jugendarbeitsschutzgesetz sind nach § 10 Abs. 2 BBiG die **arbeitsrechtlichen Rechtsvorschriften** und Grundsätze auf Auszubildende anzuwenden, soweit sich aus dem Wesen des Berufsausbildungsvertrags oder dem Berufsbildungsgesetz nichts Abweichendes ergibt.

In vielen Gesetzen des Arbeitsrechts werden zudem Auszubildende ausdrücklich in den Geltungsbereich aufgenommen, so dass § 10 Abs. 2 BBiG diesbezüglich nur deklaratorische Bedeutung hat. Somit spielen zahlreiche arbeitsrechtliche Gesetze auch im Bereich der Berufsausbildung eine Rolle.

Wichtige, auch für das Berufsausbildungsverhältnis bedeutsame Gesetze sind insbesondere:

• Allgemeines Gleichbehandlungsgesetz
• Mutterschutzgesetz
• Bundeselternzeit- und Elterngeldgesetz
• Sozialgesetzbuch IX
• Arbeitszeitgesetz
• Bundesurlaubsgesetz
• Entgeltfortzahlungsgesetz
• Betriebsverfassungsgesetz
• Tarifvertragsgesetz
• Arbeitsgerichtgesetz

Zu den Gesetzen im materiellen Sinne sind auch **Verordnungen** zu zählen, die im Gegensatz zu den Gesetzen im formellen Sinne vom legitimierten Regierungsorgan auf Basis eines Gesetzes erlassen werden (Art. 80 GG). Für die Berufsbildung sind vor allem von Bedeutung:

• die Ausbildungsordnungen und
• die Ausbildereignungsverordnung.

Ausbildungsordnungen stellen die Grundlage für eine bundeseinheitliche Berufsausbildung in anerkannten Ausbildungsberufen dar. Sie werden durch das zuständige Ministerium per Rechtsverordnung erlassen (§ 4 Abs. 1 BBiG).

Durch die **Ausbildereignungsverordnung** werden auf Basis des § 30 Abs. 5 BBiG die Voraussetzungen für die berufs- und arbeitspädagogische Eignung der Ausbilder geregelt.

Körperschaften des öffentlichen Rechts, z.b. die Kammern, können im Rahmen ihrer Zuständigkeit zur Durchführung der Berufsbildung Rechtsvorschriften erlassen (§ 9 BBiG). Dazu zählen z.b.:

- die auf Basis des § 47 Abs. 1 BBiG zu erlassenden Prüfungsordnungen,
- Fortbildungsprüfungsregelungen nach § 54 BBiG,
- Umschulungsprüfungsregelungen nach § 59 BBiG sowie
- Ausbildungsregelungen für behinderte Menschen nach § 66 BBiG.

Zuständig für den Erlass der Rechtsvorschriften der zuständigen Stelle ist der Berufsbildungsausschuss (§ 79 Abs. 4 BBiG).

Kollektivrechtliche Vereinbarungen sind Tarifverträge und Betriebsvereinbarungen. Sie können den Inhalt von Berufsausbildungsverhältnissen mitbestimmen. Im Berufsausbildungsvertrag ist auf geltende Tarifverträge und Betriebsvereinbarungen hinzuweisen (§ 11 Abs. 1 Nr. 9 BBiG).

Tarifverträge, die bei der Regelung von Arbeitsbedingungen eine bedeutsame Rolle spielen, werden im Regelfall zwischen Arbeitgebern oder Arbeitgeberverbänden und Gewerkschaften geschlossen (§ 2 Abs. 1 TVG).

Tarifverträge bestimmen den Inhalt eines unter seinen Geltungsbereich fallenden Berufsausbildungsverhältnisses als zwingendes Recht bei beiderseitiger Tarifbindung (§§ 3 Abs. 1, 4 Abs. 1 TVG) oder Allgemeinverbindlichkeit (§ 5 TVG). Die Tarifgeltung kann auch einzelvertraglich vereinbart werden.

Betriebsvereinbarungen werden zwischen Arbeitgeber und Betriebsrat vereinbart und stellen für die Mitarbeiter des Betriebs, somit auch für die Auszubildenden, unmittelbar zwingendes Recht dar (§ 77 Abs. 4 BetrVG).

Der **Ausbildungsvertrag** regelt die konkreten Rechte und Pflichten der Vertragspartner.

Bei der Anwendung der Rechtsquellen des Berufsbildungsrechts sind verschiedene Prinzipien zu beachten, die das Verhältnis der Rechtsquellen untereinander bestimmen:

a) Rangprinzip
   Nach dem Rangprinzip haben (zwingende) gesetzliche Regelungen Vorrang vor Tarifverträgen und Betriebsvereinbarungen und diese Vorrang vor vertraglichen Einzelvereinbarungen.

b) Günstigkeitsprinzip

Das Günstigkeitsprinzip sagt aus, dass vom Rangprinzip zugunsten des Auszubildenden abgewichen werden darf. Eine Ausnahme gilt jedoch für das Verhältnis Tarifvertrag – Betriebsvereinbarung. Nach § 77 Abs. 3 BetrVG können Arbeitsbedingungen, die üblicherweise Gegenstand eines Tarifvertrags sind, nicht per Betriebsvereinbarung geregelt werden. Insofern wäre auch eine gegenüber dem Tarifvertrag günstigere, gegen § 77 Abs. 3 BetrVG verstoßende Betriebsvereinbarung nichtig.[10]

c) Spezialitäts- und Ordnungsprinzip

Bestehen zwei Regelungen auf der gleichen Rangstufe, so geht die speziellere Regelung der allgemeinen bzw. die neuere der älteren Regelung vor.

Beispiel: Im Ausbildungsvertrag des 19-jährigen Anton, der in der 5-Tage-Woche ausgebildet wird, sind 28 Arbeitstage Urlaub vereinbart, der allgemeinverbindliche Tarifvertrag sieht für Auszubildende 26 Arbeitstage vor, in einer Betriebsvereinbarung sind 30 Arbeitstage vorgesehen. Welchen Urlaubsanspruch hat Anton?

Nach dem Rangprinzip geordnet kommen als relevante Rechtsquellen in Betracht:

* § 3 BUrlG: 24 Werktage = 20 Arbeitstage
* Tarifvertrag: 26 Arbeitstage
* Betriebsvereinbarung: 30 Arbeitstage
* Ausbildungsvertrag: 28 Arbeitstage

Da § 3 BUrlG nur den Mindesturlaubsanspruch regelt, darf zugunsten des Auszubildenden davon abgewichen werden. Die nach dem Günstigkeitsprinzip an sich zugrundezulegenden 30 Arbeitstage nach der Betriebsvereinbarung sind aufgrund der Nichtigkeit der Betriebsvereinbarung wegen des Verstoßes gegen § 77 Abs. 3 BetrVG nicht maßgeblich. Wenn ein Tarifvertrag den Urlaub regelt, kann der Urlaub nicht Gegenstand einer Betriebsvereinbarung sein. Gegenüber dem Tarifvertrag ist die günstigere ausbildungsvertragliche Regelung vorrangig (§ 4 Abs. 3 TVG).

Anton hat somit Anspruch auf 28 Arbeitstage Urlaub.

---

[10] *BAG*, Urteil vom 30. Mai 2006 – 1 AZR 111/05.

2. Ausbildungsvoraussetzungen

2.1. Ausbildungsordnung und Ausbildungsberuf

Die Grundlage für eine bundeseinheitliche Berufsausbildung in anerkannten Ausbildungsberufen stellt die **Ausbildungsordnung** dar, welche als Rechtsverordnung des Bundes erlassen wird (§ 4 Abs. 1 BBiG). Für anerkannte Ausbildungsberufe darf ausschließlich nach der Ausbildungsordnung ausgebildet werden (§ 4 Abs. 2 BBiG).[11] Minderjährige dürfen nur in anerkannten Ausbildungsberufen ausgebildet werden, es sei denn, die Ausbildung bereitet auf weiterführende Bildungsgänge vor (§ 4 Abs. 3 BBiG).

Wird eine Ausbildungsordnung aufgehoben, so gelten für bereits bestehende Ausbildungsverhältnisse die bisherigen Vorschriften fort (§ 4 Abs. 4 BBiG), so dass die Ausbildung ordnungsgemäß beendet werden kann. Die neue Ausbildungsordnung kann aber vorsehen, dass die Ausbildung unter Anrechnung der bereits zurückgelegten Ausbildungszeit nach der neuen Ausbildungsordnung fortgesetzt werden kann, wenn die Vertragsparteien dies vereinbaren (§ 5 Abs. 2 Nr. 3 BBiG).

Beispiel: Mit Wirkung vom 1. August 2014 wurde die Ausbildungsordnung für den Beruf „Kaufmann/-frau für Büromanagement" erlassen und u.a. die Ausbildungsordnung für den Beruf „Bürokaufmann/-frau" aufgehoben. Hatte ein Auszubildender 2013 seine Ausbildung zu Bürokaufmann begonnen, konnte er sie nach der seinerzeit geltenden Verordnung fortsetzen und beenden.

Eine Ausbildungsordnung regelt mindestens (§ 5 Abs. 1 BBiG):

• die Berufsbezeichnung,
• die Ausbildungsdauer,
• das Ausbildungsberufsbild,
• den Ausbildungsrahmenplan und
• die Prüfungsanforderungen.

Nach § 5 Abs. 2 BBiG kann die Ausbildungsordnung zusätzlich regeln:

• die Ausbildung als Stufenausbildung,
• eine gestreckte Abschlussprüfung,
• Anrechnungsregeln,
• Zusatzqualifikationen und
• verpflichtende überbetriebliche Ausbildung.

---

[11] *BAG*, Urteil vom 27. Juli 2010 – 3 AZR 317/08.

2.2. Eignung der Ausbildungsstätte und der beteiligten Personen

Folgende Voraussetzungen müssen erfüllt sein, damit im Rahmen der Berufsausbildung ausgebildet werden darf:

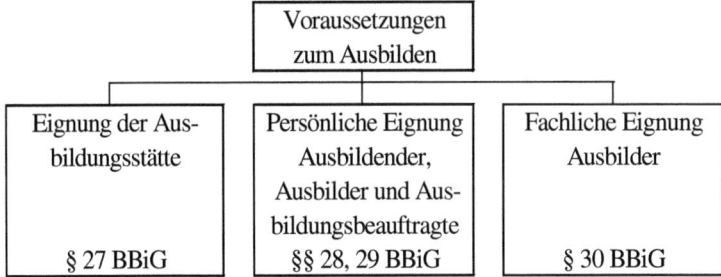

Voraussetzungen zum Ausbilden		
Eignung der Ausbildungsstätte	Persönliche Eignung Ausbildender, Ausbilder und Ausbildungsbeauftragte	Fachliche Eignung Ausbilder
§ 27 BBiG	§§ 28, 29 BBiG	§ 30 BBiG

Um ausbilden zu dürfen, muss die **Ausbildungsstätte** für die Berufsausbildung **geeignet** sein. Das setzt zunächst voraus, dass sie nach Art und Einrichtung die Vermittlung der erforderlichen Kenntnisse, Fertigkeiten und Fähigkeiten des auszubildenden Berufs ermöglicht (§ 27 Abs. 1 Nr. 1 BBiG). Dazu gehören neben den erforderlichen Räumlichkeiten insbesondere die Grundausstattungen an Werkzeugen, Maschinen und Geräten, Prüfmitteln, Pflege- und Wartungseinrichtungen, bürotechnischen Einrichtungen und Hilfsmitteln sowie anderen notwendigen Ausbildungsmitteln. Art und Umfang der Produktion bzw. das Sortiment oder die angebotenen Dienstleistungen müssen gewährleisten, dass die in der Ausbildungsordnung vorgesehenen Kenntnisse, Fertigkeiten und Fähigkeiten vermittelt werden können.

Beispiel: Der Betreiber eines Imbiss-Wagens kann in seinem Betrieb keinen Auszubildenden zum Koch ausbilden, da der Imbiss-Wagen nach Art und Einrichtung zur Vermittlung der erforderlichen Kenntnisse, Fertigkeiten und Fähigkeiten nicht geeignet ist.

Können einzelne Kenntnisse, Fertigkeiten und Fähigkeiten in der Ausbildungsstätte nicht vermittelt werden, so kann dieser Mangel durch eine **Ausbildungsmaßnahme außerhalb der Ausbildungsstätte** behoben werden (§ 27 Abs. 2 BBiG).

Beispiel: Ein kleinerer metallverarbeitender Betrieb möchte einen Zerspanungsmechaniker ausbilden. Im Ausbildungsrahmenplan ist u.a. ein Abschnitt „Programmieren von numerisch gesteuerten Werkzeugmaschinen oder Fertigungssystemen" enthalten. Da das Unternehmen selbst keine CNC-Maschinen hat, können diese Kenntnisse und Fertigkeiten in der Ausbildungsstätte nicht vermittelt werden. Schließt man einen Vertrag mit einem anderen Unternehmen oder einer außerbetrieblichen Ausbildungsstätte ab, welche dem Auszubildenden die Inhalte der CNC-Ausbildung vermittelt, gilt der Mangel als behoben.

Das **Verhältnis der Auszubildenden zu** der Zahl der Ausbildungsplätze bzw. **Fachkräfte** muss zudem angemessen sein. Die Angemessenheit gilt als gegeben, wenn folgende Verhältnisse Auszubildende zu Fachkräfte bestehen:[12]

Anzahl der Auszubildenden	Anzahl der Fachkräfte
1	1 - 2
2	3 - 5
3	6 - 8
je weiterer	3 weitere

Als **Fachkräfte** gelten neben dem Ausbilder alle Facharbeiter mit entsprechendem Ausbildungsberuf und Personen, welche die anderthalbfache Zeit der Ausbildungsdauer in diesem Beruf gearbeitet haben.

Ein nebenberuflicher Ausbilder soll i.d.R. nicht mehr als 3, ein hauptberuflicher i.d.R. nicht mehr als 16 Auszubildende ausbilden.[13]

Bezüglich der an der Ausbildung beteiligten Personen ist zwischen dem **Ausbildenden**, dem **Ausbilder** und den **Ausbildungsbeauftragten** zu unterscheiden.

Ausbildender ist, wer andere Personen zur Berufsausbildung einstellt (§ 10 Abs. 1 BBiG). **Ausbilder** ist, wer die wesentlichen Ausbildungsinhalte unmittelbar vermittelt (§ 28 Abs. 2 BBiG). Unter der Verantwortung des Ausbilders können Personen tätig werden, die nicht selbst Ausbilder sind (**Ausbildungsbeauftragte**, § 28 Abs. 3 BBiG).

Auszubildende einstellen darf nur, wer persönlich geeignet ist (§ 28 Abs. 1 S. 1 BBiG). Bei einer juristischen Person setzt dies die persönliche Eignung der vertretungsberechtigten Personen voraus. Auch Ausbildungsbeauftragte müssen persönlich geeignet sein (§ 28 Abs. 3 BBiG). Ausbilder müssen persönlich und fachlich geeignet sein (§ 28 Abs. 1 S. 2 BBiG). Ist der Ausbildende nicht zugleich Ausbilder, muss er persönlich und fachlich geeignete Ausbilder bestellen (§ 28 Abs. 2 BBiG).

Die **persönliche Eignung** gilt **grundsätzlich** für **Jedermann** als gegeben. Ausgenommen werden Personen, bei denen die Gefahr einer charakterlichen, sittlichen oder körperlichen Gefährdung der Auszubildenden besteht.

Persönlich **nicht geeignet** ist daher insbesondere, wer Kinder und Jugendliche nicht beschäftigen darf (§ 29 Nr. 1 BBiG i.V.m. § 25 JArbSchG) oder wer schwer oder wiederholt gegen das BBiG verstoßen hat (§ 29 Nr. 2 BBiG).

---

[12] Empfehlung des *Hauptausschusses des BBIB* vom 16. Dezember 2015, BAnz. Amtlicher Teil vom 25.01.2016.
[13] Empfehlung des *Hauptausschusses des BBIB* vom 16. Dezember 2015, BAnz. Amtlicher Teil vom 25.01.2016.

Kinder und Jugendliche darf nach § 25 JArbSchG für mindestens 5 Jahre nicht beschäftigen, wer

- wegen eines Verbrechens zu einer Freiheitsstrafe von mindestens 2 Jahren,
- wegen einer vorsätzlichen Straftat in der Funktion als Ausbilder oder Arbeitgeber zulasten Kinder oder Jugendlicher zu einer Freiheitsstrafe von mehr als 3 Monaten,
- wegen Sexualstraftaten, Misshandlung Schutzbefohlener, Menschenhandel,
- wegen einer Straftat nach dem Betäubungsmittelgesetz oder
- zweimal wegen einer Straftat nach dem Jugendschutzgesetz und dem Gesetz über die Verbreitung jugendgefährdender Schriften

rechtskräftig verurteilt wurde. Gleiches gilt bei einer dreimaligen Festsetzung eines Bußgeldes wegen Verstößen gegen das JArbSchG.

Wer schwer oder wiederholt gegen das BBiG verstoßen hat, ist persönlich nicht geeignet. Von einem schweren Verstoß ist insbesondere auszugehen, wenn dem Auszubildenden hierdurch nicht nur unerheblicher Schaden entsteht. Dabei kommen insbesondere die Ordnungswidrigkeiten nach § 101 BBiG in Betracht. Auch mehrfache weniger schwere Verstöße können die persönliche Eignung in Frage stellen.[14]

Neben den in § 29 Nr. 1 und 2 BBiG ausdrücklich genannten Fallgruppen, welche die persönliche Eignung fehlen lassen, sind auch andere Konstellationen denkbar. Das ergibt sich aus der Formulierung „insbesondere".

Persönlich nicht geeignet sind daher auch Personen, die aus anderen Gründen eine sittliche, charakterliche oder körperliche Gefährdung Auszubildender befürchten lassen. Das kommt z.B. in Betracht, wenn die Stellung als Ausbilder dazu ausgenutzt wird, den Auszubildenden weltanschaulich im Sinne der Scientology-Organisation zu beeinflussen.[15] Eine große Anzahl über mehrere Jahre begangene Straftaten kann auch dann die fehlende persönliche Eignung begründen, wenn sie nicht unter die in § 25 JArbSchG genannten Straftaten fallen.[16]

Die **fachliche Eignung** (§ 30 Abs. 1 BBiG) hat, wer

- die beruflichen Fertigkeiten, Kenntnisse und Fähigkeiten und
- die berufs- und arbeitspädagogischen Fertigkeiten, Kenntnisse und Fähigkeiten besitzt, die zur Vermittlung der Ausbildungsinhalte erforderlich sind.

---

[14] *Benecke/Hergenröder*, BBiG, Rn. 6, 7 zu § 29 BBiG.
[15] *OVG Nordrhein-Westfalen*, Urteil vom 10. Oktober 1994 – 23 B 2878/93.
[16] *VG Gelsenkirchen*, Urteil vom 31. Oktober 2012 – 7 K 1351/12.

Die erforderlichen beruflichen Fertigkeiten, Kenntnisse und Fähigkeiten besitzt nach § 30 Abs. 2 BBiG, wer

- die Abschlussprüfung in einer dem Ausbildungsberuf entsprechenden Fachrichtung bestanden hat oder
- eine staatlich anerkannte Prüfung in einer dem Ausbildungsberuf entsprechenden Fachrichtung bestanden hat oder
- einen Hochschulabschluss in einer dem Ausbildungsberuf entsprechenden Fachrichtung oder
- einen gleichgestellten ausländischen Berufsabschluss hat

und

- eine angemessene Zeit praktischer Tätigkeit nachweist.

Als **berufs- und arbeitspädagogisch geeignet** gilt, wer die Ausbildereignungsprüfung nach § 4 AEVO bestanden hat oder nach den §§ 6, 7 AEVO von der Prüfung befreit ist.

Beispiel: In einer GmbH sollen erstmals Auszubildende zu Kaufleuten für Büromanagement ausgebildet werden. Als potentielle Ausbilder werden vorgesehen:

- Herr Müller hat vor einem Vierteljahr sein Studium zum Bachelor in Betriebswirtschaftslehre abgeschlossen. Im Rahmen seines Studiums hat er die AEVO-Prüfung absolviert.
- Frau Meier hat vor 10 Jahren ihre Ausbildung zur Bürokauffrau erfolgreich abgeschlossen. Sie arbeitet seitdem im Rechnungswesen. Sie hat vor 8 Jahren die AEVO-Prüfung bestanden.
- Herr Schulze hat vor 8 Jahren eine Ausbildung zum staatlich geprüften Betriebswirt erfolgreich absolviert und ist seitdem im Vertrieb beschäftigt. Er hat in seiner Ausbildung auch die AEVO-Prüfung abgelegt. Vor zwei Jahren wurde er wegen Cannabis-Einfuhr zu einer Geldstrafe i.h.v. 120 Tagessätzen verurteilt.

Herr Müller ist persönlich geeignet. Die fachliche Eignung ist aber wegen der zu geringen Berufspraxis nicht gegeben (§ 30 Abs. 2 BBiG).

Frau Meier ist persönlich geeignet. Sie hat aufgrund ihrer Berufsausbildung und -praxis die erforderlichen beruflichen Fertigkeiten, Kenntnisse und Fähigkeiten und ist aufgrund der bestandenen AEVO-Prüfung berufs- und arbeitspädagogisch geeignet.

Herr Schulze hat zwar die fachliche Eignung, ist aber aufgrund seiner Vorstrafe nach dem BtMG persönlich nicht geeignet (§ 29 Nr. 1 BBiG i.V.m. § 25 Abs. 1 Nr. 4 JArbSchG).

Somit kommt nur Frau Meier als Ausbilderin in Betracht.

In besonderen Fällen kann die fachliche Eignung von der landesrechtlich zuständigen Behörde widerruflich **zuerkannt** werden (§ 30 Abs. 6 BBiG). Die Zuerkennung ermöglicht, dass Personen, die zwar die Formalvoraussetzungen des § 30 Abs. 2 BBiG nicht erfüllen, aber trotzdem die erforderlichen beruflichen Fertigkeiten, Kenntnisse und Fähigkeiten besitzen, als Ausbilder tätig werden können. In Betracht kommen z.b. Berufsquereinsteiger mit langjähriger Berufserfahrung im nicht erlernten Beruf.

In einigen Bereichen gelten besondere Voraussetzungen für die fachliche Eignung.

Im Bereich der **beruflichen Rehabilitation** sind die Empfehlungen des Hauptausschusses des BIBB zu Rahmenrichtlinien für Ausbildungsregelungen für behinderte Menschen gemäß § 66 BBiG zu beachten.[17] Darin ist u.a. vorgesehen, dass Ausbilder eine rehabilitationspädagogische **Zusatzqualifikation** nachweisen müssen, wenn sie nach § 66 BBiG ausbilden.

Die Ausbildung in **zulassungspflichtigen Handwerksberufen** erfordert die Eintragungsfähigkeit in die Handwerksrolle, also im Regelfall die bestandene Meisterprüfung (§ 22b Abs. 2 HwO).

Für **bestimmte Berufe** kann per Rechtsverordnung bestimmt werden, dass **höhere Mindestanforderungen** an die fachliche Eignung gestellt werden (§ 30 Abs. 4 BBiG). Dazu gibt es mehrere Verordnungen.

Für die Ausbildung zum Steuerfachangestellten ist die Zulassung als Steuerberater, Steuerbevollmächtigter, Wirtschaftsprüfer oder vereidigter Buchprüfer erforderlich.[18] Für Land- und hauswirtschaftliche Berufe ist eine Meister- oder Fachschulausbildung erforderlich.[19] In den juristischen Fachangestelltenberufen ist die Zulassung zum jeweiligen freien Beruf erforderlich.[20]

---

[17] Empfehlung des *Hauptausschusses des BBIB* vom 20. Juni 2006, BAnz. Nr. 130/2006 vom 14.7.2006 und Empfehlung des *Hauptausschusses des BBIB* vom 17. Dezember 2009, BAnz. Nr. 40a/2010 vom 12.3.2010.

[18] Verordnung über die fachliche Eignung für die Berufsausbildung der Fachangestellten im Bereich der Steuerberatung vom 7. September 2005, BGBl. I S. 2776.

[19] Verordnung über die Anforderung an die fachliche Eignung und die Anerkennung von Prüfungen zum Nachweis der fachlichen Eignung für die Berufsausbildung in den Berufen der Landwirtschaft und der Hauswirtschaft vom 1. August 2005, BGBl. I S. 2284.

[20] Verordnung über die fachliche Eignung für die Berufsausbildung der Fachangestellten in Rechtsanwalt- und Patentanwaltschaft, Notariat und bei Rechtsbeiständen vom 21. Juli 2005, BGBl. I S. 2196.

Bei den **freien Berufen**, wie z.B. Ärzten, Zahnärzten, Tierärzten, Steuerberatern, Rechtsanwälten oder Notaren muss keine Ausbildungseignung nach der AEVO nachgewiesen werden, um ausbilden zu dürfen (§ 30 Abs. 4 Nr. 3 BBiG, § 1 S. 2 AEVO), diese erlangen die fachliche Eignung aufgrund ihrer Zulassung bzw. Bestellung zum jeweiligen freien Beruf.

Die **Überwachung** der Eignungsvoraussetzungen erfolgt durch die zuständige Stelle (§ 32 Abs. 1 BBiG). Werden behebbare Mängel festgestellt, so ist dem Ausbildenden eine Frist zur Behebung zu setzen.

Bei nicht behebbaren Mängeln oder Gefährdung der Auszubildenden hat die zuständige Stelle die nach Landesrecht zuständige Behörde zu informieren. Diese kann – bei Mängeln in der Eignung der Ausbildungsstätte – bzw. muss – bei fehlender persönlicher oder fachlicher Eignung – die Ausbildung untersagen (§ 33 BBiG). Die Untersagungsverfügung ist ein Verwaltungsakt.

Nach Landesrecht zuständige Behörde ist je nach Bundesland z.B. die Bezirksregierung oder das Regierungspräsidium. Nach § 104 BBiG kann die Landesregierung per Rechtsverordnung die Aufgaben der zuständigen Behörde der zuständigen Stelle übertragen.

Werden Auszubildende trotz fehlender persönlicher oder fachlicher Eignung oder entgegen einer Untersagungsverfügung eingestellt oder ausgebildet, liegt eine Ordnungswidrigkeit vor, die mit einer Geldbuße von bis zu 5.000 € geahndet werden kann (§ 101 Abs. 1, 2 BBiG).

Ein trotz fehlender persönlicher oder fachlicher Eignung oder entgegen einer Untersagungsverfügung abgeschlossener Ausbildungsvertrag ist aber wirksam (§ 10 Abs. 4 BBiG). Die Eintragung in das Verzeichnis der Berufsausbildungsverhältnisse ist abzulehnen (§ 35 Abs. 2 BBiG). Der Auszubildende kann den Ausbildungsvertrag außerordentlich kündigen und ggf. Schadensersatz nach § 23 Abs. 1 BBiG geltend machen.

3.   Berufsausbildungsverhältnis
3.1   Anbahnung und Abschluss des Berufsausbildungsvertrags

Bereits bei der **Anbahnung** des Berufsausbildungsverhältnisses sind bestimmte Regelungen zu beachten, welche zum Teil die Vertragsfreiheit einschränken. Das betrifft insbesondere die **Benachteiligungsverbote** des Allgemeinen Gleichbehandlungsgesetzes (AGG), da auch Auszubildende unter den persönlichen Geltungsbereich des AGG fallen (§ 6 Abs. 1 Nr. 2 AGG).

Der Ausbildende darf nach §§ 2 Abs. 1, 7 AGG Bewerber auf einen Ausbildungsplatz nicht wegen eines der in § 1 AGG genannten Gründe bei der Begründung des Ausbildungsverhältnisses benachteiligen. Die Benachteiligungsverbote beziehen sich auf:

- Rasse oder ethnische Herkunft,
- Geschlecht,
- Religion oder Weltanschauung,
- Behinderung,
- Alter oder
- sexuelle Identität.

Nach § 3 Abs. 1 AGG liegt eine unmittelbare Benachteiligung vor, wenn eine Person wegen eines der in § 1 AGG genannten Gründe ungünstiger behandelt wird. Eine Benachteiligung liegt nicht vor, wenn die Ungleichbehandlung nach §§ 8 bis 10 AGG gerechtfertigt ist. Diese Vorschriften betreffen besondere berufliche Anforderungen, unterschiedliche Behandlung wegen der Religion oder Weltanschauung bei Beschäftigung durch Religionsgemeinschaften oder eine durch ein legitimes Ziel gerechtfertigte Ungleichbehandlung wegen des Alters.

Bei Verstoß gegen das Benachteiligungsverbot kann ein Schadensersatz- bzw. Entschädigungsanspruch, aber kein Einstellungsanspruch geltend gemacht werden (§ 15 AGG). Die Entschädigung kann in Höhe von bis zu drei Monatsverdiensten geltend gemacht werden, wenn der Bewerber auch bei benachteiligungsfreier Auswahl nicht eingestellt worden wäre.

Nach § 22 AGG wird die Beweislast für den Bewerber bei der Geltendmachung von Ansprüchen erleichtert. Er muss nur Indizien beweisen, die eine Benachteiligung vermuten lassen. Liegen Indizien vor, die auf eine Benachteiligung hinweisen, muss der Ausbildende beweisen, dass keine Benachteiligung vorliegt.

Sowohl für den Ausbildenden als auch für den Bewerber gelten bereits bei den **vorvertraglichen** Verhandlungen (z.B. Vorstellungsgespräch) bestimmte **Pflichten.**

Der Ausbildende ist zur Erstattung der notwendigen und angemessenen **Vorstellungskosten** bei Einladung des Bewerbers verpflichtet (§ 670 BGB), sofern dies bei der Einladung nicht explizit ausgeschlossen wurde.[21]

Zudem ist er zur Rückgabe von **Bewerbungsunterlagen** und Vernichtung von Personalfragebögen[22] bei Nichteinstellung (u.a. § 985 BGB, § 35 Abs. 2 Nr. 3 BDSG) sowie zur Verschwiegenheit über persönliche Verhältnisse des Bewerbers verpflichtet.

Der Bewerber ist zur **wahrheitsgemäßen Beantwortung von zulässigen Fragen** verpflichtet. Allerdings hat der Ausbildende kein uneingeschränktes Fragerecht. Die Beschränkungen des Fragerechts ergibt sich u.a. aus Art. 2 GG sowie aus § 2 Abs. 1 Nr. 1 i.V.m. §§ 1, 7 AGG und aus § 26 BDSG.

Zulässig sind Fragen nach Tatsachen, an denen der Ausbildende in Bezug auf das angestrebte Ausbildungsverhältnis ein berechtigtes, schutzwürdiges Interesse hat (§ 26 BDSG), soweit kein schutzwürdiges Interesse des Bewerbers überwiegt. Generell unzulässig sind Fragen, die gesetzlichen Wertentscheidungen, etwa dem AGG, entgegenstehen.

Beispiele: Zulässig sind z.B. Fragen nach dem schulischen Bildungsgang, Vorausbildungen, Vorbeschäftigungen oder Praktika.

Fragen nach einer Schwerbehinderung wurden früher durch das BAG[23] als zulässig erachtet, aus Sicht der §§ 1, 2 Abs. 1, 7 AGG ist diese Frage aber nunmehr nicht mehr zulässig, es sei denn, die Behinderung ist für die berufliche Eignung unmittelbar von Bedeutung oder die Frage dient einer Förderung Schwerbehinderter (§ 5 AGG).[24]

Generell unzulässig sind Fragen nach einer bestehenden Schwangerschaft.[25] Ebenfalls unzulässig sind Fragen nach Partei-, Gewerkschafts- oder Religionszugehörigkeit. Ausnahmen bestehen bei Tendenzbetrieben, z.B. kirchliche Einrichtungen, sowie nach der Einstellung, soweit die Gewerkschafts- oder Religionszugehörigkeit für die Entgeltermittlung erforderlich ist.

Die wahrheitswidrige Beantwortung zulässiger Fragen kann zur Anfechtung des Vertrags wegen arglistiger Täuschung (§ 123 BGB) führen. Demgegenüber bleibt die Falschbeantwortung unzulässiger Fragen mangels Rechtswidrigkeit folgenlos.

---

[21] *BAG*, Urteil vom 29. Juni 1988 – 5 AZR 433/87.
[22] *BAG*, Urteil vom 6. Juni 1984 – 5 AZR 286/81.
[23] *BAG*, Urteil vom 3. Dezember 1998 – 2 AZR 754/97 und *BAG*, Urteil vom 18. November 2000 – 2 AZR 380/99.
[24] *BAG*, Urteil vom 13. Oktober 2011 – 8 AZR 608/10.
[25] *BAG*, Urteil vom 6. Februar 2003 – 2 AZR 621/01.

Das Berufsausbildungsverhältnis wird durch **Abschluss eines Berufsausbildungsvertrags** begründet (§ 10 Abs. 1 BBiG).

Da ein Berufsausbildungsvertrag ein zweiseitiges Rechtsgeschäft ist, sind für den Vertragsschluss zwei übereinstimmende Willenserklärungen – **Angebot** und **Annahme** – erforderlich (§§ 145 ff. BGB). Ein Angebot in diesem Sinne ist ein mit Bindungswillen an eine bestimmte Person abgegebener, hinreichend bestimmter Antrag, einen Vertrag einzugehen. Die Annahme stellt die uneingeschränkte Zustimmung dar.

Kein Angebot liegt vor, wenn sich der Erklärende (noch) nicht rechtlich binden will, sondern lediglich zur Abgabe eines Angebots auffordert („invitatio ad offerendum"). Davon ist i.d.R. bei Äußerungen an die Allgemeinheit auszugehen.

Beispiele: Zeitungsannonce, Aushang am „schwarzen Brett"

Die **Vertragspartner** des Berufsausbildungsvertrags sind der Ausbildende und der Auszubildende (§ 10 Abs. 1 BBiG). Ausbildender kann eine natürliche oder juristische Person (z.b. eine GmbH) sowie eine rechtsfähige Personengesellschaft (z.b. OHG, KG) sein. Nach § 10 Abs. 5 BBiG können sich mehrere Ausbildende zur Erfüllung ihrer Ausbildungspflichten zu einem Ausbildungsverbund zusammenschließen. Ausbildender kann dann entweder das einzelne Mitglied des Ausbildungsverbunds oder der Ausbildungsverbund als solcher sein. Letzteres ist aber nur möglich, wenn der Ausbildungsverbund rechtsfähig ist (z.B. als GmbH).

Ist der Auszubildende **minderjährig**, benötigt er als beschränkt Geschäftsfähiger (§ 106 BGB) die Einwilligung des gesetzlichen Vertreters (§ 107 BGB). Ein ohne Einwilligung abgeschlossener Vertrag hängt von der Genehmigung des Vertreters ab (§ 108 BGB). Nach herrschender Meinung ist § 113 BGB nicht auf Berufsausbildungsverhältnisse anzuwenden.[26]

Die gesetzliche Vertretung Minderjähriger gehört zur **elterlichen Sorge** (§ 1629 Abs. 1 S. 1 BGB). Dabei erfolgt die Vertretung gemeinschaftlich, es sei denn, ein Elternteil ist allein sorgeberechtigt (§ 1629 Abs. 1 S. 2, 3 BGB). Sorgeberechtigt sind beide Eltern, sofern sie bei Geburt des Kindes verheiratet sind (§ 1626 BGB).

Bei **nichtverheirateten Eltern** steht ihnen die Sorge gemeinsam zu, wenn

• sie die Erklärung abgeben, die elterliche Sorge gemeinsam zu übernehmen,
• einander heiraten oder
• das Familiengericht ihnen die gemeinsame Sorge überträgt (§ 1626a Abs. 1 BGB).

---

[26] M.w.N. ErfK/*Preis*, Rn. 6 zu § 113 BGB.

Die elterliche Sorge wird den Eltern auf Antrag eines Elternteils gemeinschaftlich übertragen, wenn es dem Kindeswohl nicht widerspricht (§ 1626a Abs. 2 BGB). Ansonsten hat die Mutter die elterliche Sorge (§ 1626a Abs. 3 BGB).

Auf den Berufsausbildungsvertrag findet der § 181 BGB keine Anwendung (§ 10 Abs. 3 BBiG), wenn **Eltern mit Ihrem minderjährigen Kind** einen Berufsausbildungsvertrag abschließen.

Besteht keine elterliche Sorge, erhält der Minderjährige einen **Vormund** (§ 1773 BGB). Im Bedarfsfall hat das Familiengericht die Vormundschaft von Amts wegen anzuordnen (§ 1774 BGB). Sorgeberechtigte Eltern können für den Fall ihres Todes bestimmen, wer Vormund werden soll (§§ 1776, 1777 BGB). Wurde durch die Eltern kein Vormund benannt, hat das Familiengericht gemäß § 1779 BGB nach Anhörung des Jugendamtes einen Vormund zu bestimmen.

Dem Vormund obliegt die gesetzliche Vertretung des Mündels (§ 1793 Abs. 1 S. 1 BGB). Für den Abschluss eines Berufsausbildungsvertrags bedarf der Vormund der **Genehmigung des Familiengerichts** (§ 1822 Nr. 6 BGB).

Der **Berufsausbildungsvertrag** ist auch dann **wirksam**, wenn der Ausbildende, z.B. wegen fehlender persönlicher Eignung, nicht berechtigt war, Auszubildende einzustellen (§ 10 Abs. 4 BBiG). Dadurch werden dem Auszubildenden evtl. Schadensersatzansprüche gesichert. Allerdings liegt in diesem Fall eine Ordnungswidrigkeit vor (§ 101 Abs. 1 Nr. 6 BBiG).

Der Berufsausbildungsvertrag kann formfrei abgeschlossen werden. Er ist aber spätestens zum Beginn der Ausbildung **schriftlich** niederzulegen (§ 11 Abs. 1 S. 1 BBiG) und vom Ausbildenden, vom Auszubildenden und dessen gesetzlichem Vertreter zu unterschreiben (§ 11 Abs. 2 BBiG). Die Nichtbeachtung der Schriftform führt nicht zur Unwirksamkeit des Berufsausbildungsvertrags,[27] stellt aber eine Ordnungswidrigkeit (§ 101 Abs. 1 Nr. 1 BBiG) dar.

Ein Exemplar des Berufsausbildungsvertrags ist dem Auszubildenden bzw. bei Minderjährigen seinem gesetzlichen Vertreter auszuhändigen (§ 11 Abs. 3 BBiG). Die Vorschriften zum Abschluss und zur Niederschrift des Berufsausbildungsvertrags gelten auch bei wesentlichen Änderungen (§ 11 Abs. 4 BBiG).

Weiterhin ist der Ausbildende verpflichtet, eine Kopie des Berufsausbildungsvertrags zur Beantragung der **Eintragung in das Verzeichnis der Berufsausbildungsverhältnisse** bei der zuständigen Stelle einzureichen und die dafür anfallenden Gebühren zu tragen (§§ 36 Abs. 1, 34 Abs. 1 BBiG).

---

[27] *BAG*, Urteil vom 21. August 1997 – 5 AZR 713/96.

Die Eintragungspflicht gilt auch bei wesentlichen Änderungen des Ausbildungsvertrags. Der Antrag auf Eintragung kann schriftlich oder elektronisch gestellt werden.

Ausbildende und Auszubildende sind verpflichtet, der zuständigen Stelle die für die Eintragung erforderlichen Tatsachen auf Verlangen mitzuteilen (§ 36 Abs. 2 BBiG).

Das Verzeichnis der Berufsausbildungsverhältnisse ist von der zuständigen Stelle für anerkannte Ausbildungsberufe zu führen. Die einzutragenden Inhalte regelt § 34 Abs. 2 Nr. 1-9 BBiG.

Die Eintragung hat nach § 35 Abs. 1 BBiG zu erfolgen, wenn

• der Berufsausbildungsvertrag gesetzes- und ausbildungsordnungskonform ist,
• die Eignungsvoraussetzungen vorliegen und
• bei Minderjährigen die Bescheinigung der ärztlichen Erstuntersuchung nach § 32 Abs. 1 JArbSchG vorgelegt wird.

Durch diese Vorschrift soll sichergestellt werden, dass die wesentlichen rechtlichen Rahmenbedingungen zur Berufsausbildung eingehalten werden.

Liegen die Eintragungsvoraussetzungen vor, ist die zuständige Stelle zur Eintragung verpflichtet. Werden behebbare Mängel festgestellt, ist den Ausbildenden eine Frist zur Behebung zu setzen. Bei nichtbehebbaren Mängeln oder Nichtbehebung innerhalb der gesetzten Frist ist die Eintragung abzulehnen (§ 35 Abs. 2 BBiG). Treten später solche Mängel auf, ist die Eintragung zu löschen. Gleiches gilt, wenn die nach § 33 Abs. 1 JArbSchG erforderliche Nachuntersuchung nicht spätestens am Tag der Anmeldung zur Zwischenprüfung nachgewiesen wird.

Die Eintragung, Ablehnung oder Löschung der Eintragung stellen jeweils Verwaltungsakte dar. Ein Verstoß Ausbildender gegen die Anmeldpflichten ist eine Ordnungswidrigkeit (§ 101 Abs. 1 Nr. 8 BBiG), lässt aber die Wirksamkeit des Ausbildungsvertrags unberührt.

3.2. Inhalt des Berufsausbildungsvertrags
3.2.1. Überblick

Die Niederschrift des Berufsausbildungsvertrags hat den **Mindestinhalt** nach § 11 Abs. 1 S. 2 BBiG zu enthalten:

1. Name und Anschrift der Ausbildenden sowie der Auszubildenden, bei Minderjährigen zusätzlich Name und Anschrift ihrer gesetzlichen Vertreter oder Vertreterinnen,
2. Art, sachliche und zeitliche Gliederung sowie Ziel der Berufsausbildung, insbesondere die Berufstätigkeit, für die ausgebildet werden soll,
3. Beginn und Dauer der Berufsausbildung,
4. die Ausbildungsstätte und Ausbildungsmaßnahmen außerhalb der Ausbildungsstätte,
5. Dauer der regelmäßigen täglichen Ausbildungszeit,
6. Dauer der Probezeit,
7. Zahlung und Höhe der Vergütung sowie deren Zusammensetzung, sofern sich die Vergütung aus verschiedenen Bestandteilen zusammensetzt,
8. Vergütung oder Ausgleich von Überstunden,
9. Dauer des Urlaubs,
10. Voraussetzungen, unter denen der Berufsausbildungsvertrag gekündigt werden kann,
11. ein in allgemeiner Form gehaltener Hinweis auf die Tarifverträge, Betriebs- oder Dienstvereinbarungen, die auf das Berufsausbildungsverhältnis anzuwenden sind,
12. die Form des Ausbildungsnachweises nach § 13 Satz 2 Nummer 7.

In der Regel werden die **Formulare der zuständigen Stellen** verwendet, dies sichert die Mindestinhalte, erhöht die Rechtssicherheit und ist daher zu empfehlen. Ein Benutzungszwang der Formulare der Kammern kann jedoch nicht festgelegt werden.[28]

Folgende Vereinbarungen sind, wenn sie in Berufsausbildungsverträgen enthalten sind, **nichtig** (§ 12 BBiG):

• Eine Beschränkung des Auszubildenden in der Berufsausübung nach Beendigung der Ausbildung, § 12 Abs. 1 BBiG.
Durch diese Regelung wird die Berufsfreiheit (Art. 12 Abs. 1 GG) konkretisiert. Das Verbot umfasst insbesondere Bleibeverpflichtungen, nachvertragliche Wettbewerbsverbote[29] oder Rückzahlungsklauseln.

---

[28] *OVG Rheinland-Pfalz*, Urteil vom 26. April 1974 – 2 A 83/73.
[29] *BAG*, Urteil vom 20. September 2006 – 10 AZR 439/05.

Der Abschluss eines Arbeitsvertrags oder die Verpflichtung zum Abschluss eines Arbeitsvertrags in den letzten 6 Monaten der Ausbildung ist aber zulässig. In Betracht kommt sowohl ein befristetes als auch ein unbefristetes Arbeitsverhältnis.
Eine beiderseitig verpflichtende Weiterarbeitsklausel ist aber nicht insgesamt unwirksam, sondern nur für den Auszubildenden. Der Ausbildende bleibt auf Verlangen des Auszubildenden zur Weiterbeschäftigung nach der Ausbildung verpflichtet.[30]

- Vereinbarungen einer Zahlungsverpflichtung für die Ausbildung, § 12 Abs. 2 Nr. 1 BBiG.
Zweck der Vorschrift ist, dass die Ausbildung den Auszubildenden finanziell nicht belasten soll. Daher können die Kosten des betrieblich veranlassten Teils der Berufsausbildung nicht dem Auszubildenden angelastet werden.
Erfasst werden auch Kosten des Besuchs einer außerbetrieblichen Einrichtung, wie Fahrt- oder Übernachtungskosten,[31] nicht jedoch die Kosten des Besuchs der staatlichen Berufsschule[32] oder die Kosten des Studienteils eines dualen Studiums.[33]
Unwirksam sind auch Geschäfte, welche dieses Verbot umgehen. Das Verbot der Zahlungsverpflichtung für Auszubildende gilt daher auch dann, wenn sich Dritte, z.B. die Eltern des Auszubildenden, zur Zahlung für die Ausbildung verpflichten.[34]
Folge einer unwirksamen Zahlungsverpflichtung ist, dass nur die Zahlungsverpflichtung, nicht aber der Berufsausbildungsvertrag nichtig ist. Eine erfolgte Zahlung kann nach den Grundsätzen einer ungerechtfertigten Bereicherung (§§ 812 ff. BGB) selbst dann zurückgefordert werden, wenn dem Leistenden das Verbot der Entschädigung bekannt war.[35]

- Vertragsstrafen oder Ausschluss und Pauschalisierung von Schadensersatzansprüchen, § 12 Abs. 2 Nr. 2.-4. BBiG

Von den Vorschriften der §§ 10 bis 24 BBiG kann nicht zuungunsten der Auszubildenden abgewichen werden (§ 25 BBiG).

---

[30] *BAG*, Urteil vom 13. März 1975 – 5 AZR 199/74.
[31] *BAG*, Urteil vom 29. Juni 1988 – 5 AZR 450/87 und Urteil vom 21. September 1995 – 5 AZR 994/94.
[32] *BAG*, Urteil vom 25. Juli 2002 – 6 AZR 381/00.
[33] *BAG*, Urteil vom 18. November 2008 – 3 AZR 192/07.
[34] *BAG*, Urteil vom 28. Juli 1982 – 5 AZR 46/81.
[35] *BAG*, Urteil vom 28. Juli 1982 – 5 AZR 46/81.

3.2.2. Ausbildungsinhalt und -dauer

Der **Ausbildungsinhalt** bestimmt sich nach der jeweiligen Ausbildungsordnung. Bestandteil jeder Ausbildungsordnung ist der **Ausbildungsrahmenplan**, welcher die sachliche und zeitliche Gliederung der zu vermittelnden Fertigkeiten, Kenntnisse und Fähigkeiten beinhaltet. Die Konkretisierung erfolgt in Form des betrieblichen Ausbildungsplans, der eine Umsetzung des Ausbildungsrahmenplans unter Berücksichtigung der betrieblichen Rahmenbedingungen darstellt.

Der betriebliche Ausbildungsplan soll zum einen den Auszubildenden in die Lage versetzen, den vertragsgemäßen Ablauf der Ausbildung zu kontrollieren. Zum anderen soll die zuständige Stelle die Möglichkeit bekommen, zu überprüfen, ob der Ausbildungsvertrag ausbildungsordnungskonform ist. Das Berufsausbildungsverhältnis muss mit einer **Probezeit** von mindestens einem, maximal vier Monaten beginnen (§ 20 BBiG). Tarifverträge enthalten z.T. eigene Regelungen.[36] Die Vereinbarung einer kürzeren Probezeit als einem Monat oder einer längeren Probezeit als vier Monate, auch per Tarifvertrag, ist unwirksam (§ 25 BBiG). Ein eventuelles vorheriges Arbeitsverhältnis ist nicht auf die Probezeit anrechenbar.[37] Auch ein vorausgegangenes Praktikum kann nicht auf die Probezeit angerechnet werden.[38]

Die Probezeit soll dazu dienen, dass Ausbildender und Auszubildender die Eignung zum Beruf prüfen können. Daher kann das Ausbildungsverhältnis während der Probezeit ohne Angabe von Gründen und ohne Einhaltung von Fristen gekündigt werden (§ 22 Abs. 1 BBiG).

Wird die Probezeit, z.B. durch Krankheit, um mehr als ein Drittel unterbrochen, verlängert sie sich um den Zeitraum der Unterbrechung, wenn eine entsprechende Vereinbarung im Ausbildungsvertrag getroffen ist.[39] Das gilt auch, wenn diesbezüglich eine formularmäßige Vereinbarung getroffen wird.[40]

Die **Dauer** der Ausbildung ergibt sich aus der jeweiligen **Ausbildungsordnung** (§ 5 BBiG). Eine **Verkürzung oder Verlängerung** kommt nach Maßgabe der §§ 7, 8 BBiG in Betracht.

---

[36] Z.B. 3 Monate nach § 3 I TVAöD.
[37] *BAG*, Urteil vom 16. Dezember 2004 – 6 AZR 127/04.
[38] *BAG*, Urteil vom 19. November 2015 – 6 AZR 844/14.
[39] *BAG*, Urteil vom 15. Januar 1981 – 2 AZR 943/78.
[40] *BAG*, Urteil vom 9. Juni 2016 – 6 AZR 396/15.

Der Besuch eines Bildungsgangs einer berufsbildenden Schule oder einer sonstigen Einrichtung kann auf die Ausbildungsdauer ganz oder teilweise angerechnet werden, wenn es nach Landesrecht eine entsprechende **Rechtsverordnung** gibt (§ 7 Abs. 1 BBiG). In Betracht kommt insbesondere die Anrechnung einer Berufsfachschule.

Hat der Auszubildende in einem Bundesland einen nach dortigem Landesrecht anrechenbaren Bildungsgang absolviert, so kann diese auch in einem anderen Bundesland angerechnet werden. Gibt es keine landesrechtliche Rechtsverordnung nach § 7 Abs. 1 BBiG, kann auch eine Anrechnung im Einzelfall durch die zuständige Stelle erfolgen (§ 7 Abs. 2 BBiG).

Erforderlich für eine Anrechnung ist immer ein gemeinsamer Antrag des Ausbildenden und des Auszubildenden (§ 7 Abs. 3 BBiG).

Eine nur teilweise Anrechnung der maximalen Anrechnungsdauer ist möglich. Dabei müssen die Anrechnungszeiträume in Monaten immer durch sechs teilbar sein (§ 7 Abs. 4 BBiG), d.h. es ist immer nur eine Anrechnung von 6 Monaten, 12 Monaten usw. möglich.

Folge der **Anrechnung** ist, dass die entsprechende Ausbildungszeit als zurückgelegt gilt. Wird z.B. die Ausbildung an einer Berufsfachschule mit einem Jahr angerechnet, beginnt die Ausbildung mit dem zweiten Ausbildungsjahr. Daher hat der Auszubildende z.B. auch Anspruch auf die Vergütung für das zweite Ausbildungsjahr.

Unabhängig von der Anrechnung nach § 7 BBiG kommt nach § 8 Abs. 1 BBiG eine individuelle **Kürzung** der Ausbildungszeit aufgrund der Vorbildung in Betracht, wenn zu erwarten ist, dass das Ausbildungsziel in der gekürzten Zeit erreicht werden kann.

Möglich ist eine Kürzung nach § 8 Abs. 1 BBiG insbesondere aufgrund einer schulischen oder beruflichen Vorbildung. So kann z.B. die Fachoberschulreife eine Kürzung um ein halbes, die Hochschulreife um ein Jahr rechtfertigen.[41]

Die Kürzung kann auch auf Basis einer vorhergehenden abgeschlossenen Berufsausbildung oder eines Berufsgrundbildungsjahres bzw. einer absolvierten Berufsfachschule erfolgen.

---

[41] Empfehlung des *Hauptausschusses des BBIB* vom 27. Juni 2008, BAnz. Nr. 129/2008 vom 27.8.2008.

Erforderlich für eine Kürzung ist ebenfalls ein gemeinsamer Antrag des Ausbildenden und des Auszubildenden. Über den Antrag entscheidet die zuständige Stelle per Verwaltungsakt. Sofern die Voraussetzungen dafür erfüllt sind, besteht ein Rechtsanspruch auf die Kürzung.

Die Kürzung der Ausbildungsdauer hat zur Folge, dass der Ausbildungsbeginn trotzdem mit dem ersten Ausbildungsjahr erfolgt, die zu erforderlichen Kenntnisse, Fertigkeiten und Fähigkeiten aber in der gekürzten Zeit zu vermitteln sind.

Möglich ist, dass mehrere Verkürzungsmöglichkeiten zusammentreffen. In diesem Fall muss, um eine ordnungsgemäße Ausbildung zu gewährleisten, notwendigerweise eine Mindestausbildungsdauer verbleiben. Die **Mindestausbildungsdauer** soll bei einem dreieinhalbjährigen Ausbildungsberuf 24 Monate, bei einem dreijährigen 18 Monate und bei einem zweijährigen 12 Monate nicht unterschreiten.[42]

Eine Verkürzung der Ausbildungsdauer kommt auch im Nachhinein durch **vorzeitige Zulassung zur Abschlussprüfung** (§ 45 Abs. 1 BBiG) in Betracht.

Außer der Verkürzung ist auch eine **Verlängerung** der Ausbildungsdauer möglich. Nach § 8 Abs. 2 BBiG kann die Ausbildungsdauer **in Ausnahmefällen** auf **Antrag des Auszubildenden** verlängert werden, wenn dies zur Erreichung des Ausbildungsziels erforderlich ist. Mögliche Gründe sind insbesondere

• schwere Mängel in der Ausbildung,
• längere Ausfallzeiten z.B. wegen Krankheit oder Mutterschutz,
• körperliche, geistige und seelische Behinderung des Auszubildenden und
• Betreuung des eigenen Kindes oder von pflegebedürftigen Angehörigen.

Die Entscheidung über eine solche individuelle Verlängerung trifft die zuständige Stelle nach Anhörung des Ausbildenden (§ 8 Abs. 2 S. 2 BBiG).

Zu einer Verlängerung der Ausbildungsdauer führt auch das **Nichtbestehen der Abschlussprüfung** auf Verlangen des Auszubildenden (§ 21 Abs. 3 BBiG).[43]

Nimmt ein Auszubildender **Elternzeit** in Anspruch, wird diese Zeit nicht auf das Ausbildungsverhältnis angerechnet (§ 20 Abs. 1 S. 2 BEEG). Folglich verlängert sich die Ausbildungsdauer automatisch um die Dauer der Elternzeit.

---

[42] Empfehlung des *Hauptausschusses des BBIB* vom 27. Juni 2008, BAnz. Nr. 129/2008 vom 27.8.2008.
[43] Zu den Einzelheiten vgl. Pkt. 3.5.3.

Neben einer Berufsausbildung in Vollzeit kommt auch eine **Teilzeitausbildung** in Betracht, § 7a BBiG. Ausbildender und Auszubildender können für die gesamte Ausbildungszeit oder für einen bestimmten Zeitraum der Berufsausbildung die Verkürzung der täglichen oder wöchentlichen Ausbildungszeit vereinbaren (§ 7a Abs. 1 S. 2 BBiG). Das vor 2020 geltende Erfordernis des berechtigten Interesses ist entfallen.

Die Verkürzung kann erfolgen, indem die tägliche oder die wöchentliche Ausbildungszeit um maximal 50% gekürzt wird.

Beispiel: Die betriebsübliche Ausbildungszeit beträgt 8 Stunden pro Tag an 5 Tagen pro Woche (= 40 Wochenstunden).

Eine Teilzeitausbildung kann z.b. vereinbart werden, indem 6 Stunden pro Tag an 5 Tagen pro Woche (= 30 Wochenstunden) vereinbart werden. Möglich wäre aber auch, dass eine Ausbildungszeit von 8 Stunden pro Tag an 4 Tagen pro Woche (= 32 Wochenstunden) vereinbart wird. Die Vereinbarung einer Ausbildungszeit von weniger als 20 Wochenstunden ist nicht möglich.

Im Falle der Teilzeitausbildung verlängert sich die kalendarische Ausbildungszeit entsprechend auf volle Monate abgerundet.

Beispiel: Für eine dreijährige Berufsausbildung bei einer betriebsüblichen Ausbildungszeit von 40 Stunden pro Woche wird eine Teilzeitausbildung mit 30 Wochenstunden vereinbart.

Die Ausbildungsdauer verlängert sich damit auf 4 Jahre.

Maximal ist die Verlängerung auf das Eineinhalbfache der normalen Ausbildungsdauer begrenzt (§ 7a Abs. 2 BBiG). Auf Verlangen der Auszubildenden kommt darüber hinaus eine Verlängerung bis zur nächstmöglichen Abschlussprüfung in Betracht (§ 7a Abs. 3 BBiG).

Beispiel: Für eine dreijährige Berufsausbildung und einer betriebsüblichen Ausbildungszeit von 40 Stunden wird eine Teilzeitausbildung mit 20 Wochenstunden vereinbart.

Die Ausbildungsdauer verlängert sich damit auf 4,5 Jahre. Finden die Abschlussprüfungen nur jährlich statt, kommt eine Verlängerung auf 5 Jahre in Betracht, wenn der Auszubildende das verlangt.

Wird eine Teilzeitausbildung vereinbart, kommt auch eine Verkürzung nach § 8 Abs. 1 BBiG in Betracht, z.b. aufgrund eines höheren Schulabschlusses (§ 7a Abs. 4 BBiG). Dadurch ist es auch möglich, dass die wöchentliche Ausbildungszeit unter Beibehaltung der kalendarischen Dauer der Ausbildung gekürzt wird.

3.2.3. Ausbildungsmaßnahmen außerhalb der Ausbildungsstätte

Aus der Ausbildungsordnung kann sich ergeben, dass Ausbildungsmaßnahmen außerhalb der Ausbildungsstätte in überbetrieblichen Ausbildungsstätten **vorgeschrieben** sind (§ 5 Abs. 2 Nr. 6 BBiG).

Beispiel: Die Verordnung über die Berufsausbildung in der Bauwirtschaft sieht in § 3 eine verpflichtende Ausbildung für 32 bis 37 Wochen in überbetrieblichen Ausbildungsstätten vor.

Können einzelne Kenntnisse und Fertigkeiten im Ausbildungsbetrieb nicht vermittelt werden, so kann sich die **Notwendigkeit** ergeben, diesen Mangel durch eine Ausbildungsmaßnahme außerhalb der Ausbildungsstätte zu beheben (§ 27 Abs. 2 BBiG). Das können insbesondere überbetriebliche Ausbildungsstätten oder andere Betriebe sein, mit denen im Rahmen einer Verbundausbildung (§ 10 Abs. 5 BBiG) kooperiert wird.

In die Vertragsniederschrift ist in solchen Fällen aufzunehmen, welche Teile der Ausbildung in welchem zeitlichen Umfang durch welche Ausbildungsstätte durchgeführt wird. Als Ausbildungsstätten kommen z.B. andere Betriebe, Berufsbildungszentren oder Bildungseinrichtungen der Kammern in Betracht.

Der Berufsschulunterricht ist keine Ausbildungsmaßnahme außerhalb der Ausbildungsstätte und daher nicht in die Vertragsniederschrift aufzunehmen.

3.2.4. Ausbildungszeit

Die Ausbildungszeit richtet sich nach der **vertraglichen Vereinbarung** im Berufsausbildungsvertrag. Wird der Auszubildende über die vereinbarte Ausbildungszeit hinaus beschäftigt, ist er besonders zu vergüten bzw. die Mehrarbeit durch entsprechende Freizeit auszugleichen (§ 17 Abs. 3 BBiG).

Sofern Tarifbindung vorliegt, sind die tarifvertraglich zulässigen Ausbildungszeiten zu beachten. Generell dürfen die höchstzulässigen gesetzlichen Arbeitszeiten nicht überschritten werden. Als Arbeitszeit gilt gemäß § 2 Abs. 1 S. 1 ArbZG bzw. § 4 Abs. 1 JArbSchG die Zeit vom Beginn bis zum Ende der Arbeit ohne die Pausen. Die Wegezeiten zwischen Wohnung und Betrieb zählen nicht als Arbeitszeit. Auch Zeiten für das Umkleiden und Waschen gelten im Normalfall nicht als Arbeitszeit, da sie dem persönlichen Lebensbereich zuzuordnen sind. Etwas anderes gilt dann, wenn der Auszubildende verpflichtet wird, sich am Arbeitsort umzuziehen.

Bei den zulässigen Arbeitszeiten ist zwischen volljährigen und minderjährigen Auszubildenden zu unterscheiden. Der Arbeitszeitschutz für Volljährige ist hinsichtlich der täglichen bzw. wöchentlichen Arbeitszeitbegrenzung im **Arbeitszeitgesetz** (ArbZG) geregelt.

Die **regelmäßige werktägliche** (d.h. Montag bis Samstag) Arbeitszeit darf nach § 3 ArbZG 8 Stunden nicht übersteigen. Eine Verlängerung dieser Arbeitszeit ist zulässig, soweit ein Ausgleich innerhalb von 6 Monaten erfolgt und eine Obergrenze von 10 Stunden pro Tag eingehalten wird. Damit ist eine durchschnittliche Wochenarbeitszeit von 48 Stunden zulässig.

Beispiel: Ein nicht tarifgebundener Ausbildender schließt mit einem Auszubildenden einen Ausbildungsvertrag ab, in dem eine Ausbildungszeit von je 8,5 Stunden von Montag bis Freitag vereinbart wird.

Die Vereinbarung ist nach § 3 ArbZG zulässig. Zwar übersteigt die tägliche Ausbildungszeit 8 Stunden. Die durchschnittliche werktägliche Ausbildungszeit liegt jedoch bei 7 Stunden und 5 Minuten (42,5 Std. : 6 Werktage), somit unter 8 Stunden. Auch die Obergrenze von 10 Stunden pro Tag ist nicht überschritten.

Innerhalb von einer Arbeitszeit von mehr als 6 Stunden müssen 30 Minuten **Pause** eingehalten werden, bei mehr als 9 Stunden 45 Minuten (§ 4 ArbZG). Nach der Arbeitszeit muss eine beschäftigungsfreie Ruhezeit von 11 Stunden (im Hotel- und Gaststättengewerbe, Pflegebereich, Verkehrsbetrieben, der Landwirtschaft u.a. von 10 Stunden) eingehalten werden (§ 5 ArbZG).

Sonn- und Feiertage sind nach § 9 ArbZG grundsätzlich beschäftigungsfrei. Ausnahmen lässt § 10 ArbZG u.a. für den Pflegebereich, das Hotel- und Gaststättengewerbe sowie Verkehrs- und Versorgungsbetriebe zu. Weiterhin sind Ausnahmegenehmigungen durch die zuständige Aufsichtsbehörde möglich (§ 13 ArbZG).

In diesen Fällen muss nach § 11 ArbZG jedoch ein Ausgleich (innerhalb von 2 Wochen bei Sonntagen, innerhalb von 8 Wochen bei Feiertagen) gewährt werden. Mindestens 15 Sonntage im Jahr müssen beschäftigungsfrei bleiben.

Auszubildende sind zur **Teilnahme am Berufsschulunterricht** sowie für außerbetriebliche Ausbildungsmaßnahmen und Prüfungen freizustellen. Vor 2020 gab es aber keine Regelungen zur Anrechnung auf die Ausbildungszeit. Seit 2020 gelten besondere Regelungen für die Anrechnung auf die Ausbildungszeit (§ 15 BBiG), die der Regelung des § 9 JArbSchG entsprechen:

• vor einem vor 9:00 Uhr beginnenden Unterricht ist keine Beschäftigung zulässig
• an einem Berufsschultag mit mehr als 5 Unterrichtsstunden mit mindestens 45 Minuten ist einmal in der Woche keine zusätzliche Beschäftigung zulässig
• bei Blockunterricht in einer Woche mit mindestens 25 Stunden an 5 Tagen sind maximal 2 Stunden zusätzliche betriebliche Ausbildung zulässig
• im Übrigen zählt die Berufsschulzeit einschließlich der Pausen als Arbeitszeit

Beispiel: Petra Pohl, mit der eine Ausbildungszeit von 8 Stunden pro Tag an 5 Tagen pro Woche vereinbart ist, besucht die Berufsschule dienstags von 8:00 bis 13:00 Uhr (6 Unterrichtsstunden) und freitags von 8:45 bis 12:15 Uhr (4 Unterrichtsstunden). Inwieweit ist eine betriebliche Beschäftigung noch zulässig?

Eine Beschäftigung vor einem vor 9:00 Uhr beginnenden Berufsschultag ist unzulässig, § 15 Abs. 1 Nr. 1 BBiG, also an beiden Tagen. Eine Beschäftigung nach einem mehr als 5 Stunden a 45 Minuten dauernden Berufsschultag (also dienstags) ist ebenfalls unzulässig § 15 Abs. 1 Nr. 2 JArbSchG. Eine Beschäftigung am Freitag Nachmittag ist demgegenüber für bis zu 4½ Stunden zulässig, § 15 Abs. 2 Nr. 1 BBiG.

Auch am Arbeitstag, welcher der schriftlichen Abschlussprüfung unmittelbar vorangeht, ist der Auszubildende freizustellen (§ 15 Abs. 1 Nr. 5 BBiG).

Nach § 18 Abs. 2 ArbZG gilt für die Beschäftigung von Personen unter 18 Jahren statt dem ArbZG das **Jugendarbeitsschutzgesetz** (JArbSchG).

Nach dem Jugendarbeitsschutzgesetz dürfen Jugendliche nicht mehr als **8 Stunden täglich** und **40 Stunden wöchentlich** beschäftigt werden. Eine Verlängerung auf maximal 8½ Stunden täglich ist aber zulässig, wenn ein Ausgleich erfolgt, so dass über 5 Wochen der Durchschnitt von 40 Stunden pro Woche nicht überschritten wird (§ 8 JArbSchG).

Beispiel: Die Jugendlichen eines Betriebs werden von Montag bis Donnerstag jeweils 8½ Stunden täglich beschäftigt, am Freitag 6 Stunden.

Für die Teilnahme am Berufsschulunterricht ist der Jugendliche bezahlt freizustellen. Es gelten besondere Regelungen für die Anrechnung auf die Arbeitszeit (§ 9 JArbSchG), die der Regelung des § 15 BBiG entsprechen:

• vor einem vor 9:00 Uhr beginnenden Unterricht ist keine Beschäftigung zulässig
• an einem Berufsschultag mit mehr als 5 Unterrichtsstunden mit mindestens 45 Minuten ist einmal in der Woche keine zusätzliche Beschäftigung zulässig
• bei Blockunterricht in einer Woche mit mindestens 25 Stunden an 5 Tagen sind maximal 2 Stunden zusätzliche betriebliche Ausbildung zulässig
• im Übrigen zählt die Berufsschulzeit einschließlich der Pausen als Arbeitszeit

Auch für Prüfungen sowie am Arbeitstag unmittelbar vor der schriftlichen Abschlussprüfung ist der Jugendliche freizustellen (§ 10 JArbSchG).

Jugendliche dürfen ohne **Pausen** nicht länger als 4½ Stunden beschäftigt werden. Bei einer Beschäftigung von 4½ bis 6 Stunden beträgt die Mindestpausenzeit 30 Minuten, bei einer Arbeitszeit über 6 Stunden mindestens 60 Minuten (§ 11 JArbSchG).

Die Schichtzeit, d.h. die Arbeitszeit zuzüglich der Ruhepausen (§ 4 Abs. 2 JArbSchG), darf grundsätzlich 10 Stunden, im Bergbau unter Tage 8 Stunden nicht überschreiten (§ 12 JArbSchG). Im Gaststättengewerbe, in der Landwirtschaft und Tierhaltung sowie auf Bau- und Montagestellen sind maximal 11 Stunden zulässig.

Nach Beendigung der Ausbildung dürfen Jugendliche mindestens 12 Stunden lang nicht beschäftigt werden (§ 13 JArbSchG).

Hinsichtlich der Verteilung der täglichen Ausbildungszeit ist zu beachten, dass Jugendliche **grundsätzlich nur zwischen 6:00 Uhr und 20:00 Uhr beschäftigt** werden dürfen (§ 14 Abs. 1 JArbSchG). Ausnahmen sind für Jugendliche über 16 Jahren zulässig (§ 14 Abs. 2, 3 JArbSchG):

• im Gaststätten- und Schaustellergewerbe bis 22:00 Uhr,
• in mehrschichtigen Betrieben bis 23:00 Uhr,
• in der Landwirtschaft ab 5:00 Uhr oder bis 21 Uhr und
• in Bäckereien und Konditoreien ab 5:00 Uhr und über 17jährige ab 4:00 Uhr.

An dem einem Berufsschultag unmittelbar vorangehenden Tag dürfen Jugendliche nicht nach 20:00 Uhr beschäftigt werden, wenn der Berufsschulunterricht am Berufsschultag vor 9:00 Uhr beginnt (§ 14 Abs. 4 JArbSchG).

Eine Beschäftigung bis 21:00 Uhr ist bei vorheriger Anzeige an die Aufsichtsbehörde in Betrieben zulässig, in denen die übliche Arbeitszeit aus verkehrstechnischen Gründen nach 20:00 Uhr endet. Nach vorheriger Anzeige an die Aufsichtsbehörde dürfen zudem in mehrschichtig arbeitenden Betrieben Jugendliche über 16 Jahren ab 5:30 Uhr oder bis 23:30 Uhr beschäftigt werden, soweit sie hierdurch unnötige Wartezeiten vermeiden können (§ 14 Abs. 5 JArbSchG).

In Betrieben, in denen die Beschäftigten außergewöhnlicher Einwirkung von Hitze ausgesetzt sind, dürfen Jugendliche in der warmen Jahreszeit ab 5:00 Uhr beschäftigt werden (§ 14 Abs. 6 JArbSchG).

Schließlich ist bei Musikaufführungen, Theatervorstellungen und anderen Aufführungen eine Beschäftigung bis 23:00 Uhr zulässig.

Jugendliche dürfen nur in der Fünf-Tage-Woche beschäftigt werden (§ 15 JArbSchG). An **Samstagen** besteht grundsätzlich ein Beschäftigungsverbot (§ 16 Abs. 1 JArbSchG). Abweichend von diesem Verbot gibt es elf Ausnahmen (§ 16 Abs. 2 JArbSchG).

Danach ist die Beschäftigung an Samstagen zulässig:

1. in Krankenanstalten sowie in Alten-, Pflege- und Kinderheimen,
2. in offenen Verkaufsstellen, in Betrieben mit offenen Verkaufsstellen, in Bäckereien und Konditoreien, im Friseurhandwerk und im Marktverkehr,
3. im Verkehrswesen,
4. in der Landwirtschaft und Tierhaltung,
5. im Familienhaushalt,
6. im Gaststätten- und Schaustellergewerbe,

7. bei Musikaufführungen, Theatervorstellungen und anderen Aufführungen, bei Aufnahmen im Rundfunk (Hörfunk und Fernsehen), auf Ton- und Bildträger sowie bei Film- und Fotoaufnahmen,
8. bei außerbetrieblichen Ausbildungsmaßnahmen,
9. beim Sport,
10. im ärztlichen Notdienst,
11. in Reparaturwerkstätten für Kraftfahrzeuge.

Soweit die Samstagsbeschäftigung zulässig ist, sollen mindestens zwei Samstage pro Monat beschäftigungsfrei bleiben.

An **Sonn- und Feiertagen** sowie am 24.12. und 31.12. ab 14:00 Uhr besteht ebenfalls ein grundsätzliches Beschäftigungsverbot (§§ 17 Abs. 1, 18 Abs. 1 JArbSchG), wobei auch hier acht Ausnahmen gelten (§ 17 Abs. 2 JArbSchG). Zulässig ist die Sonn- bzw. Feiertagsbeschäftigung:

1. in Krankenanstalten sowie in Alten-, Pflege- und Kinderheimen,
2. in der Landwirtschaft und Tierhaltung mit Arbeiten, die auch an Sonn- und Feiertagen naturnotwendig vorgenommen werden müssen,
3. im Familienhaushalt, wenn der Jugendliche in die häusliche Gemeinschaft aufgenommen ist,
4. im Schaustellergewerbe,
5. bei Musikaufführungen, Theatervorstellungen und anderen Aufführungen sowie bei Direktsendungen im Rundfunk (Hörfunk und Fernsehen),
6. beim Sport,
7. im ärztlichen Notdienst,
8. im Gaststättengewerbe.

In den Fällen, in denen eine Sonntagsbeschäftigung zulässig ist, soll jeder zweite Sonntag beschäftigungsfrei bleiben. Mindestens 2 Sonntage im Monat müssen beschäftigungsfrei bleiben. Am 25.12., 1.1., ersten Osterfeiertag und am 1.5. besteht ein absolutes Beschäftigungsverbot.

Weiterhin muss bei Beschäftigung an Samstagen, Sonntagen und Feiertagen ein Ausgleich in Freizeit an einem berufsschulfreien Tag in derselben (bei Feiertagen: in derselben oder in der folgenden) Woche erfolgen (§§ 17 Abs. 3, 18 Abs. 3 JArbSchG).

Beschäftigt der Betrieb regelmäßig mindestens 3 Jugendliche, ist ein **Aushang** über Beginn und Ende der regelmäßigen täglichen Arbeitszeit und der Pausen vorgeschrieben (§ 48 JArbSchG).

3.2.5. Ausbildungsvergütung

Ausbildende haben den Auszubildenden eine **angemessene Vergütung** zu gewähren (§ 17 Abs. 1 S. 1 BBiG). Die Angemessenheit der Vergütung wird durch ihre Funktionen bestimmt. Die Ausbildungsvergütung hat regelmäßig drei Funktionen: Sie soll den Auszubildenden bzw. seine Eltern bei der Lebenshaltung finanziell unterstützen, die Heranbildung eines ausreichenden Nachwuchses an qualifizierten Fachkräften gewährleisten und die Leistungen des Auszubildenden in gewissem Umfang „entlohnen".[44] Sie ist daher mit fortschreitender Berufsausbildung, mindestens jährlich zu erhöhen (§ 17 Abs. 1 S. 2 BBiG). Die Vergütung ist damit im Ausbildungsvertrag für jedes Ausbildungsjahr anzugeben.

Die zentrale Frage ist, wann die Höhe der Ausbildungsvergütung als **angemessen** gilt. Dabei sind mehrere Aspekte zu beachten.

Das Mindestlohngesetz ist auf Ausbildungsverträge nicht anzuwenden (§ 22 Abs. 2 MiLoG). Für Ausbildungsverhältnisse, die **ab 2020** neu abgeschlossen werden gelten aber **Mindestausbildungsvergütungen**. Die Mindestausbildungsvergütungen werden durch § 17 Abs. 2 S. 1 Nr. 1 BBiG zunächst für den Ausbildungsbeginn in den Jahren 2020 bis 2023 für das erste Ausbildungsjahr festgelegt. Für das zweite bis vierte Ausbildungsjahr werden auf dieser Basis Steigerungen von 18%, 35% und 40% vorgesehen, § 17 Abs. 2 S. 1 Nr. 2-4 BBiG. Daraus ergeben sich folgende Werte:

Ausbildungsbeginn im Jahr	Mindestausbildungsvergütung im		
	ersten	zweiten dritten	vierten
		Ausbildungsjahr	
2020	515 €	608 €	695 €	721 €
2021	550 €	649 €	743 €	770 €
2022	585 €	690 €	790 €	819 €
2023	620 €	732 €	837 €	868 €

Die Höhe der Mindestvergütung des ersten Ausbildungsjahres für den Ausbildungsbeginn ab 2024 wird auf Basis der durchschnittlichen Steigerungen der Ausbildungsvergütungen, die im Berufsbildungsbericht für die zwei Jahre vor der Bekanntgabe erfasst wurden, fortgeschrieben, § 17 Abs. 2 S. 2 BBiG. Die Bekanntgabe erfolgt bis zum 1.11. des Vorjahres im Bundesgesetzblatt.

Beispiel: Für das Jahr 2024 erfolgt die Bekanntgabe bis zum 1.11.2023, Basis ist die Steigerung der erfassten Ausbildungsvergütungen von 2021 zu 2022.

---

[44] M.w.N. *BAG*, Urteil vom 16. Mai 2017 – 9 AZR 377/16.

Als angemessen gilt im Geltungsbereich eines **Tarifvertrags** stets die tarifvertragliche Vergütung. Das gilt auch dann, wenn sie die Mindestausbildungsvergütungen **unterschreitet**, § 17 Abs. 3 BBiG.

Eine Ausbildungsvergütung **außerhalb eines Tarifvertrags** ist in der Regel nicht mehr angemessen, wenn sie die in einem einschlägigen Tarifvertrag geregelte Vergütung um mehr als 20% unterschreitet, auch wenn sie oberhalb der Mindestausbildungsvergütung liegt, § 17 Abs. 4 BBiG. Damit wird die bisherige Rechtsprechung[45] kodifiziert. Fehlt ein Tarifvertrag, so können die Empfehlungen der zuständigen Stellen als Maßstab der Angemessenheit herangezogen werden.[46] Auch hier fehlt es an der Angemessenheit, wenn die Empfehlung um mehr als 20% unterschritten wird.[47]

Für die Angemessenheit der Ausbildungsvergütung müssen also folgende Voraussetzungen erfüllt sein:

• im Geltungsbereich eines Tarifvertrags muss mindestens die tarifvertragliche Vergütung gezahlt werden
• außerhalb eines Tarifvertrags muss mindestens 80% der in einem einschlägigen Tarifvertrag geregelten bzw. der üblichen Vergütung gezahlt werden, wenn dieser Wert die Mindestausbildungsvergütung übersteigt, sonst die Mindestausbildungsvergütung

Beispiel: Für ein Ausbildungsverhältnis, welches im September 2022 beginnt, soll die Mindesthöhe der Ausbildungsvergütung bestimmt werden, wenn in einem einschlägigen Tarifvertrag die tarifliche monatliche Ausbildungsvergütung
a) 500 €
b) 1.000 €
beträgt.

Sind Ausbildender und Auszubildender tarifgebunden (§ 3 Abs. 1 TVG), so sind mindestens die tariflichen Vergütungen zu zahlen. Das gilt auch im Fall a), da Tarifverträge die Mindestausbildungsvergütung unterschreiten dürfen.

Liegt keine Tarifbindung vor, so ist im Fall a) mindestens die Mindestausbildungsvergütung i.H.v. 585 € pro Monat zu zahlen, im Fall b) mindestens 800 € (= 80% der tarifvertraglichen Höhe).

---

[45] M.w.N. *BAG*, Urteil vom 16. Mai 2017 – 9 AZR 377/16.
[46] *BAG*, Urteil vom 26. März 2013 – 3 AZR 89/11.
[47] *BAG*, Urteil vom 16. Juli 2013 – 9 AZR 784/11.

Für Ausbildungsverträge, die **vor dem 1.1.2020** abgeschlossen wurden, gilt § 17 BBiG a.f. weiter (§ 106 Abs. 1 BBiG). Als angemessen gilt auch hier im Geltungsbereich eines **Tarifvertrags** stets die tarifvertragliche Vergütung. Eine Ausbildungsvergütung **außerhalb eines Tarifvertrags** ist in der Regel nicht mehr angemessen, wenn sie die in einem einschlägigen Tarifvertrag geregelte Vergütung bzw. die Empfehlungen der zuständigen Stellen um mehr als 20% unterschreitet.[48]

Bei der 20%-Grenze handelt es sich aber nicht um eine ausnahmslos geltende Grenze. Dies wird auch durch die Formulierung „in der Regel" in § 17 Abs. 4 BBiG verdeutlicht. Wird die Ausbildung beispielsweise teilweise oder vollständig durch **öffentliche Gelder oder Spenden** zur Schaffung zusätzlicher Ausbildungsplätze finanziert, kann eine Ausbildungsvergütung auch bei deutlichem Unterschreiten dieser Grenze noch angemessen sein.[49] Diese muss aber noch spürbar zu den Lebenshaltungskosten beitragen. Dabei kann der BAföG-Satz für die Ermittlung der Lebenshaltungskosten eines Auszubildenden ein Anhaltspunkt sein, so dass eine Ausbildungsvergütung in Höhe von zwei Dritteln des geltenden BAföG-Satzes in solchen Fällen noch als angemessen gelten kann.[50] Allerdings darf bei ab dem 1.1.2020 abgeschlossenen Verträgen die Mindestausbildungsvergütung nach § 17 Abs. 2 BBiG nicht unterschritten werden.

Auch bei von der Bundesagentur für Arbeit geförderten außerbetrieblichen Ausbildungsverhältnissen (§ 76 SGB III), die ab dem 1.1.2020 abgeschlossen werden, darf die Mindestausbildungsvergütung nicht unterschritten werden. Den Maßnahmeträgern werden im Gegenzug die an die Auszubildenden gezahlten Beträge bis zur Höhe der Mindestausbildungsvergütung erstattet (§ 79 Abs. 2 SGB III).

In einem Ausbildungsverhältnis mit einer überbetrieblichen Einrichtung, welches vollständig von der Bundesagentur für Arbeit zur beruflichen Rehabilitation finanziert wird (§§ 112 ff. SGB III), ist § 17 Abs. 1 BBiG nicht anzuwenden.[51] In diesem Fall besteht lediglich Anspruch auf Ausbildungsgeld nach § 122 SGB III, sofern die Voraussetzungen hierfür erfüllt sind. Für dieses gilt jedoch seit 2020, dass dieses mindestens die Höhe der Netto-Mindestausbildungsvergütung auf Basis des § 17 Abs. 2 BBiG beträgt.

Wird eine Vergütung vereinbart, die unter der Angemessenheitsgrenze liegt, besteht Anspruch auf die angemessene Vergütung. Eine geltungserhaltende Reduktion auf die noch angemessene Höhe findet nicht statt.[52]

---

[48] *BAG*, Urteil vom 16. Juli 2013 – 9 AZR 784/11.
[49] *BAG*, Urteil vom 16. Mai 2017 – 9 AZR 377/16.
[50] *BAG*, Urteil vom 17. März 2015 – 9 AZR 732/13.
[51] *BAG*, Urteil vom 16. Januar 2003 – 6 AZR 325/01.
[52] *BAG*, Urteil vom 16. Juli 2013 – 9 AZR 784/11.

Da die Ausbildungsvergütung jährlich ansteigen muss, stellt sich die Frage, wie bei Verkürzung oder Verlängerung des Ausbildungsverhältnisses zu verfahren ist. Wird eine Berufsfachschule nach § 7 BBiG angerechnet, muss die höhere Ausbildungsvergütung für das zweite bzw. dritte Ausbildungsjahr früher gezahlt werden.[53]

Erfolgt hingegen eine Verkürzung nach § 8 BBiG besteht kein Anspruch auf frühere Gewährung der höheren Ausbildungsvergütung für das zweite bzw. dritte Ausbildungsjahr.[54] Wird die Ausbildungszeit wegen des Nichtbestehens der Abschlussprüfung verlängert (§ 21 Abs. 3 BBiG), hat der Auszubildende für den Zeitraum der Verlängerung keinen Anspruch auf höhere Vergütung.[55]

Wird eine Teilzeitberufsausbildung nach § 7a BBiG vereinbart, darf die Ausbildungsvergütung um den Prozentsatz der zeitlichen Verkürzung verringert werden (§ 17 Abs. 5 BBiG).

Die Ausbildungsvergütung kann bis zu einem Teil von höchstens 75% auch als **Sachleistung** erbracht werden, wenn eine entsprechende **Vereinbarung** getroffen wird (§ 17 Abs. 6 BBiG).

Beispiel: Ein Auszubildender in einem Hotel bekommt freie Kost und Logis.

Für die Bemessung der Sachleistung ist die aktuelle Sachbezugsverordnung maßgeblich.

Wird der Auszubildende über die vereinbarte tägliche Ausbildungszeit hinaus beschäftigt (Überstunden), ist diese Zeit besonders zu vergüten bzw. abzugelten (§ 17 Abs. 7 BBiG).

Die Vergütung ist nach Monaten zu bemessen. Bei nicht vollen Monaten ist bei der Berechnung der anteiligen Vergütung der Monat mit 30 Tagen zu bemessen (§ 18 Abs. 1 BBiG).

Beispiel: Ein Auszubildender, dessen Ausbildungsvertrag bis zum 31.07. abgeschlossen wurde, besteht am 14.06. die Abschlussprüfung und das Prüfungsergebnis wird vom Prüfungsausschuss bekannt gegeben. Seine monatliche Ausbildungsvergütung im letzten Ausbildungsjahr beträgt 600 €/Monat.

Die Vergütung beträgt 20 €/Tag (= 600 € : 30 Tage). Das Ausbildungsverhältnis endet am 14.06. (§ 21 Abs. 2 BBiG). Somit hat er für den Monat Juni Anspruch auf eine Ausbildungsvergütung i.H.v. 280 € (14 Tage × 30 €/Tag).

---

[53] *BAG*, Urteil vom 8. Dezember 1982 – 5 AZR 92/81.
[54] *BAG*, Urteil vom 8. Dezember 1982 – 5 AZR 474/80.
[55] *BAG*, Urteil vom 8. Februar 1978 - 4 AZR 552/76.

Für die **Fälligkeit** der Ausbildungsvergütung sieht § 18 Abs. 2 BBiG vor, dass diese spätestens am letzten Arbeitstag des Monats zu zahlen ist. Da es sich bei der bei der Zahlung der Vergütung um eine Handlungspflicht des Ausbildenden handelt (§ 18 Abs. 3 BBiG), ist ein Verstoß bußgeldbewehrt (§ 101 Abs. 1 Nr. 5 BBiG).

Der Anspruch auf die Ausbildungsvergütung setzt grundsätzlich voraus, dass der Auszubildende an der Ausbildung teilnimmt. Fehlt der Auszubildende unentschuldigt, wegen Gründen, die in seinem Risikobereich liegen oder z.b. wegen zulässiger Teilnahme an einem Warnstreik[56], entfällt der Anspruch auf Vergütung für die betreffende Zeit.

Beispiel: Der Auszubildende Maier kann seinen Arbeitsplatz nicht erreichen, da wegen des Unfalls eines Gefahrguttransporters die Autobahn gesperrt ist und er 6 Stunden im Stau steht.

Maier ist an der Teilnahme an der Ausbildung an diesem Tag unverschuldet verhindert, verliert aber auch seinen Anspruch auf Vergütung, da das Wegerisiko in seiner Risikosphäre liegt.

Allerdings besteht in einer Reihe von Fällen Anspruch auf Vergütung auch ohne Teilnahme an der Ausbildung. Der Auszubildende hat nach § 19 Abs. 1 BBiG Anspruch auf **Fortzahlung** der Vergütung

• für die Zeit der Freistellung nach § 15 BBiG zur Teilnahme an der Berufsschule, an Prüfungen und außerbetrieblichen Ausbildungsmaßnahmen sowie
• bis zu 6 Wochen bei Ausfall der Ausbildung
  - aus Gründen im Risikobereich des Ausbildenden oder
  - unverschuldeten, persönlichen Gründen des Auszubildenden.

Beispiele: Im Ausbildungsbetrieb fällt kurz nach Ausbildungsbeginn der Strom aus. Der Energieversorger teilt mit, dass mit einer Beseitigung der Störung nicht vor dem nächsten Tag zu rechnen ist. Daraufhin werden die Auszubildenden nach Hause geschickt.

Da der Stromausfall in den Risikobereich des Ausbildenden gehört, haben die Auszubildenden für diesen Tag Anspruch auf Ausbildungsvergütung (§ 19 Abs. 1 Nr. 2 a) BBiG).

Das betreuungsbedürftige Kind einer Alleinerziehenden erkrankt schwer.

Es liegt liegt ein unverschuldeter Grund in der Person der Auszubildenden vor, so dass Anspruch auf Ausbildungsvergütung besteht (§ 19 Abs. 1 Nr. 2 b) BBiG).

---

[56] *BAG*, Urteil vom 12. September 1984 – 1 AZR 342/83.

Im Falle der krankheitsbedingten Arbeitsunfähigkeit des Auszubildenden sowie bei arbeitsfreien gesetzlichen Feiertagen ist für Auszubildende das **Entgeltfortzahlungsgesetz** anzuwenden (§ 1 Abs. 2 EFZG).

Fällt aufgrund eines gesetzlichen **Feiertag**s die Ausbildung aus, so hat der Ausbildende dem Auszubildenden nach § 2 Abs. 1 EFZG das Entgelt zu zahlen, welches der Auszubildende ohne den Arbeitsausfall erhalten hätte. Nach § 18 Abs. 1 S. 2 BBiG ist das 1/30 der monatlichen Ausbildungsvergütung pro Tag.

Die Feiertagsvergütung entfällt, wenn der Auszubildende am Tag vor oder nach dem Feiertag unentschuldigt fehlt, § 2 Abs. 3 EFZG.

Ist der Auszubildende infolge unverschuldeter **Krankheit** arbeitsunfähig, hat er Anspruch auf Entgeltfortzahlung durch den Ausbildenden für bis zu 6 Wochen, § 3 Abs. 1 S. 1 EFZG. Der Anspruch auf Entgeltfortzahlung entsteht nach vierwöchiger **Wartezeit**, § 3 Abs. 3 EFZG. Das gilt auch für Auszubildende.[57]

Nach Ablauf der 6 Wochen bis zur 78. Krankheitswoche besteht Anspruch auf Krankengeld (§§ 44 ff. SGB V) bzw. Verletztengeld (§§ 45 ff. SGB VII), wenn die Krankheit auf einem Arbeitsunfall beruht.

Voraussetzung für den Anspruch ist, dass der Auszubildende ausschließlich **infolge der Krankheit arbeitsunfähig** ist. Zu beachten ist auch, dass nicht jede Krankheit zur Arbeitsunfähigkeit führt.

Beispiel: Eine Fußverletzung führt bei ausschließlich sitzender Tätigkeit nicht zwangsläufig zur Arbeitsunfähigkeit.

Der Entgeltfortzahlungsanspruch besteht nicht, wenn die Erkrankung **selbst verschuldet** ist. Selbst verschuldet in diesem Sinne ist eine Erkrankung jedoch nur, wenn der Auszubildende in besonders groben Maße gegen das von einem verständigen Menschen im eigenen Interesse zu erwartende Verhalten verstößt.

Beispiele: durch Alkoholmissbrauch verursachter Unfall,[58] besonders grobes Außerachtlassen der üblichen Sicherheitsvorkehrungen beim Sport.

Der Anspruch auf bis zu 6 Wochen Entgeltfortzahlung besteht bei jeder neuen Erkrankung. Bei Fortsetzungserkrankungen besteht ein erneuter Anspruch nur, wenn er wegen derselben Krankheit mindestens 6 Monate nicht arbeitsunfähig war oder seit Beginn der ersten Erkrankung 12 Monate verstrichen sind (§ 3 Abs. 1 S. 2 EFZG).

---

[57] *BAG*, Urteil vom 20. August 2003 – 5 AZR 436/02.
[58] *BAG*, Urteil vom 11. März 1987 – 5 AZR 739/85.

Beispiel: Auszubildender Meyer ist ab Mitte Januar für 6 Wochen infolge einer Blinddarmentzündung mit Komplikationen arbeitsunfähig. Nachdem er drei Tage gearbeitet hat, erleidet er sturzbedingt eine Gehirnerschütterung. Da es sich um eine neue Erkrankung handelt, hat er erneut Anspruch auf Entgeltfortzahlung für bis zu 6 Wochen.

Wäre Meyer hingegen arbeitsunfähig geworden, da sich seine Operationsnarbe der Blinddarmoperation entzündet hat, bestünde kein Anspruch auf Entgeltfortzahlung, da es sich um eine Fortsetzungserkrankung wegen derselben Krankheit handelt.

Nach § 5 EFZG hat der Auszubildende **Anzeige- und Nachweispflichten** zu erfüllen. Er ist zunächst verpflichtet, dem Ausbildenden die Arbeitsunfähigkeit und deren voraussichtliche Dauer unverzüglich mitzuteilen, § 5 Abs. 1 EFZG. Bei einer mehr als 3 Tage dauernden Erkrankung (auf Verlangen des Ausbildenden auch früher) hat der Auszubildende spätestens am darauffolgenden Arbeitstag ein ärztliches Attest vorzulegen. Seit dem 1.1.2023 erfolgt der Nachweis bei gesetzlich Krankenversicherten durch die elektronische Arbeitsunfähigkeitsbescheinigung, welche der Arbeitgeber bei der Krankenkasse abrufen kann. (§ 5 Ia EFZG).

Beruht die Arbeitsunfähigkeit auf **Drittverschulden**, so gehen eventuelle Schadensersatzansprüche gegen den Dritten auf den Ausbildenden über (§ 6 EFZG).

Der Ausbildende hat gemäß § 7 EFZG ein **Leistungsverweigerungsrecht**, wenn der Arbeitnehmer seine Nachweispflichten verletzt oder den Anspruchsübergang nach § 6 EFZG verhindert.

3.2.6. Urlaub

Die Urlaubsansprüche **volljähriger Auszubildender** richten sich nach dem Bundesurlaubsgesetz (BUrlG), da nach § 2 S. 1 BUrlG auch zu ihrer Berufsausbildung Beschäftigte vom Geltungsbereich erfasst werden. Das Bundesurlaubsgesetz regelt zum einen den Mindesturlaub, zum anderen die Art und Weise der Urlaubsgewährung.

Bei **Jugendlichen** ist bezüglich der Dauer des Urlaubsanspruchs ergänzend das Jugendarbeitsschutzgesetz zu beachten, im Übrigen gilt auch für Jugendliche das BUrlG (§ 19 Abs. 4 JArbSchG). Bei **Schwerbehinderten** ist zusätzlich § 208 SGB IX zu beachten. Sofern Tarifbindung vorliegt, werden Urlaubsansprüche häufig durch den **Tarifvertrag** geregelt.

Nach dem Bundesurlaubsgesetz hat jeder Arbeitnehmer, somit auch ein Auszubildender, Anspruch auf bezahlten Erholungsurlaub von mindestens **24 Werkta**gen (§§ 1, 3 BUrlG). Werktage sind alle Kalendertage mit Ausnahme von Sonn- und Feiertagen.

Das Gesetz geht diesbezüglich also von einer 6-Tage-Woche aus. Der Urlaub in Werktagen (WT) ist deshalb bei Auszubildenden, die nicht in der 6-Tage-Woche arbeiten, in Arbeitstage (AT) umzurechnen:

$$\text{Urlaub}(AT) = \frac{\text{Urlaub}(WT)}{6\,\text{WT pro Woche}} \times AT\,\text{pro Woche}$$

Beispiel: Ein volljähriger Auszubildender, der in der 5-Tage-Woche arbeitet, hat den gesetzlichen Mindesturlaub von 24 Werktagen. Damit berechnet sich der Mindesturlaub in Arbeitstagen wie folgt:[59]

$$\text{Urlaub}(AT) = \frac{24\,\text{WT}}{6\,\text{WT pro Woche}} \times 5\,\text{AT pro Woche} = 20\,\text{AT}$$

Der Anspruch auf den vollen Urlaub erwächst erstmals nach einer **Wartezeit** von 6 Monaten (§ 4 BUrlG).

Für Zeiten vor Erfüllung der Wartezeit oder beim Ausscheiden vor Erfüllung der Wartezeit bzw. in der ersten Jahreshälfte hat der Arbeitnehmer einen Anspruch auf **ein Zwölftel** des Jahresurlaubs für jeden vollen Monat (§ 5 Abs. 1 BUrlG). Bruchteile des Teilurlaubs, die mindestens einen halben Tag ergeben, sind aufzurunden (§ 5 Abs. 2 BUrlG). Ergeben sich Bruchteile von weniger als einem halben Tag, sind dieses mangels abweichender Regelung weder auf- noch abzurunden.[60]

Wurde der Urlaub von einem Arbeitgeber im laufenden Kalenderjahr bereits gewährt, so besteht bei einem neuen Arbeitgeber kein Urlaubsanspruch (§ 6 BUrlG).

Der **Zeitpunkt der Urlaubsgewährung** unterliegt dem Direktionsrecht des Ausbildenden, die Wünsche der Auszubildenden sind jedoch, soweit möglich, zu berücksichtigen (§ 7 Abs. 1 BUrlG). Berufsschülern soll der Urlaub in den Berufsschulferien gewährt werden (§ 19 Abs. 3 JArbSchG).

---

[59] *BAG*, Urteil vom 27. Januar 1987 – 8 AZR 579/84.
[60] *BAG*, Urteil vom 23. Januar 2018 – 9 AZR 200/17.

Der Urlaub soll zusammenhängend gewährt und genommen werden, mindestens 12 Werktage müssen jedoch zusammenhängend gewährt werden (§ 7 Abs. 2 BUrlG). Der Urlaub kann nur aus dringenden persönlichen oder betrieblichen Gründen in die ersten 3 Monate des Folgejahres übertragen werden (§ 7 Abs. 3 BUrlG).

Wird der Urlaub innerhalb des Übertragungszeitraums nicht in Anspruch genommen, verfällt er grundsätzlich. Dies gilt jedoch nicht, wenn der Urlaub krankheitsbedingt nicht in Anspruch genommen werden konnte.[61]

Der Urlaub ist dann auch nach dem Übertragungszeitraum nachzugewähren oder beim Ausscheiden abzugelten, er verfällt bei unionsrechtskonformer Auslegung erst 15 Monate nach Ablauf des Urlaubsjahres.[62] Der Urlaub verfällt auch dann nicht, wenn der Azubi nicht auf den drohenden Verfall hingewiesen wurde bzw. ihm keine Möglichkeit der Inanspruchnahme gegeben wurde.[63]

Eine **Abgeltung** des Urlaubs in Geld kommt nur in Betracht, wenn Urlaub aufgrund der Beendigung des Ausbildungsverhältnisses nicht mehr gewährt werden kann (§ 7 Abs. 4 BUrlG). Das ist z.B. der Fall, wenn das Ausbildungsverhältnis fristlos gekündigt wird und noch Resturlaubsansprüche bestehen.

Aus Sicht des Auszubildenden ist der Erholungszweck nach § 8 BUrlG zu beachten, d.h. der Auszubildende darf keine Erwerbstätigkeit leisten.

Ärztlich nachgewiesene Erkrankungszeiten während des Urlaubs werden auf den Urlaub nicht angerechnet (§ 9 BUrlG).

Jugendlichen ist für jedes Kalenderjahr ein nach dem Alter gestaffelter **Urlaub** zu gewähren (§ 19 Abs. 2 JArbSchG):

Ist der Jugendliche zu Beginn des Kalenderjahres noch nicht	so hat er einen Urlaubsanspruch von mindestens
16 Jahre	30 Werktagen
17 Jahre	27 Werktagen
18 Jahre	25 Werktagen

Beispiel: Ein Auszubildender, der eine zweijährige Berufausbildung absolviert, wird am 1. März 17 Jahre alt und beginnt seine Ausbildung am 1. September. Welche Urlaubsansprüche bestehen?

---

[61] *BAG*, Urteil vom 24. März 2009 – 9 AZR 983/07 im Anschluss an *EuGH*, Urteil vom 20. Januar 2009 – C-520/06.
[62] *BAG*, Urteil vom 7. August 2012 – 9 AZR 353/10 im Anschluss an *EuGH*, Urteil vom 22. November 2011 – C-214/10.
[63] *EuGH*, Urteil vom 6. November 2018 – C- 619/16.

Der Urlaubsanspruch im 1. Jahr beträgt 9 Werktage, da der Auszubildende zum Beginn des Kalenderjahres das 17. Lebensjahr noch nicht vollendet hat und das Ausbildungsverhältnis in diesem Jahr 4 volle Monate besteht (27 : 12 × 4 = 9 WT, § 19 Abs. 2 Nr. 2 JArbSchG i.V.m. § 5 Abs. 1 a BUrlG).

Im 2. Jahr beträgt der Urlaubsanspruch 25 Werktage, da er zum Beginn des Kalenderjahres das 18. Lebensjahr noch nicht vollendet hat (§ 19 Abs. 2 Nr. 3 JArbSchG).

Im 3. Jahr unterliegt der Auszubildende dem Bundesurlaubsgesetz und hat somit Anspruch auf 24 Werktage Urlaub (§§ 3, 4 BUrlG). Eine Zwölftelung des Urlaubs entfällt bei Beendigung der Ausbildung durch Zeitablauf, da der Auszubildende in der zweiten Kalenderjahreshälfte ausscheidet. Wenn das Ausbildungsverhältnis hingegen durch Bestehen der Abschlussprüfung in der ersten Kalenderjahreshälfte endet, ist der Urlaub anteilig zu gewähren (§ 5 Abs. 1 c BUrlG).

Fortsetzung **Beispiel:** Der Ausbildungsvertrag wird noch während der Probezeit am 15. Dezember fristlos gekündigt. Welcher Urlaubsanspruch besteht? Wie ist der Urlaub zu gewähren, wenn der Auszubildende bisher noch keinen Urlaub hatte?

Wegen der noch nicht vollendeten Wartezeit besteht Urlaubsanspruch von einem Zwölftel für jeden **vollen** Monat: 27 : 12 × 3 = 6,75 Werktage (§ 19 Abs. 2 Nr. 2 JArbSchG i.V.m. § 5 Abs. 1 b BUrlG). Dieser ist auf 7 Werktage aufzurunden (§ 5 Abs. 2 BUrlG). Da der Urlaub aufgrund der Beendigung des Ausbildungsverhältnisses nicht mehr gewährt werden kann, ist er abzugelten (§ 7 Abs. 4 BUrlG).

Da der Urlaub auch im JArbSchG in Werktagen angegeben wird, ist er bei Auszubildenden, die nicht in der 6-Tage-Woche arbeiten, in der beschriebenen Weise in Arbeitstage umzurechnen. Eine Aufrundung des Urlaubs auf volle Arbeitstage muss nach h.M. nicht erfolgen, da es sich nicht um Teilurlaub i.S.d. § 5 BUrlG handelt.[64]

Nach § 208 SGB IX besteht für Schwerbehinderte Anspruch auf **Zusatzurlaub** in Höhe von 5 **Arbeits**tagen. Für diesen Zusatzurlaub gelten die Vorschriften des BUrlG entsprechend.

---

[64] ErfK/*Schlachter*, Rn. 5 zu § 19 JArbSchG.

3.3. Pflichten der Vertragsparteien
3.3.1. Pflichten des Auszubildenden

Dem Auszubildenden obliegen insbesondere folgende Pflichten:

- Lernpflicht (§ 13 S. 1 BBiG)
- Sorgfaltspflicht (§ 13 Nr. 1 BBiG)
- Teilnahme an der Berufsschule, an Prüfungen und an außerbetrieblichen Ausbildungsmaßnahmen (§ 13 Nr. 2 BBiG)
- Weisungsgebundenheit (§ 13 Nr. 3 BBiG)
- Beachtung der Betriebsordnung (§ 13 Nr. 4 BBiG)
- pflegliche Behandlung der Ausbildungsmittel (§ 13 Nr. 5 BBiG)
- Verschwiegenheitspflicht (§ 13 Nr. 6 BBiG)
- einen schriftlichen oder elektronischen Ausbildungsnachweis zu führen (§ 13 Nr. 7 BBiG).

Die Hauptleistungspflicht des Auszubildenden ist die **Lernpflicht**. Danach sind Auszubildende verpflichtet, sich um den Erwerb der beruflichen Handlungsfähigkeit zu bemühen (§ 13 S. 1 BBiG). Dies ergibt sich bereits unmittelbar aus dem Zweck des Berufsausbildungsverhältnisses (§ 1 Abs. 2 BBiG).

Um diese Pflicht zu erfüllen, muss der Auszubildende sich aktiv an der Ausbildung zu beteiligen. Dies kann auch Aktivitäten außerhalb der Ausbildungszeit beinhalten.[65] Allerdings sieht § 14 Abs. 2 S. 2 BBiG vor, dass die Ausbildungsnachweise am Arbeitsplatz zu führen sind und den Auszubildenden Gelegenheit dazu zu geben ist.

Die Beurteilung, ob der Auszubildende sich hinreichend bemüht hat, ist schwierig. Daher kommt eine Sanktionierung von Verstößen i.d.R. nur in Betracht, wenn gleichzeitig gegen andere Pflichten verstoßen wird (z.B. unentschuldigte Fehlzeiten).

Auszubildende haben die ihnen übertragenen Aufgaben **sorgfältig** auszuführen (§ 13 Nr. 1 BBiG). Dies betrifft neben den durch Ausbilder oder von sonstigen weisungsberechtigten Personen übertragenen Aufgaben auch solche, die sich aus der Ausbildungsordnung ergeben.

Nach § 13 Nr. 2 BBiG sind Auszubildende zur **Teilnahme an der Berufsschule** und außerbetrieblichen Ausbildungsmaßnahmen verpflichtet, zu denen sie freigestellt sind. Die Pflicht zur Teilnahme an der Berufsschule ergibt sich zudem i.d.R. aus den Schulgesetzen der Länder.

---

[65] *BAG*, Urteil vom 11. Januar 1973 – 5 AZR 467/72.

Auszubildende sind verpflichtet, den **Weisungen** von weisungsberechtigten Personen **Folge zu leisten** (§ 13 Nr. 3 BBiG). Weisungsberechtigt sind neben dem Ausbildenden und dem Ausbilder z.b. Ausbildungsbeauftragte, Personalverantwortliche oder Sicherheitsbeauftragte. Das Weisungsrecht muss sich im Rahmen der Berufsausbildung bewegen. Grenzen ergeben sich insbesondere aus § 106 GewO, der gemäß § 10 Abs. 2 BBiG ergänzend heranzuziehen ist. Danach wird das Weisungsrecht durch gesetzliche Regelungen, Bestimmungen in anwendbaren Tarifverträgen und Betriebsvereinbarungen sowie den Vereinbarungen im Ausbildungsvertrag begrenzt. Vom Weisungsrecht sind ausbildungsfremde Tätigkeiten nicht erfasst (§ 14 Abs. 2 BBiG).

Gemäß § 13 Nr. 4 BBiG sind Auszubildende verpflichtet, die **für die Ausbildungsstätte geltende Ordnung einzuhalten**. Erfasst werden sowohl auf Basis des Weisungsrechts der Ausbildenden festgelegte Verhaltensregeln (z.b. Rauchverbote, Anwesenheitskontrollen) als auch Rechtsvorschriften (z.b. Unfallverhütungsvorschriften).

Die Auszubildenden sind verpflichtet, **Ausbildungsmittel pfleglich zu behandeln** (§ 13 Nr. 5 BBiG). Dazu gehört das Aufräumen und Reinigen des eigenen Ausbildungsplatzes.

Über **Betriebs- und Geschäftsgeheimnisse** haben Auszubildende **Stillschweigen** zu wahren (§ 13 Nr. 6 BBiG). Als Betriebs- und Geschäftsgeheimnisse sind solche Tatsachen einzustufen, die den Geschäftsbetrieb betreffen und nach dem Willen des Inhabers nur einem begrenzten Personenkreis zugänglich sein sollen. Auszubildende unterliegen während der Ausbildung zudem einem Wettbewerbsverbot.[66]

Auszubildende haben einen **schriftlichen oder elektronischen Ausbildungsnachweis** zu führen (§ 13 Nr. 7 BBiG). Ob der Ausbildungsnachweis schriftlich oder elektronisch geführt wird, wird im Ausbildungsvertrag geregelt (§ 11 Abs. 1 S. 2 Nr. 10 BBiG). Die Ausbildungsnachweise haben zum einen den Zweck, die vermittelten Inhalte zu reflektieren, zum anderen dienen Sie der Kontrolle der Durchführung der Ausbildung. Daher ist das Führen vorgeschriebener Ausbildungsnachweise auch Zulassungsvoraussetzung zur Abschlussprüfung (§ 43 Abs. 1 Nr. 2 BBiG). Für das Führen der Ausbildungsnachweise gibt es eine Empfehlung des Hauptausschusses des Bundesinstituts für Berufsbildung.[67] Den Auszubildenden ist Gelegenheit zu geben, die Ausbildungsnachweise an Arbeitsplatz zu führen (§ 14 Abs. 2 S. 2 BBiG).

---

[66] *BAG*, Urteil vom 20. September 2006 – 10 AZR 439/05; a.A. *Lakies/Malottke*, BBiG, § 13 Rn. 26.
[67] Empfehlung des *Hauptausschusses des BBIB* vom 1. September 2020, BAnz. Amtlicher Teil vom 2.10.2020.

Die Aufzählung der Pflichten in § 13 BBiG ist nicht abschließend. Weitere Pflichten können sich vor allem aus anderen Rechtsvorschriften, insbesondere aus den anwendbaren arbeitsrechtlichen Vorschriften, ergeben (§ 10 Abs. 2 BBiG).

3.3.2. Pflichten des Ausbildenden

Aus dem Ausbildungsverhältnis ergeben sich für den Ausbildenden insbesondere folgende Pflichten:

* Ausbildungspflicht (§ 14 Abs. 1 Nr. 1 BBiG)
* selbst auszubilden oder einen Ausbilder zu beauftragen (§ 14 Abs. 1 Nr. 2 BBiG)
* die Ausbildungsmittel kostenlos zur Verfügung stellen (§ 14 Abs. 1 Nr. 3 BBiG)
* Anhalten zur Teilnahme an der Berufsschule (§ 14 Abs. 1 Nr. 4 BBiG)
* Fürsorge- und Erziehungspflicht (§ 14 Abs. 1 Nr. 5 BBiG)
* Anhalten zur Führung von Ausbildungsnachweisen und deren Kontrolle (§ 14 Abs. 2 BBiG)
* Beschäftigung mit der Ausbildung „dienlichen" Tätigkeiten (§ 14 Abs. 3 BBiG)
* Freistellung zur Berufsschule und den Prüfungen (§ 15 BBiG)
* Zeugnispflicht (§ 16 BBiG)
* Zahlung einer angemessenen Vergütung (§ 17 BBiG)
* Urlaubsgewährung (§ 1 BUrlG, § 19 JArbSchG).

Die **Hauptleistungspflicht** des Ausbildenden ist die **Ausbildungspflicht** (§ 14 Abs. 1 Nr. 1 BBiG). Im Rahmen dieser Pflicht hat der Ausbildende dafür zu sorgen, dass dem Auszubildenden die berufliche Handlungsfähigkeit vermittelt wird. Der Auszubildende soll am Ende der Ausbildung das Ausbildungsziel erreicht haben, d.h. die Abschlussprüfung bestehen können. Dazu ist die Ausbildung planmäßig durchzuführen und sachlich sowie zeitlich zweckentsprechend zu gliedern. Inhaltliche Grundlage sind die Ausbildungsordnung und der darin enthaltene Ausbildungsrahmenplan, welcher in einen betrieblichen Ausbildungsplan umzusetzen ist.

Der Ausbildende kann **selbst ausbilden** oder einen **Ausbilder ausdrücklich** damit **beauftragen** (§ 14 Abs. 1 Nr. 2 BBiG). Als Ausbilder darf nur tätig sein und bestellt werden, wer persönlich und fachlich geeignet ist (§ 28 Abs. 1 S. 2 BBiG).[68] Bei der Bestellung des Ausbilders ist der Betriebsrat gemäß § 98 Abs. 2, 5 BetrVG zu beteiligen.

---

[68] Zu den Einzelheiten vgl. Pkt. 2.2.

Der Ausbildende hat dem Auszubildenden die **Ausbildungsmittel kostenlos** zur Verfügung zu stellen, welche zur Berufsausbildung sowie zum Ablegen der Zwischen- oder Abschlussprüfungen erforderlich sind (§ 14 Abs. 1 Nr. 3 BBiG). Von dieser Vorschrift werden Werkzeuge, Materialien und Fachliteratur erfasst, die für den betrieblichen Teil der Ausbildung oder die Prüfungen erforderlich sind. Zu den Ausbildungsmitteln gehören auch die zu führenden Ausbildungsnachweise. Ausschließlich für die Berufsschule erforderliche Ausbildungsmittel, z.b. Lehrbücher, fallen demgegenüber nicht unter die Vorschrift.

Werkzeuge etc. müssen dem Auszubildenden nur leihweise zur Verfügung gestellt werden, sie bleiben daher Eigentum des Ausbildenden. Sie sind vom Auszubildenden pfleglich zu behandeln (§ 13 Nr. 5 BBiG) und bei Beendigung des Ausbildungsverhältnisses zurückzugeben.

Die Werkzeuge und Materialien, welche zur Ablegung von Abschlussprüfungen erforderlich sind, sind dem Auszubildenden auch dann kostenlos zur Verfügung zu stellen, wenn die Abschlussprüfung nach dem planmäßigen Ende der Ausbildung stattfindet.

Ausbildende sind verpflichtet, Auszubildende zum Besuch der **Berufsschule** anzuhalten (§ 14 Abs. 1 Nr. 4 BBiG). Es besteht diesbezüglich eine Kontroll- und Einwirkungspflicht des Ausbildenden. Kommt der Auszubildende seiner Pflicht nicht nach, ist durch Sanktionen, z.b. Ermahnungen oder Abmahnungen Einfluss zu nehmen.

Nach § 14 Abs. 1 Nr. 5 BBiG sind Ausbildende verpflichtet, Auszubildende **charakterlich** zu **fördern** und **nicht** zu **gefährden**. Die „Erziehungspflicht" bezieht sich insbesondere auf Eigenschaften wie Pünktlichkeit, Ehrlichkeit und Zuverlässigkeit sowie auf das Sozialverhalten.

Die Abwehr von Gefährdungen erstreckt sich vorrangig auf die Beachtung der einschlägigen Arbeitschutz- und Unfallverhütungsvorschriften, bei Jugendlichen insbesondere auch des Jugendarbeitsschutzgesetzes. Jugendliche sind vor Beginn der Beschäftigung sowie bei wesentlichen Änderungen der Arbeitsbedingungen über Unfall- und Gesundheitsgefahren sowie deren Vermeidung zu unterweisen (§ 29 Abs. 1 JArbSchG). Die Unterweisungen sind mindestens halbjährlich zu wiederholen (§ 29 Abs. 2 JArbSchG). Bei Volljährigen ergibt sich die Unterweisungspflicht aus § 12 Abs. 1 ArbSchG.

Um Gefährdungen zu vermeiden, dürfen Jugendliche nur beschäftigt werden, wenn sie eine ärztliche Erstuntersuchung nachweisen (§ 32 Abs. 1 JArbSchG). Die Untersuchung darf nicht länger als 14 Monate zurückliegen.

Ein Jahr nach Aufnahme der Beschäftigung ist eine Bescheinigung über eine Nachuntersuchung vorzulegen, die nicht länger als 3 Monate zurückliegt (§ 33 Abs. 1 JArbSchG). Neun Monate nach Aufnahme der Beschäftigung soll der Jugendliche auf diese Pflicht hingewiesen werden. Kommt der Jugendliche der Pflicht zur Vorlage der Nachuntersuchungsbescheinigung nach Ablauf des ersten Jahres nicht nach, hat ihn der Ausbildende binnen eines Monats schriftlich zur Vorlage der Bescheinigung aufzufordern (§ 33 Abs. 2 JArbSchG). In diesem Schreiben ist auf dass drohende Beschäftigungsverbot hinzuweisen. Liegt die Bescheinigung nach 14 Monaten noch nicht vor, darf der Jugendliche nicht mehr beschäftigt werden (§ 33 Abs. 3 JArbSchG). Enthält die Bescheinigung über die Erst- oder Nachuntersuchung einen Gefährdungsvermerk, darf der Jugendliche mit solchen Tätigkeiten nicht beschäftigt werden (§ 40 Abs. 1 JArbSchG).

Ausbildende sind verpflichtet, Auszubildende zur Führung von **Ausbildungsnachweisen** anzuhalten und diese durchzusehen (§ 14 Abs. 2 BBiG). Kommt der Auszubildende seiner Pflicht nicht nach, ist durch Sanktionen, z.b. Ermahnungen oder Abmahnungen, Einfluss zu nehmen. Die Ausbildungsnachweise sollen mindestens monatlich geprüft und vom Ausbilder gegengezeichnet werden.[69] Durch die Gegenzeichnung wird die Richtigkeit und Vollständigkeit bestätigt. Werden die Ausbildungsnachweise elektronisch geführt, kann eine elektronische Signatur verwendet werden, um einen Ausdruck zu ersparen.

Ausbildende dürfen nach § 14 Abs. 3 BBiG den Auszubildenden nur solche **Aufgaben** übertragen, **die dem Ausbildungszweck** dienen und ihren körperlichen Kräften angemessen sind. Der Sinn der Vorschrift besteht zunächst darin, dass Auszubildende nicht als billige Arbeitskräfte missbraucht werden. Was dem Ausbildungszweck dient, ergibt sich primär aus dem jeweiligen Berufsbild und der Ausbildungsordnung. Eine Aufgabe dient dem Ausbildungszweck, wenn sie das Erreichen des Ausbildungsziels unmittelbar oder mittelbar fördert. Die Übertragung von berufsfremden Tätigkeiten ist daher unzulässig.

Beispiel: Ein Auszubildender zum Zerspanungsmechaniker wird nach der Herstellung von Drehteilen angewiesen, in den letzten 20 Minuten seiner Ausbildungszeit die benutzte Maschine zu reinigen. Das Reinigen der Maschine in einem angemessenen Umfang dient dem Ausbildungszweck zumindest mittelbar und ist daher zulässig.

Müsste der Auszubildende nur noch Maschinen reinigen, wäre das eine ausbildungsfremde und damit unzulässige Aufgabe.

Bei Jugendlichen sind zudem die **Beschäftigungsverbote** der §§ 22 ff. JArbSchG zu beachten.

---

[69] Empfehlung des *Hauptausschusses des BBIB* vom 9. Oktober 2012, BAnz. Amtlicher Teil vom 7.11.2012.

Danach dürfen Jugendliche insbesondere nicht beschäftigt werden:

- mit Arbeiten, die ihre Leistungsfähigkeit übersteigen (§ 22 Abs. 1 Nr. 1 JArbSchG),
- mit sittlich gefährdenden Arbeiten (§ 22 Abs. 1 Nr. 2 JArbSchG),
- mit für Jugendliche mit besonderen Unfallgefahren oder Gesundheitsgefahren verbundenen Arbeiten (§ 22 Abs. 1 Nr. 3-7 JArbSchG), es sei denn, dass dies zur Erreichung des Ausbildungsziels erforderlich ist und eine fachkundige Aufsicht gewährleistet ist (§ 22 Abs. 2 JArbSchG) und
- mit Akkordarbeit oder tempoabhängigen Arbeiten (§ 23 JArbSchG).

Auszubildende sind zur Teilnahme an der **Berufsschule** und den **Prüfungen** sowie außerbetrieblichen Ausbildungsmaßnahmen **freizustellen** (§ 15 BBiG).

Dies folgt unmittelbar aus der Logik des dualen Systems. Freistellung in diesem Sinne bedeutet natürlich bezahlte Freistellung (§ 19 Abs. 1 Nr. 1 BBiG). Erfasst werden alle zur Teilnahme erforderlichen Zeiten, einschließlich Wegezeiten.[70]

Auszubildende haben nach § 15 Abs. 1 Nr. 5 BBiG bzw. § 10 Abs. 1 Nr. 2 JArbSchG zudem einen Freistellungsanspruch für den der schriftlichen Abschlussprüfung unmittelbar vorangehenden Arbeitstag.

Beispiel: Findet die schriftliche Abschlussprüfung an einem Dienstag statt, hat ein Auszubildender Anspruch auf Freistellung am Montag. Ist der Prüfungstag ein Montag, geht dem Prüfungstag kein Arbeitstag unmittelbar voran, so dass kein Freistellungsanspruch besteht.

Bei Beendigung des Berufsausbildungsverhältnisses haben Ausbildende den Auszubildenden ein **Zeugnis** in Schriftform auszustellen (§ 16 Abs. 1 BBiG). Nach § 16 Abs. 2 BBiG sind das einfache und das qualifizierte Zeugnis zu unterscheiden. Das **einfache** Zeugnis enthält lediglich Angaben zu Art, Dauer und Ziel der Berufsausbildung sowie die vom Auszubildenden erworbenen Kenntnisse, Fertigkeiten und Fähigkeiten. In das **qualifizierte** Zeugnis sind zusätzlich Angaben zum Verhalten und den Leistungen des Auszubildenden aufzunehmen.

Der Auszubildende hat ein Wahlrecht zwischen dem einfachen und dem qualifizierten Zeugnis. Ein qualifiziertes Zeugnis ist ihm nur auf Verlangen auszustellen. Bei der Zeugniserstellung ist § 109 GewO gemäß § 10 Abs. 2 BBiG ergänzend heranzuziehen.

---

[70] Zur Beschäftigung vor und nach der Berufsschule vgl. Pkt. 3.2.4.

Bei der **Zeugnisformulierung** ist zu beachten, dass das Zeugnis wahrheitsgemäße Aussagen treffen muss, andererseits soll es wohlwollend formuliert sein, um das Fortkommen des Auszubildenden nicht unnötig zu behindern.

Da negative Beurteilungen nicht förderlich sind, kann sich daraus ein schwer lösbarer Widerspruch ergeben. Dies hat in der Praxis dazu geführt, dass häufig eine spezielle „Zeugnissprache" verwendet wird. Dabei werden z.b. durch Weglassen bestimmter Punkte oder Herausstellen von Nebensächlichkeiten negative Punkte indirekt zur Geltung gebracht. Dies findet seine Grenze in § 109 Abs. 2 GewO, wonach das Zeugnis klar und verständlich sowie ohne mehrdeutige oder geheime Formulierungen zu verfassen ist.

Die **äußere Form** muss insgesamt der Bedeutung des Zeugnisses Rechnung tragen, es darf z.B. keine Streichungen, Verbesserungen, Flecken oder wesentliche Schreibfehler enthalten. Das Zeugnis ist vom Ausbildenden zu unterschreiben und soll, wenn dieser nicht selbst ausgebildet hat, auch vom Ausbilder unterschrieben werden (§ 16 Abs. 1 S. 3 BBiG).

Der Ausbildende ist zur Zahlung einer angemessenen **Vergütung** verpflichtet, die mindestens jährlich ansteigt (§ 17 BBiG).[71]

Die Pflicht zur Urlaubsgewährung ergibt sich aus dem BUrlG sowie bei Jugendlichen aus § 19 JArbSchG.[72]

3.4. Folgen von Pflichtverletzungen
3.4.1. Pflichtverletzungen des Auszubildenden

Verletzt der Auszubildende seine Pflichten aus § 13 BBiG kommt eine **Kündigung** des Ausbildungsverhältnisses nach § 22 BBiG, i.d.R. nach vorheriger Abmahnung, in Betracht. Dabei ist zu beachten, dass die Kündigung nach Beendigung der Probezeit gemäß § 22 Abs. 2 Nr. 1 BBiG nur möglich ist, wenn dem Ausbildenden die Fortsetzung des Ausbildungsverhältnisses unzumutbar ist. Insofern müssen zuvor sämtliche mildere Mittel ausgeschöpft sein, die eine Verhaltensänderung bewirken können.

Hat der Auszubildende den Grund für die Kündigung nach der Probezeit zu vertreten, haftet er nach § 23 Abs. 1 BBiG auf Schadensersatz. Dieser Anspruch muss innerhalb von drei Monaten nach Beendigung des Berufsausbildungsverhältnisses geltend gemacht werden (§ 23 Abs. 2 BBiG).

Nimmt der Auszubildende **unberechtigt** an Ausbildungsmaßnahmen nicht teil, ist der Ausbildende berechtigt, die **Ausbildungsvergütung** anteilig zu **kürzen**.

---

[71] Zu den Einzelheiten vgl. Pkt. 3.2.5.
[72] Zu den Einzelheiten vgl. Pkt. 3.2.6.

Bei vorsätzlicher oder fahrlässiger Pflichtverletzung bzw. Schädigung eines geschützten Rechtsguts haften Auszubildende nach den allgemeinen Haftungsregeln gemäß § 280 Abs. 1 BGB bzw. § 823 Abs. 1 BGB Ausbildenden gegenüber auf **Schadensersatz**.

Dabei sind jedoch die Grundsätze der Haftungsprivilegierung im Arbeitsverhältnis entsprechend anzuwenden.[73] Allerdings kann die Unerfahrenheit eines Auszubildenden ein Mitverschulden des Ausbilders (§ 254 Abs. 1 BGB) begründen, wenn sie bei der Zuweisung von Tätigkeiten nicht ausreichend berücksichtigt wird.[74]

Bei minderjährigen Auszubildenden ist zudem § 828 Abs. 3 BGB zu beachten, nach dem der **Minderjährige** nicht haftet, sofern ihm die notwendige Einsichtsfähigkeit fehlt.

Für die **Haftung** des Auszubildenden **gegenüber dem Ausbildenden** bei Sachschäden **im Rahmen der betrieblichen Tätigkeit** gilt:

• Vorsatz: Der Auszubildende haftet voll.
• Grobe Fahrlässigkeit: Der Auszubildende haftet i.d.R. voll. Ausnahmsweise ist jedoch eine Haftungsbegrenzung bei grober Fahrlässigkeit im Einzelfall möglich, wenn die Vergütung im krassen Missverhältnis zum Schaden steht.[75]
• Mittlere Fahrlässigkeit: Der Schaden ist zwischen Ausbildenden und Auszubildenden (nach § 254 BGB analog) aufzuteilen, wobei sämtliche Einzelumstände, z.B. Schadensrisiko, Erfahrungen des Auszubildenden, Verdiensthöhe, Versicherbarkeit des Risikos usw. zu berücksichtigen sind.
• Leichte Fahrlässigkeit: Der Auszubildende haftet nicht.

Schädigt der Auszubildende **im Rahmen der betrieblichen Tätigkeit Körper oder Gesundheit** anderer Auszubildender, Mitarbeiter oder des Ausbildenden, ist dies in aller Regel auf Arbeitsunfälle zurückzuführen. In diesem Fall gelten die Regeln der Haftungsprivilegierung nach dem SGB VII. Der Geschädigte kann sich nur an die Unfallversicherung halten, einen Anspruch gegenüber dem Schädiger hat er nicht (§ 105 Abs. 1, 2 SGB VII), sofern kein Vorsatz oder Wegeunfall vorliegt.

Die Regeln der Haftungsprivilegierung gelten jedoch nicht bei Schäden, die nicht durch betrieblich veranlasste Tätigkeiten verursacht werden.[76]

---

[73] *BAG*, Urteil vom 28. Oktober 2010 – 8 AZR 418/09.
[74] *BAG*, Urteil vom 20. September 2006 – 10 AZR 439/05.
[75] *BAG*, Urteil vom 12. November 1998 – 8 AZR 221/97.
[76] *BAG*, Urteil vom 19. März 2015 – 8 AZR 67/14.

3.4.2. Pflichtverletzungen des Ausbildenden

Verletzt der Ausbildende schuldhaft seine Ausbildungspflicht, haftet er dem Auszubildenden gegenüber nach § 280 Abs. 1 BGB auf **Schadensersatz**. In Betracht kommt insbesondere ein möglicher Verdienstausfall.[77] Liegt nachweislich ein Ausbildungsmangel vor, obliegt es dem Ausbildenden fehlendes Verschulden nachzuweisen (§ 10 Abs. 2 BBiG i.V.m. § 619a BGB). Dabei hat sich der Ausbildende ein Verschulden des Ausbilders wie eigenes Verschulden zurechnen zu lassen (§ 278 BGB). Der Auszubildende muss sich aber mitwirkendes eigenes Verschulden nach § 254 BGB zurechnen lassen, wenn er sich nicht bemüht, das Ausbildungsziel zu erreichen.

Hat der Ausbildende den Grund für die Kündigung nach der Probezeit zu vertreten, haftet er nach § 23 BBiG auf Schadensersatz. Dieser Anspruch muss innerhalb von drei Monaten nach Beendigung des Berufsausbildungsverhältnisses geltend gemacht werden (§ 23 Abs. 2 BBiG).

Schädigt der Ausbildende vorsätzlich oder fahrlässig ein geschütztes Rechtsgut Auszubildender, so haftet er nach § 823 Abs. 1 BGB unabhängig von einer Verletzung vertraglicher Pflichten auf Schadensersatz aus unerlaubter Handlung. Dabei ist aber zugunsten des Ausbildenden die Haftungsprivilegierung des § 104 SGB VII zu beachten. Eine Schädigung von **Körper oder Gesundheit im Rahmen der betrieblichen Tätigkeit** ist i.d.R. auf einen Arbeitsunfall zurückzuführen. Der Geschädigte kann sich nur an die Unfallversicherung halten, einen Anspruch gegenüber dem Schädiger hat er nicht (§§ 104 Abs. 1 SGB VII), sofern kein Vorsatz oder Wegeunfall vorliegt.

Verstößt der Ausbildende gegen **öffentlich-rechtliche Pflichten**, kann dies staatliche Sanktionen nach sich ziehen.

Nach § 101 Abs. 1 BBiG können bestimmte Verstöße gegen das BBiG, z.B. die nicht schriftliche Niederlegung des Berufsausbildungsvertrags, Verstöße gegen die Eignungsvoraussetzungen oder die Nichtfreistellung zur Berufsschule als Ordnungswidrigkeit geahndet werden. Es kann ein Bußgeld von bis zu 5.000 € verhängt werden. Die Verfolgung der Ordnungswidrigkeit erfolgt nach näherer Maßgabe des OWiG.

Verstöße gegen das Jugendarbeitsschutzgesetz können ebenfalls als Ordnungswidrigkeiten geahndet werden (§§ 58, 59 JArbSchG). Es wird ein Rahmen von Bußgeldern bis zu 30.000 € (§ 58 Abs. 4 JArbSchG) festgelegt. Besonders schwerwiegende vorsätzliche oder beharrlich wiederholte Verstöße werden als Straftaten mit bis zu einem Jahr Freiheitsentzug geahndet (§ 58 Abs. 5, 6 JArbSchG).

---

[77] *BAG*, Urteil vom 10. Juni 1976 – 3 AZR 412/75.

3.5. Beendigung des Berufsausbildungsvertrags
3.5.1. Überblick

Eine **Beendigung** des Berufsausbildungsverhältnisses kann durch:

• Kündigung während der Probezeit (§ 22 Abs. 1 BBiG),
• außerordentliche Kündigung aus wichtigem Grund (§ 22 Abs. 2 Nr. 1 BBiG),
• Kündigung durch den Azubi bei Berufsaufgabe oder -wechsel (§ 22 Abs. 2 Nr. 2 BBiG),
• Zeitablauf (§ 21 Abs. 1 BBiG),
• Bekanntgabe des Ergebnisses bei Bestehen der Abschlussprüfung (§ 21 Abs. 2 BBiG) und
• sonstige Gründe (Aufhebungsvertrag, Anfechtung, Tod des Auszubildenden)

erfolgen.

Keine eigenständigen **Beendigungsgründe** sind hingegen eine Veräußerung des Unternehmens, der Tod des Ausbildenden oder die Betriebsaufgabe. Wird ein Unternehmen veräußert, liegt ein Betriebsübergang nach § 613a BGB vor. In Folge dessen tritt der Erwerber in den bestehenden Ausbildungsvertrag als Ausbildender ein. Im Fall des Todes des Ausbildenden werden nach § 1922 BGB die Erben als Rechtsnachfolger zu Ausbildenden. Eine Betriebsaufgabe ist kein eigenständiger Beendigungsgrund, kann aber einen Kündigungsgrund darstellen.

3.5.2. Kündigung des Berufsausbildungsvertrags

Das Ausbildungsverhältnis kann **während der Probezeit** ohne Angabe von Gründen und ohne Einhaltung von Fristen gekündigt werden (§ 22 Abs. 1 BBiG). Nach der Rechtsprechung kann diese Kündigung auch bereits vor Ausbildungsbeginn erfolgen.[78]

Nach Beendigung der Probezeit kann das Ausbildungsverhältnis durch beide Vertragsparteien außerordentlich fristlos gekündigt werden, wenn ein „**wichtiger Grund**" vorliegt (§ 22 Abs. 2 Nr. 1 BBiG). Ein wichtiger Grund liegt nur vor, wenn dem Vertragspartner eine Fortsetzung des Ausbildungsverhältnisses nicht zugemutet werden kann (§ 626 Abs. 1 BGB). Dabei sind die Interessen beider Vertragsparteien angemessen zu berücksichtigen.

---

[78] *BAG*, Urteil vom 17. September 1987 – 2 AZR 654/86.

Aus Sicht des Ausbildenden können Gründe im **Verhalten** des Auszubildenden, Gründe in der **Person** des Auszubildenden oder dringende **betriebliche Erfordernisse** eine Kündigung rechtfertigen. Die größte praktische Bedeutung hat die verhaltensbedingte Kündigung. Diese kommt z.b. in Betracht, wenn

- im Rahmen des Ausbildungsverhältnisses Straftaten begangen werden,
- bei massiven ausländerfeindlichen Äußerungen[79] oder
- bei häufigen Fehlzeiten in der Ausbildungsstätte oder Berufsschule[80].

In Ausnahmefällen kann auch bei der Kündigung von Auszubildenden eine Verdachtskündigung gerechtfertigt sein.[81] Dem besonderen Charakter des Berufsausbildungsverhältnisses ist jedoch bei der Prüfung der Voraussetzungen einer Verdachtskündigung Rechnung zu tragen. Voraussetzungen für eine Verdachtskündigung sind insbesondere ein objektiv **begründeter, dringender Verdacht** auf eine Straftat oder besonders schwerwiegende Verfehlung sowie die **vorhergehende** Gelegenheit zur Stellungnahme des Auszubildenden. Der Verdacht muss zudem geeignet sein, das für die Fortsetzung des Ausbildungsverhältnisses erforderliche Vertrauen zu zerstören.

Bei der Beurteilung, ob ein wichtiger Grund vorliegt, gewinnen die Interessen des Auszubildenden an Bedeutung, je weiter das Berufsausbildungsverhältnis fortschreitet. Daher ist eine fristlose Kündigung kurz vor Abschluss der Ausbildung nur noch in Ausnahmefällen zulässig.

Im Allgemeinen setzt die außerordentliche Kündigung durch den Ausbildenden eine vorherige **Abmahnung** und ggf. die Ausschöpfung erzieherischer Maßnahmen voraus. Eine außerordentliche Kündigung ohne vorhergehende Abmahnung ist nur bei besonders schwerwiegenden Pflichtverletzungen möglich.[82]

Eine wirksame **Abmahnung** muss

- das Fehlverhalten des Auszubildenden konkret benennen (Hinweis- und Dokumentationsfunktion)
- den Auszubildenden auffordern, sein Fehlverhalten künftig abzustellen (Rügefunktion) und
- die Kündigung für den Fall der Wiederholung androhen (Warnfunktion).

---

[79] *BAG*, Urteil vom 1. Juli 1999 – 2 AZR 676/98.
[80] *LAG Düsseldorf*, Urteil vom 15. April 1993 - 5 Sa 220/93.
[81] *BAG*, Urteil vom 12. Februar 2015 – 6 AZR 845/13.
[82] *BAG*, Urteil vom 1. Juli 1999 – 2 AZR 676/98.

Auch der Auszubildende kann bei Unzumutbarkeit der Fortsetzung des Ausbildungsverhältnisses dieses außerordentlich kündigen. Gründe können z.b.

- massive Verstöße der Ausbildungspflichten,
- körperliche Züchtigung,
- Nichtzahlung der Ausbildungsvergütung trotz Mahnung[83],
- sexuelle Belästigung oder
- massive Verstöße gegen Arbeitschutzvorschriften

sein.

Die außerordentliche Kündigung kann nur binnen zwei Wochen ab Kenntnis des Kündigungsgrundes erfolgen (§ 22 Abs. 4 S. 1 BBiG). Die Frist ist für die Dauer eines fristgerecht eingeleiteten Schlichtungsverfahrens nach § 111 ArbGG gehemmt (§ 22 Abs. 4 S. 2 BBiG).

Beispiel: Ein Auszubildender im zweiten Ausbildungsjahr wird dabei ertappt, dass er 100 € aus der Kasse entwendet. Da der Geschäftsführer am gleichen Tag eine Geschäftsreise nach Asien antritt, will er sich erst nach seiner Rückkehr mit der Angelegenheit befassen. Als er nach 16 Tagen wieder im Betrieb ist, kündigt er den Ausbildungsvertrag außerordentlich. Ist die Kündigung wirksam?

Der Diebstahl kann zunächst einen wichtigen Grund i.S.d. § 22 Abs. 2 Nr. 1 BBiG darstellen, der auch eine Kündigung ohne vorherige Abmahnung rechtfertigt. Da der Grund zum Zeitpunkt der Kündigung aber länger als 2 Wochen bekannt war, ist die Kündigung unwirksam, § 22 Abs. 4 BBiG.

Der Auszubildende kann nach Beendigung der Probezeit auch kündigen, wenn er den **Beruf wechseln** oder die **Berufsausbildung aufgeben** will. Dabei ist eine Kündigungsfrist von 4 Wochen einzuhalten (§ 22 Abs. 2 Nr. 2 BBiG). Diese Vorschrift legt aber keine zwingende Kündigungsfrist fest, die vom Auszubildenden nicht überschritten werden darf, d.h. der Auszubildende kann auch mit einer Frist von z.B. 6 Wochen kündigen.[84] Unwirksam wäre lediglich eine Vereinbarung, dass eine längere Frist eingehalten werden muss.

Die Kündigung hat **schriftlich** zu erfolgen. Mit Ausnahme der Kündigung während der Probezeit ist der Kündigungsgrund anzugeben (§ 22 Abs. 3 BBiG). Bei der Angabe des Kündigungsgrundes ist dieser so genau zu anzugeben, dass der Gekündigte erkennen kann, warum gekündigt wurde.[85] Pauschale Werturteile reichen nicht aus.[86]

---

[83] *BAG*, Urteil vom 16. Juli 2013 – 9 AZR 784/11.
[84] *BAG*, Urteil vom 22. Februar 2018 – 6 AZR 50/17.
[85] *BAG*, Urteil vom 17. Juni 1998 – 2 AZR 741/97.
[86] *BAG*, Urteil vom 29. November 1984 – 2 AZR 354/83.

Da die Kündigung eine empfangsbedürftige Willenserklärung ist, wird sie erst wirksam, wenn sie dem Empfänger zugeht (§ 130 Abs. 1 BGB). Der **Zugang** gilt als erfolgt, wenn die Erklärung in den gewöhnlichen Machtbereich des Empfängers gelangt ist, so dass er unter normalen Umständen die Möglichkeit der Kenntnisnahme hat.

Beispiel: Dem Auszubildenden wird die Kündigung in den Briefkasten eingeworfen. Damit ist die Kündigung zugegangen, wenn der Einwurf zu postüblicher Zeit erfolgt. Wird die Kündigung aber z.b. erst um 21:00 Uhr eingeworfen, geht das Schreiben erst am Folgetag zu.

Unerheblich ist, ob und wann der Empfänger die Kündigung tatsächlich zur Kenntnis nimmt. Der Zugang kann auch bei Abwesenheit, z.b. während des Urlaubs, erfolgen.[87] Erfolgt die Kündigung per Übergabe-Einschreiben, so geht die Kündigung erst dann zu, wenn der Empfänger das Schreiben tatsächlich erhält.

Bei **minderjährigen** Auszubildenden kann die Kündigung durch den Auszubildenden nur mit Zustimmung des gesetzlichen Vertreters erfolgen (§ 111 BGB). Soll dem Minderjährigen wirksam gekündigt werden, muss die Kündigung dem gesetzlichen Vertreter zugehen (§ 131 Abs. 2 S. 1 BGB).

Das setzt voraus, dass sie mit dem erkennbaren Willen abgegeben worden ist, dass sie den gesetzlichen Vertreter erreicht, und dass sie tatsächlich in den Herrschaftsbereich des Vertreters gelangt.[88]

In Betrieben mit **Betriebsrat** ist der Betriebsrat vor jeder Kündigung anzuhören (§ 102 BetrVG). Dem Betriebsrat sind die Gründe für die Kündigung mitzuteilen. Erfolgt die Betriebsratsanhörung nicht oder nicht ordnungsgemäß, ist die Kündigung unwirksam.

Auszubildende können besonderen **Kündigungsschutz** genießen. Es kommen insbesondere folgende Fälle in Betracht:

• **Mitglieder des Betriebsrats** und der **Jugend- und Auszubildendenvertretung** nach § 15 KSchG und § 103 BetrVG
Die Kündigung gegenüber einem Mitglied des Betriebsrats oder einer Jugend- und Auszubildendenvertretung oder einem Wahlbewerber ist nur aus wichtigem Grund und mit Zustimmung des Betriebsrats zulässig. Verweigert der Betriebsrat die Zustimmung, kann der Ausbildende im Beschlussverfahren vor dem Arbeitsgericht die Zustimmungsersetzung beantragen. Bis ein Jahr nach Beendigung der Amtszeit kann nur außerordentlich gekündigt werden. Das gilt auch für Wahlvorstände und Wahlbewerber bis 6 Monate nach Bekanntgabe des Wahlergebnisses.

---

[87] *BAG*, Urteil vom 16. März 1988 – 7 AZR 587/87.
[88] *BAG*, Urteil vom 8. Dezember 2011 – 6 AZR 354/10.

- **Schwangere und Mütter** nach § 17 MuSchG
  Während einer bestehenden Schwangerschaft bis 4 Monate nach der Entbindung ist die Kündigung unzulässig. Voraussetzung ist, dass dem Arbeitgeber die Schwangerschaft bekannt war oder binnen zwei Wochen ab Zugang der Kündigung mitgeteilt wird. Ausnahmsweise kann die nach Landesrecht für den Arbeitsschutz zuständige oberste Behörde die Kündigung für zulässig erklären.

- **Personen in Elternzeit** nach § 18 BEEG
  Ab dem Zeitpunkt, zu dem Elternzeit verlangt worden ist, höchstens jedoch acht bzw. 14 Wochen vor Beginn der Elternzeit besteht Kündigungsverbot bis zum Ende der Elternzeit. Die nach Landesrecht für den Arbeitsschutz zuständige oberste Behörde kann die Kündigung in Ausnahmefällen für zulässig erklären.

- **Schwerbehinderte und Gleichgestellte** nach §§ 168, 173 SGB IX
  Die Kündigung eines schwerbehinderten Menschen ist nur mit vorheriger Zustimmung des Integrationsamtes zulässig.
  Das Integrationsamt entscheidet nach einem Antrag des Ausbildenden gemäß § 170 SGB IX innerhalb von einem Monat bei einer ordentlichen Kündigung (§ 171 Abs. 1 SGB IX), innerhalb von 2 Wochen bei einer außerordentlichen Kündigung (§ 174 Abs. 3 SGB IX). Dieser besondere Kündigungsschutz gilt nicht in den ersten 6 Monaten des Bestands des Ausbildungsverhältnisses (§ 173 Abs. 1 Nr. 1 SGB IX).
  Voraussetzung für den Sonderkündigungsschutz ist, dass die Schwerbehinderung zum Zeitpunkt der Kündigung bereits vorliegt. Ist bei Zugang der Kündigung die Anerkennung noch nicht erfolgt, muss weiterhin der Antrag auf Anerkennung mindestens drei Wochen vor Zugang der Kündigung gestellt worden sein (§ 173 Abs. 3 SGB IX).[89]

Will sich der Auszubildende gegen eine aus seiner Sicht ungerechtfertigte Kündigung zur Wehr setzen, hat er die Möglichkeit nach Maßgabe des Kündigungsschutzgesetzes **Kündigungsschutzklage** zu erheben.

Bei Bestehen eines Schlichtungsausschusses ist zu beachten, dass das **Schlichtungsverfahren** Voraussetzung für die Klage vor dem Arbeitsgericht ist (§ 111 Abs. 2 S. 5 ArbGG). Allerdings kommt das Schlichtungsverfahren nur zur Anwendung, wenn das Ausbildungsverhältnis noch besteht. Davon ist aber auch auszugehen, wenn darüber Streit besteht, ob das Ausbildungsverhältnis durch Kündigung beendet ist.

---

[89] *BAG*, Urteil vom 1. März 2007 – 2 AZR 217 06.

Die Kündigungsschutzklage ist bei Nichtbestehen oder fehlender Zuständigkeit eines Schlichtungsausschusses innerhalb von drei Wochen beim zuständigen Arbeitsgericht zu erheben (§ 4 KSchG), sonst wird die Kündigung wirksam (§ 7 KSchG). Dies gilt sowohl bei Unwirksamkeit wegen Verstoßes gegen das BBiG als auch bei Verstößen gegen Sonderkündigungsschutz oder wegen fehlender Betriebsratsanhörung. Die Frist beginnt mit dem Zugang der schriftlichen Kündigung.

Für das Schlichtungsverfahren gilt die Dreiwochenfrist des § 4 KSchG jedoch nicht, auch nicht analog. Die Anrufung des Schlichtungsausschusses wird zeitlich allein begrenzt durch den Tatbestand der Verwirkung.[90]

Scheitert die Schlichtung durch Nichtanerkennung des Spruchs, kann binnen zwei Wochen ab ergangenen Spruch Klage vor dem Arbeitsgericht erhoben werden (§ 111 Abs. 2 S. 3 ArbGG). Wird diese Frist versäumt, ist die Klage unzulässig. Der Schlichterspruch ist mit einer Rechtsmittelbelehrung zu versehen, aus der Klagemöglichkeit und -frist hervorgehen (§ 9 Abs. 5 ArbGG).

3.5.3. Fristablauf und Zweckerreichung

Da das Berufsausbildungsverhältnis auf einem befristeten Vertrag beruht, endet es mit **Fristablauf**, ohne dass es einer Kündigung bedarf (§ 21 Abs. 1 BBiG). Das gilt auch dann, wenn das Ausbildungsende vor der Abschlussprüfung liegt.[91]

Bei Bestehen der Abschlussprüfung vor Fristablauf endet das Ausbildungsverhältnis mit der **Bekanntgabe des Ergebnisses** durch den Prüfungsausschuss (§ 21 Abs. 2 BBiG).

Im Falle des Nichtbestehens der Abschlussprüfung kann der Azubi die **Verlängerung** des Berufsausbildungsvertrags bis zur nächsten Abschlussprüfung, maximal um ein Jahr verlangen (§ 21 Abs. 3 BBiG). Dies gilt auch, wenn der Auszubildende wegen krankheitsbedingter Arbeitsunfähigkeit nicht an der Prüfung teilnehmen konnte.[92]

Der Anspruch kann durch formlose Erklärung gegenüber dem Ausbildenden geltend gemacht werden und verlängert das Ausbildungsverhältnis unabhängig vom Willen des Ausbildenden.

---

[90] *BAG*, Urteil vom 23. Juli 2015 – 6 AZR 490/14.
[91] *BAG*, Urteil vom 13. März 2007 – 9 AZR 494/06.
[92] *BAG*, Urteil vom 30. September 1998 – 5 AZR 58/98.

Der Verlängerungsanspruch entsteht erst dann, wenn der Auszubildende **Kenntnis vom Nichtbestehen** der Abschlussprüfung erlangt. Der Anspruch kann im bestehenden Ausbildungsverhältnis bis zum vereinbarten Ende geltend gemacht werden, ohne dass eine Frist zu beachten ist.[93]

Auch nach Ablauf der Ausbildungszeit kann der Anspruch noch unverzüglich, d.h. ohne schuldhaftes Zögern (§ 121 BGB) geltend gemacht werden. Das schließt auch ein, dass dem Auszubildenden nach dem Nichtbestehen der Abschlussprüfung ein angemessener Zeitraum verbleiben muss, innerhalb dessen er sich Klarheit verschaffen kann, ob er die Ausbildung überhaupt und ob er sie in seinem bisherigen Ausbildungsbetrieb fortführen will.[94]

Ob ein Verlängerungsanspruch bis zur Bekanntgabe des Prüfungsergebnisses auch dann besteht, wenn die Bekanntgabe erst nach Ablauf der Vertragsdauer erfolgt, ist nicht abschließend geklärt. Eine erweiternde bzw. analoge Anwendung des § 21 Abs. 3 BBiG liegt jedoch nahe, wenn der Auszubildende die Verlängerung des Berufsausbildungsverhältnisses bis zur Bekanntgabe des Prüfungsergebnisses verlangt. Steht nicht fest, ob die Prüfung bestanden ist, muss der Auszubildende damit rechnen, sie wiederholen zu müssen.

Die Verlängerung des Berufsausbildungsverhältnisses würde die lückenlose Fortsetzung ermöglichen und damit die Chance für das Bestehen einer etwa erforderlichen Wiederholungsprüfung erhöhen.[95] Ein solcher Anspruch besteht jedenfalls bei tarifvertraglicher Regelung, z.B. im öffentlichen Dienst nach § 16 Abs. 2 i.V.m. § 16 Abs. 1 S. 2 TVAöD.

Wird die erste Wiederholungsprüfung nicht bestanden und stellt der Auszubildende einen Antrag auf Verlängerung, so verlängert sich das Berufsausbildungsverhältnis bis zur zweiten Wiederholungsprüfung, wenn diese noch innerhalb der Höchstfrist von einem Jahr (§ 14 Abs. 3 BBiG) nach Ablauf der vertraglich vorgesehenen Ausbildungszeit abgeschlossen wird.[96]

Mit der zweiten Wiederholungsprüfung endet das Ausbildungsverhältnis unabhängig davon, ob diese bestanden wird oder nicht.

---

[93] *BAG*, Urteil vom 23. September 2004 – 6 AZR 519/03.
[94] *BAG*, Urteil vom 23. September 2004 – 6 AZR 519/03.
[95] *BAG*, Urteil vom 14. Januar 2009 – 3 AZR 427/07.
[96] *BAG*, Urteil vom 15. März 2000 – 5 AZR 622/98.

3.5.4. Sonstige Beendigungsgründe

Das Ausbildungsverhältnis kann per **Aufhebungsvertrag** beendet werden. Die Möglichkeit zum Abschluss eines Aufhebungsvertrags ergibt sich aus der Vertragsfreiheit.

Voraussetzung für den Aufhebungsvertrag ist zum einen, dass die Vertragspartner übereinstimmende Willenserklärungen abgeben. Zum anderen ist die Schriftform erforderlich (§ 623 BGB). Bei Minderjährigen ist die Zustimmung des gesetzlichen Vertreters erforderlich (§§ 107, 108 BGB).

Da es sich bei einem Aufhebungsvertrag nicht um eine Kündigung handelt, kommt kein Kündigungsschutz zur Anwendung und der Betriebsrat muss nicht angehört werden.

Beispiel: Eine Auszubildende wird während der Ausbildung schwanger. Eine Kündigung ist nach § 17 MuSchG nicht möglich. Demgegenüber kann ohne weiteres ein Aufhebungsvertrag abgeschlossen werden.

Ein an Bedingungen geknüpfter Aufhebungsvertrag ist aber dann unwirksam, wenn dadurch das Kündigungsschutzrecht umgangen wird.

Beispiel: Auszubildender und Ausbildender schließen einen bedingten Aufhebungsvertrag, durch den der Berufsausbildungsvertrag dann aufgelöst wird, wenn der Auszubildende im nächsten Berufsschulhalbjahr in einem der in der Vereinbarung bezeichneten Fächer die Note fünf erhält.

Der Aufhebungsvertrag ist wegen Umgehung des § 22 Abs. 2 Nr. 1 BBiG unwirksam, da die Gründe den Ausbildenden möglicherweise nicht zu einer fristlosen Kündigung aus wichtigem Grund berechtigten.[97]

Ein Aufhebungsvertrag kann bei widerrechtlicher Drohung durch den Ausbildenden, z.B. bei **missbräuchlicher** Kündigungsdrohung, angefochten werden (§ 123 BGB). Davon ist auszugehen, wenn ein verständiger Arbeitgeber aufgrund des vorliegenden Sachverhaltes eine Kündigung nicht ernsthaft in Erwägung gezogen hätte.[98]

Beispiel: Ein Auszubildender wird von einem missgünstigen Kollegen des Diebstahls bezichtigt. Obwohl die Vorwürfe offenkundig haltlos sind, droht der Ausbildende dem Beschuldigten mit fristloser Kündigung, sofern er nicht bereit sei, ein ihm vorgelegten Aufhebungsvertrag zu unterzeichnen.

---

[97] *BAG*, Urteil vom 5. Dezember 1985 – 2 AZR 61/85.
[98] *BAG*, Urteil vom 15. Dezember 2005 – 6 AZR 197/05.

Sofern der Auszubildende den Aufhebungsvertrag unterschreibt, kann er seine Erklärung gemäß § 123 Abs. 1 BGB wegen widerrechtlicher Drohung anfechten.

Wie jeder andere Vertrag kann ein Berufsausbildungsvertrag durch **Anfechtung** beendet werden (§ 142 Abs. 1 BGB). Die Anfechtung kommt insbesondere wegen arglistiger Täuschung (§ 123 Abs. 1 BGB), eventuell wegen Irrtums (§ 119 BGB) in Betracht.

Beispiel: Auf einen Ausbildungsplatz bewerben sich drei Auszubildende mit Realschulabschluss. Laut den vorgelegten Zeugnissen hat Bewerber Anton den besten Schulabschluss erreicht. Nach 6 Monaten stellt sich heraus, dass Anton sein Zeugnis „nachbearbeitet" hat. Statt der im gefälschten Zeugnis erreichten Abschlussnote „gut" hat er tatsächlich nur die Abschlussnote „ausreichend" erreicht. Bei Kenntnis dieser Note wäre jedoch der Bewerber Bertram eingestellt worden.

Da Anton den Abschluss des Ausbildungsvertrags durch arglistige Täuschung erreicht hat, kann der Vertrag durch einseitige Erklärung der Anfechtung (§ 143 Abs. 1 BGB) beendet werden (§ 142 Abs. 1 BGB).

Die Anfechtung eines Ausbildungsvertrags bewirkt, sofern mit der Ausbildung bereits begonnen wurde, entgegen dem Wortlaut des § 142 Abs. 1 BGB keine rückwirkende Beendigung, sondern die Beendigung mit sofortiger Wirkung für die Zukunft.

Da es sich bei den Pflichten des Auszubildenden um höchstpersönliche Pflichten handelt, endet das Ausbildungsverhältnis automatisch mit dem **Tod** des Auszubildenden.

3.6.   Weiterbeschäftigung nach der Beendigung

Ein Anspruch auf Weiterbeschäftigung nach der Beendigung des Berufsausbildungsverhältnisses besteht für den Auszubildenden nach dem Berufsbildungsgesetz nicht. Dem Ausbildenden steht es frei, den Auszubildenden im Anschluss an die Ausbildung in ein Arbeitsverhältnis zu übernehmen oder nicht. Die Entscheidung des Ausbildenden, den Auszubildenden im Anschluss an die Ausbildung nicht in ein Arbeitsverhältnis zu übernehmen, ist lediglich dahingehend überprüfbar, ob sie gegen Diskriminierungsverbote oder Grundrechte verstößt.[99]

---

[99] *BAG*, Urteil vom 20. November 2003 – 8 AZR 439/02.

Aus einem **Tarifvertrag** kann sich aber ein Anspruch auf Übernahme in ein Arbeitsverhältnis ergeben. Für Mandatsträger nach dem Betriebsverfassungsgesetz besteht ein Anspruch auf Übernahme in ein unbefristetes Arbeitsverhältnis nach **§ 78a BetrVG**.

Soll eine **Vereinbarung** für die Übernahme in ein Arbeitsverhältnis während der Ausbildung getroffen werden, ist § 12 Abs. 1 BBiG zu beachten. Danach ist eine solche Vereinbarung für den Auszubildenden nur wirksam, wenn sie in den letzten 6 Monaten vor Ende der Ausbildung getroffen wird.

In Betracht kommt der Abschluss eines **unbefristeten oder eines befristeten Arbeitsvertrags**. Wird der Auszubildende im Anschluss an die Berufsausbildung übernommen, liegt ein die Befristung rechtfertigender Sachgrund nach § 14 Abs. 1 Nr. 2 TzBfG vor. Eine Befristung von bis zu 2 Jahren mit bis zu dreimaliger Verlängerung innerhalb der 2 Jahre nach § 14 Abs. 2 TzBfG ist ebenfalls zulässig, da die vorhergehende Berufsausbildung nicht als „Zuvorbeschäftigung" im Sinne dieser Vorschrift zählt.[100]

Nach § 14 Abs. 4 TzBfG ist eine Befristung nur bei Beachtung der **Schriftform**[101] wirksam. Diese ist **nicht** gewahrt, wenn die Parteien einen befristeten Arbeitsvertrag nur mündlich vereinbaren und diesen Vertrag einschließlich der Befristungsabrede nach Antritt der Arbeit schriftlich niederlegen.[102] Folge der Missachtung der Schriftform ist, dass ein wirksamer, unbefristeter Arbeitsvertrag zustande kommt.

Wird der Auszubildende im Anschluss an die Berufsausbildung weiterbeschäftigt, **ohne** dass darüber eine **Vereinbarung** getroffen wurde, wird ein unbefristetes Arbeitsverhältnis per Gesetz begründet (§ 24 BBiG). Davon ist auszugehen, wenn der Auszubildende am Tag nach dem rechtlichen Ende des Ausbildungsverhältnisses mit Wissen und Wollen des Ausbildenden tatsächlich tätig wird. Voraussetzung ist zudem, dass der Ausbildende Kenntnis von der Beendigung hatte oder seine Unkenntnis zu vertreten hat.[103]

Beispiel: Auszubildender Max Müller hat als letzten Prüfungsteil eine mündliche Prüfung abzulegen. Diese besteht er am 25.5. und bekommt vom Prüfungsausschuss eine Bescheinigung über die bestandene Prüfung ausgehändigt, die er noch am gleichen Tag in seiner Personalabteilung vorlegt. Am 26.5. nimmt er seine Tätigkeit im Betrieb wie gewohnt auf. Am 27.5. wird ihm mitgeteilt, dass man ihn aufgrund der derzeitigen Beschäftigungssituation nicht in ein Arbeitsverhältnis übernehmen könne.

---

[100] *BAG*, Urteil vom 21. September 2011 – 7 AZR 375/10.
[101] *BAG*, Urteil vom 13. Juni 2007 – 7 AZR 700/06.
[102] *BAG*, Urteil vom 1. Dezember 2004 – 7 AZR 198/04.
[103] *BAG*, Urteil vom 20. März 2018 – 9 AZR 479/17.

Das Ausbildungsverhältnis mit Max Müller endet mit der Bekanntgabe des Ergebnisses der bestandenen Prüfung durch den Prüfungsausschuss am 25.5., § 21 Abs. 2 BBiG. Da er danach weiterbeschäftigt wird, ohne dass eine Vereinbarung darüber getroffen wurde, kommt nach § 24 BBiG ein unbefristetes Arbeitsverhältnis per Gesetz zustande.[104]

Die Regelung des § 24 BBiG ist jedoch **nicht anzuwenden**, wenn das Ausbildungsverhältnis nach dem vereinbarten Ablauf der Ausbildungszeit bis zur Bekanntgabe des Prüfungsergebnisses per vertraglicher Vereinbarung fortgesetzt wird[105] oder der Auszubildende nach dem vereinbarten Ablauf der Ausbildungszeit die Berufsschule weiter besucht.[106]

Die Begründung eines Arbeitsverhältnisses nach § 24 BBiG scheidet aus, wenn der Ausbildende unverzüglich widerspricht. Der Widerspruch kann bereits vor Beendigung erfolgen.[107]

---

[104] In Anlehnung an *BAG*, Urteil vom 16. Juni 2005 – 6 AZR 411/04.
[105] *BAG*, Urteil vom 14. Januar 2009 – 3 AZR 427/07.
[106] *BAG*, Urteil vom 13. März 2007 – 9 AZR 494/06.
[107] *Benecke/Hergenröder*, BBiG, Rn. 13 zu § 24 BBiG.

4. Prüfungswesen
4.1. Allgemeines

In allen anerkannten Ausbildungsberufen sind Prüfungen durchzuführen. I.d.R. handelt es sich hierbei um Zwischen- und Abschlussprüfungen (§§ 48 Abs. 1, 37 Abs. 1 BBiG). Eine Zwischenprüfung ist nur durchzuführen, wenn es die jeweilige Ausbildungsordnung vorschreibt.

Außerdem sind im Bereich der beruflichen Fortbildung und Umschulung Fortbildungs- und Umschulungsprüfungen vorgesehen (§§ 56, 62 Abs. 3, 4 BBiG). Für diese gelten die Vorschriften zu den Prüfungszeugnissen und den Übersetzungen der Prüfungszeugnisse (§ 37 Abs. 2, 3 BBiG), den Prüfungsausschüssen und Prüferdelegationen (§§ 40 bis 42 BBiG) sowie zu der Entscheidung über die Zulassung zur Prüfung und den Erlass einer Prüfungsordnung (§§ 46, 47 BBiG) entsprechend (§ 56 Abs. 1 BBiG, § 62 Abs. 3 BBiG).

Die Organisation und Durchführung der Prüfungen obliegt der zuständigen Stelle. Sie hat für die Abnahme der Prüfungen Prüfungsausschüsse zu errichten (§§ 39 Abs. 1, 56 Abs. 1, 62 Abs. 3 BBiG), Prüfungsordnungen zu erlassen (§ 47 BBiG) und Zeugnisse auszustellen (§ 37 Abs. 2 BBiG). Die Organisation umfasst auch die Festlegung der Prüfungstermine und Anmeldefristen sowie die Zulassung zur Prüfung.

4.2. Zwischenprüfung

Sofern die jeweilige **Ausbildungsordnung** es vorsieht, sind während der Berufsausbildung Zwischenprüfungen, i.d.R. eine, durchzuführen (§ 48 Abs. 1 BBiG). Die Zwischenprüfung hat die Aufgabe, den jeweiligen Ausbildungsstand zu ermitteln, um ggf. korrigierend eingreifen zu können. Durch die jeweilige Ausbildungsordnung werden die Kenntnisse, Fertigkeiten und Fähigkeiten festgelegt, die Gegenstand der Prüfung sind. Für die Zwischenprüfung gelten die Vorschriften der §§ 37 bis 39 BBiG zur Abschlussprüfung entsprechend.

Im Gegensatz zur Abschlussprüfung hat das **Ergebnis** der Zwischenprüfung keine Auswirkung auf das Erreichen des Ausbildungsziels oder den Bestand des Ausbildungsverhältnisses. Die Teilnahme an der Zwischenprüfung ist aber Voraussetzung zur Teilnahme an der Abschlussprüfung (§ 43 Abs. 1 Nr. 2 BBiG) und ihr Ergebnis kann Bedeutung für die vorzeitige Zulassung zur Abschlussprüfung (§ 45 Abs. 1 BBiG) haben.

Die Vorschriften zur Zwischenprüfung finden im Fall der **gestreckten Abschlussprüfung** (§ 44 BBiG) oder bei Anrechnung einer zweijähigen Ausbildung auf eine aufbauende dreijährige (§ 5 Abs. 2 Nr. 2b BBiG) keine Anwendung (§ 48 Abs. 1 BBiG). Umschüler sind auf Antrag von der Zwischenprüfung zu befreien (§ 48 Abs. 3 BBiG).

4.3. Abschlussprüfung

Zum Ende der Ausbildung erfolgt die **Abschlussprüfung**, die in allen anerkannten Ausbildungsberufen durchzuführen ist (§ 37 Abs. 1 S. 1 BBiG). Ziel ist der Nachweis der beruflichen Handlungsfähigkeit (§ 38 Abs. 1 S. 1 BBiG).

Die Ausbildungsordnung kann vorsehen, dass die **Abschlussprüfung in zwei** zeitlich auseinanderfallenden **Teilen** durchgeführt wird (§ 5 Abs. 2 Nr. 2 BBiG, gestreckte Abschlussprüfung).

Eine nicht bestandene Prüfung kann **zweimal wiederholt** werden (§ 37 Abs. 1 S. 2 BBiG). Bei der gestreckten Abschlussprüfung kann der erste Teil der Abschlussprüfung nicht eigenständig wiederholt werden (§ 37 Abs. 1 S. 2 BBiG). Nach der Musterprüfungsordnung[108] müssen selbständige Prüfungsteile, die mindestens ausreichend bewertet wurden, auf Antrag nicht wiederholt werden. Dies gilt nur, wenn die Anmeldung zur Wiederholungsprüfung binnen zwei Jahren erfolgt (§ 29 Abs. 2 MPO). Die Möglichkeit einer Wiederholung zur Notenverbesserung ist nicht vorgesehen.

Durch die zuständige Stelle wird ein **Zeugnis** ausgestellt, bei einer gestreckten Abschlussprüfung für den ersten Teil eine schriftliche Ergebnismitteilung (§ 37 Abs. 2 BBiG). Das Ergebnis der Abschlussprüfung wird den Ausbildenden auf Verlangen mitgeteilt. Auf Antrag des Auszubildenden ist dem Zeugnis eine englische und französische Übersetzung beizufügen. Ebenfalls auf Antrag des Auszubildenden ist das Ergebnis der Leistungsfeststellungen der Berufsschule aufzunehmen (§ 37 Abs. 3 BBiG).

Zur Abschlussprüfung ist **zuzulassen**, wer (§ 43 Abs. 1 BBiG):

- die Ausbildungsdauer zurückgelegt hat oder wessen Ausbildungsdauer maximal zwei Monate nach dem Prüfungstermin endet,
- an vorgeschriebenen Zwischenprüfungen teilgenommen hat,
- den vom Ausbilder und Auszubildenden unterschriebenen Ausbildungsnachweis vorgelegt hat und
- wessen Berufsausbildungsverhältnis in das Verzeichnis der Berufsausbildungsverhältnisse eingetragen oder unverschuldet nicht eingetragen ist.

---

[108] Empfehlung des *Hauptausschusses des BBIB* vom 14. April 2020, BAnz. Amtlicher Teil vom 21.12.2020.

Während die Formalbedingungen Teilnahme an der Zwischenprüfung, Vorlage des unterschriebenen Ausbildungsnachweises und Eintragung in das Verzeichnis der Berufsausbildungsverhältnisse unproblematisch sind, erfordert das Kriterium der zurückgelegten Ausbildungszeit eine Auslegung. Zweck dieser Prüfungsvoraussetzung ist, dass eine reale Chance besteht, die Prüfung erfolgreich abzulegen. Dafür ist aber die aktive Beteiligung an der Ausbildung unverzichtbar.

Die Ausbildungszeit hat ein Auszubildender somit nicht zurückgelegt, wenn die Zeit zwar kalendarisch abgelaufen ist, aber durch umfangreiche Fehlzeiten unterbrochen wurde.[109]

Geringfügige Fehlzeiten stehen demgegenüber einer Zulassung zur Abschlussprüfung nicht entgegen, wenn die Fehlzeiten den Ausbildungserfolg nicht gefährden. Allerdings kann auch kein absoluter Zeitraum festgelegt werden, ab wann Fehlzeiten ein nicht mehr tolerierbares Maß überschreiten.[110]

Ein Zulassungsanspruch besteht trotz größerer Fehlzeiten, wenn gleichwohl das Ausbildungsziel erreicht ist oder wenn die Leistungen des Anspruchstellers dies rechtfertigen. Im Rahmen dieser Entscheidung steht dem Prüfungsausschuss ein gerichtlich nur eingeschränkt überprüfbarer Beurteilungsspielraum zu.[111]

Neben der Zulassung im Regelfall kommen einige **Sonderfälle** in Betracht. Absolventen von Bildungsgängen berufsbildender Schulen oder sonstiger Berufsbildungseinrichtungen sind zuzulassen, wenn der absolvierte Bildungsgang der Berufsausbildung in einem anerkannten Ausbildungsberuf entspricht (§ 43 Abs. 2 BBiG). Davon ist auszugehen, wenn der Bildungsgang:

• nach Inhalt, Anforderung und Umfang der Ausbildungsordnung gleichwertig ist,
• systematisch durchgeführt wird und
• ein angemessener fachpraktischer Anteil gewährleistet ist.

Bei der **gestreckten Abschlussprüfung** ist zum ersten Teil zuzulassen, wer die durch die Ausbildungsordnung vorgeschriebene Ausbildungsdauer zurückgelegt hat, den unterschriebenen Ausbildungsnachweis vorgelegt hat und in das Verzeichnis der Berufsausbildungsverhältnisse eingetragen ist (§ 44 Abs. 2 BBiG). Die Zulassung zum zweiten Teil erfordert zusätzlich, dass der Auszubildende am ersten Teil der Abschlussprüfung teilgenommen hat oder dass er durch Anrechnung von dieser befreit ist oder unverschuldet nicht teilgenommen hat und dass die Ausbildungsdauer zurückgelegt wurde oder maximal zwei Monate nach dem Prüfungstermin endet (§ 44 Abs. 3 BBiG).

---

[109] M.w.N. *Leinemann/Taubert*, BBiG, Rn. 10 zu § 43; a.A. *Lakies/Malottke*, BBiG, Rn. 9 zu § 43.
[110] *OVG Nordrhein-Westfalen*, Beschluss vom 05. Dezember 2007 – 19 B 1523/07.
[111] *OVG Hamburg*, Urteil vom 03. Dezember 1991, Bf VI 113/90.

Eine **vorzeitige Zulassung** des Auszubildenden kommt auf dessen Antrag nach Anhörung des Ausbildenden und der Berufsschule in Betracht, wenn die Leistungen des Auszubildenden dies rechtfertigen (§ 45 Abs. 1 BBiG). Das ist i.d.R. der Fall, wenn der Notendurchschnitt 2,49 oder besser ist.

Zur Prüfung ist auch zuzulassen, wer nachweist, dass er mindestens die eineinhalbfache Zeit der Ausbildungsdauer im entsprechenden Beruf gearbeitet hat oder sonst glaubhaft macht, dass er die entsprechenden Kenntnisse und Fertigkeiten besitzt (**Externenprüfung**, § 45 Abs. 2 BBiG).

Aktive oder ehemalige **Soldaten auf Zeit** sind zuzulassen, wenn das Bundesverteidigungsministerium die erforderlichen Kenntnisse, Fertigkeiten und Fähigkeiten bescheinigt (§ 45 Abs. 3 BBiG).

Über die Zulassung zur Abschlussprüfung entscheidet die zuständige Stelle (§ 46 Abs. 1 S. 1 BBiG). Sind die Zulassungsvoraussetzungen gegeben, besteht ein Rechtsanspruch auf Zulassung. Hält die zuständige Stelle die Zulassungsvoraussetzungen nicht für gegeben, entscheidet der Prüfungsausschuss (§ 46 Abs. 1 S. 2 BBiG). Im Zuständigkeitsbereich der Handwerkskammern entscheidet der Vorsitzende des Prüfungsausschusses über die Zulassung, in Zweifelsfällen der Prüfungsausschuss (§ 37a HwO).

Die zuständige Stelle hat gemäß § 47 Abs. 1 BBiG eine **Prüfungsordnung** zu erlassen. Diese muss

• die Zulassung,
• die Gliederung der Prüfung,
• die Bewertungsmaßstäbe,
• die Erteilung der Prüfungszeugnisse,
• die Folgen von Verstößen gegen die Prüfungsordnung und
• die Wiederholungsprüfung regeln.

Durch den Hauptausschuss des Bundesinstituts für Berufsbildung wurde eine Musterprüfungsordnung erlassen.[112] Meist entsprechen die Prüfungsordnungen der zuständigen Stellen im wesentlichen der Musterprüfungsordnung.

4.4. Prüfungsausschuss und Prüferdelegation

Für die Durchführung der Prüfungen sind durch die zuständige Stelle **Prüfungsausschüsse** zu errichten (§ 39 Abs. 1 BBiG). Mehrere zuständige Stellen können auch gemeinsame Prüfungsausschüsse errichten.

---

[112] Empfehlung des *Hauptausschusses des BBIB* vom 14. April 2020, BAnz. Amtlicher Teil vom 21.12.2020.

Zudem können **Prüferdelegationen** gebildet werden (§§ 39 Abs. 2, 42 Abs. 2 S. 1 BBiG), denen zur Entlastung der Prüfungsausschüsse die Abnahme und Bewertung von Prüfungsleistungen übertragen werden kann.

Zentrale Aufgabe der Prüfungsausschüsse ist die **Abnahme und Bewertung der Prüfungen**. Das umfasst die Noten einzelner Prüfungsleistungen, der Prüfung insgesamt sowie das Bestehen oder Nichtbestehen (§ 42 Abs. 1 BBiG).

Daneben obliegen den Prüfungsausschüssen noch bestimmte Entscheidungen, z.b. zur Prüfungszulassung in Zweifelsfällen (§ 46 Abs. 1 S. 2 BBiG).

Den **Prüferdelegationen** kann die zuständige Stelle im Einvernehmen mit dem Prüfungsausschuss die Abnahme und abschließende Bewertung von Prüfungsleistungen übertragen (§ 42 Abs. 2 S. 1 BBiG).

Entscheidungen der Prüfungsausschüsse und Prüferdelegationen sind Verwaltungsakte der zuständigen Stellen. Sie sind daher verwaltungsgerichtlich überprüfbar.

Der Prüfungsausschuss bzw. die Prüferdelegation besteht aus **mindestens 3 Mitgliedern,** die für die Prüfungsgebiete sachkundig und für die Mitwirkung im Prüfungswesen geeignet sein müssen (§ 40 Abs. 1 BBiG).

Die erforderliche **Sachkunde** besitzt, wer nach seiner fachlichen Qualifikation in der Lage ist, den Wert der erbrachten Leistung eigenverantwortlich zu beurteilen und zu ermitteln, ob der Prüfling die geforderten Fähigkeiten besitzt, deren Feststellung Zweck der Prüfung ist. Dies setzt aber nicht generell voraus, dass der Prüfer die Prüfung, in der er tätig wird, früher selbst abgelegt hat.[113]

Für die Mitwirkung im Prüfungswesen **geeignet** ist, wer persönliche Eigenschaften wie Einfühlungsvermögen, Fairness, Objektivität und menschliche Reife sowie prüfungspädagogische Fähigkeiten besitzt.

Dem Prüfungsausschuss bzw. der Prüferdelegation müssen **Beauftragte der Arbeitnehmer und Arbeitgeber** in gleicher Zahl sowie mindestens ein **Lehrer berufsbildender Schulen** angehören (§ 40 Abs. 2 BBiG). Mindestens zwei Drittel der Mitglieder müssen Beauftragte der Arbeitnehmer und Arbeitgeber sein. Die Mitglieder haben Stellvertreter.

Gewerkschaften haben ein Vorschlagsrecht für die Arbeitnehmervertreter (§ 40 Abs. 3 S. 2 BBiG). Werden keine oder zu wenige Vorschläge eingereicht, beruft die zuständige Stelle nach pflichtgemäßem Ermessen.

---

[113] *OVG Nordrhein-Westfalen*, Beschluss vom 18. Dezember 1997 – 19 A 3881/95.

Von der Zusammensetzung nach § 40 Abs. 2 BBiG darf abgewichen werden, wenn ansonsten keine ausreichende Zahl von Prüfern berufen werden kann (§ 40 Abs. 7 BBiG). Eine Berufung erfolgt für maximal 5 Jahre (§ 40 Abs. 3 S. 1 BBiG), wiederholte Berufungen sind möglich. Eine Abberufung ist nur aus wichtigem Grund möglich (§ 40 Abs. 3 S. 5 BBiG).

Mitglieder einer **Prüferdelegation** können nach § 42 Abs. 2 BBiG Prüfungsausschussmitglieder, deren Stellvertreter oder weitere Prüfende (§ 40 Abs. 4 BBiG) sein. Prüfende können auch Mitglied mehrerer Prüferdelegation sein. Bei Prüfungsleistungen, die derart aufeinander bezogen sind, dass sie nur einheitlich bewertet werden können, müssen diese Prüfungsleistungen von denselben Prüfern abgenommen werden (§ 42 Abs. 3 BBiG).

Die Tätigkeit im Prüfungsausschuss bzw. der Prüferdelegation erfolgt **ehrenamtlich** (§ 40 Abs. 6 BBiG). Es wird daher kein Entgelt gezahlt, sondern lediglich eine Entschädigung. Das Mindestlohngesetz gilt für die Prüfertätigkeit nicht (§ 22 Abs. 3 MiloG). Prüfende sind vom Arbeitgeber im erforderlichen Maße freizustellen, soweit wichtige betriebliche Gründe dem nicht entgegenstehen (§ 40 Abs. 4a BBiG). Ein Anspruch auf bezahlte Freistellung besteht nach h.M. gemäß § 616 BGB.[114]

Der Prüfungsausschuss bzw. die Prüferdelegation wählt einen Vorsitzenden und einen stellvertretenden Vorsitzenden, die nicht derselben Mitgliedergruppe angehören sollen (§ 41 Abs. 1 BBiG). Ein Prüfungsausschuss bzw. eine Prüferdelegation ist **beschlussfähig**, wenn zwei Drittel der Mitglieder, mindestens jedoch drei Mitglieder, mitwirken. Das betrifft allerdings nur prüfungsvorbereitende Handlungen, nicht die Bewertung der Prüfungsleistung. Die Beschlussfassung erfolgt mit einfacher Mehrheit, bei Stimmengleichheit entscheidet die Stimme des Vorsitzenden (§ 41 Abs. 2 BBiG).

Bei der Bewertung der Prüfungsleistungen gilt grundsätzlich das **Kollegialprinzip**, d.h. der Prüfungsausschuss bzw. die Prüferdelegation entscheidet als Gremium mit **allen ordentlichen Mitgliedern** (§ 42 Abs. 1, 2 BBiG). Ist ein ordentliches Mitglied verhindert, wird es durch ein stellvertretendes Mitglied vertreten. Die Regelung des § 41 Abs. 1 BBiG kommt demgegenüber bei der Bewertung der Prüfungen nicht zur Anwendung, das ergibt sich aus § 20 MPO.

Von diesem Grundsatz gibt es zwei Ausnahmen.

Überregional durch einen paritätisch besetzten Aufgabenerstellungsausschuss erstellte **Antwort-Wahl-Aufgaben** können automatisiert ausgewertet werden; das Ergebnis ist dann vom Prüfungsausschuss zu übernehmen (§ 42 Abs. 4 BBiG). Der Aufgabenerstellungsausschuss hat festzulegen, welche Antworten als zutreffend anerkannt werden.

---

[114] M.w.N. *Wohlgemuth/Pepping*, BBiG, Rn. 68 zu § 40 BBiG.

Die **Bewertung** einzelner **schriftlicher** oder sonstiger nicht flüchtiger **Prüfungsleistungen** kann **zwei Mitgliedern** des Prüfungsausschusses bzw. der Prüferdelegation übertragen werden (§ 42 Abs. 5 BBiG). Bei einem Bewertungsunterschied von nicht mehr als 10% der erreichbaren Punkte ergibt sich die Bewertung als Mittelwert der beiden Bewertungen. Bei größeren Abweichungen bewertet ein vorab bestimmter dritter Prüfer endgültig.

Zur Bewertung nicht mündlicher Prüfungen können zudem gutachterliche Stellungnahmen Dritter, insbesondere berufsbildender Schulen, eingeholt werden (§ 39 Abs. 3 BBiG).

Beschlüsse über die vom Prüfungsausschuss selbst abgenommenen einzelnen Prüfungsleistungen, die Noten zur Bewertung der Prüfung insgesamt sowie über das Bestehen oder Nichtbestehen können nur vom Prüfungsausschuss selbst gefasst werden (§ 42 Abs. 1 BBiG).

Zu den Aufgaben des Prüfungsausschusses bzw. der Prüferdelegation gehört auch, die **Bewertung** der Prüfungen zu **begründen**. Art und Umfang der Begründung richtet sich nach der Prüfungsform.

Die **Bewertung schriftlicher Prüfungen** ist schriftlich zu begründen. Die Begründung muss gewährleisten, dass das Recht des Prüflings, Einwände gegen die Bewertung wirksam vorzubringen, gewährleistet ist. Zudem muss die Begründung das Recht auf gerichtliche Kontrolle des Prüfungsverfahrens unter Beachtung des Beurteilungsspielraums der Prüfer ermöglichen.[115] Daher muss die Begründung der Bewertung nach Art und Umfang die Möglichkeit eröffnen, dass ein sachverständiger Dritter nachvollziehen kann, welche Gründe zur Bewertung geführt haben.

Bei einer **Zweitkorrektur** ist es nicht zu beanstanden, wenn sich der Zweitprüfer der Bewertung des Erstprüfers durch das Abhaken der Bewertungen des Erstprüfers angeschlossen hat.[116] Schließt sich der Zweitprüfer den Gründen der Erstbewertung an, muss er diese Gründe nicht erneut aufschreiben. Weicht der Zweitprüfer hingegen von der Bewertung des Erstprüfers ab, muss er dies deutlich darlegen und begründen.

Bei **mündlichen Prüfungen** besteht die Hauptpflicht der Prüfer in der Bekanntgabe des Prüfungsergebnisses. Die Bewertung erfolgt mündlich und ist nicht zwingend zu begründen. Der Prüfling kann aber eine Begründung der Bewertung, auch in schriftlicher Form, verlangen.

---

[115] *BVerwG*, Urteil vom 9. Dezember 1992 – 6 C 3/92.
[116] *FG München*, Urteil vom 7. Dezember 2011 – 4 K 1146/09.

4.5. Prüfungsdurchführung

Prüfungen in der Berufsbildung haben den Zweck, die berufliche Handlungsfähigkeit nachzuweisen. Der wichtigste Grundsatz, der dabei zugrunde gelegt werden muss, ist das **Gebot der Chancengleichheit**. Dieser Grundsatz resultiert aus Art. 3 Abs. 1 GG, dem Gleichbehandlungsgebot.[117]

Die zuständigen Stellen haben die Aufgabe, die Prüfungen zu organisieren, während die Abnahme der Prüfungen, insbesondere die Bewertung, den Prüfungsausschüssen bzw. Prüferdelegationen obliegt. Sowohl bei der Organisation als auch bei der Bewertung der Prüfungen ist das Gebot der Chancengleichheit zu beachten.

Das Prüfungsverfahren beginnt mit der Frage, ob ein Prüfungsbewerber zur Prüfung zuzulassen ist. Die **Zulassungsvoraussetzungen** im dualen System regeln die §§ 43 bis 45 BBiG i.V.m. der Prüfungsordnung (§ 47 Abs. 2 BBiG). Für Fortbildungs- und Umschulungsprüfungen erfolgt die Regelung der Zulassungsvoraussetzungen durch die jeweilige Fortbildungs- oder Umschulungsordnung i.V.m. der Prüfungsordnung (§§ 53 ff. BBiG). Über die Zulassung zur Abschlussprüfung entscheidet die zuständige Stelle (§ 46 Abs. 1 S. 1 BBiG). Hält die zuständige Stelle die Zulassungsvoraussetzungen nicht für gegeben, entscheidet der Prüfungsausschuss (§ 46 Abs. 1 S. 2 BBiG). Diese Regelung gilt entsprechend für Fortbildungs- und Umschulungsprüfungen (§§ 56, 62 BBiG). Im Zuständigkeitsbereich der Handwerkskammern entscheidet der Vorsitzende des Prüfungsausschusses über die Zulassung, in Zweifelsfällen der Prüfungsausschuss (§ 37a HwO).

Ist über die Prüfungszulassung entschieden, ist der Prüfungsteilnehmer durch die prüfende Stelle **zur Prüfung einzuladen**. Die Prüfungstermine sind durch die zuständige Stelle zu bestimmen.

Für die Durchführung der Prüfungen obliegt es der zuständigen Stelle, die **organisatorischen Rahmenbedingungen** (Räume, Prüfungsaufgaben usw.) zu schaffen. Dabei ist auch dem Umstand Rechnung zu tragen, dass die Verfahrensherrschaft der Prüfungsbehörde und ihre damit korrespondierende umfassende Verantwortung für ein ordnungsgemäßes Prüfungsverfahren erfordert, dass die Prüfungsbehörde im Rahmen ihrer Möglichkeiten die erforderlichen Maßnahmen treffen muss, um Fehler zu vermeiden oder, wenn dies nicht mehr möglich ist, diese abzustellen und erforderlichenfalls für den gebotenen Ausgleich zu sorgen.[118]

---

[117] *BVerwG*, Urteil vom 13. Oktober 1972 – VII C 17/71.
[118] *BVerwG*, Urteil vom 11. August 1993 – 6 C 2.93.

Werden mehrere Prüfungsgruppen in unterschiedlichen Räumen geprüft, darf nicht eine Gruppe durch deutlich schlechtere Bedingungen benachteiligt werden. Geringfügige Unterschiede sind hingegen hinnehmbar.[119]

Zu **Beginn der Prüfung** sind erforderlichenfalls die Personalien festzustellen und die Prüfungsteilnehmer über Prüfungsablauf, Hilfsmittel sowie die Folgen von Täuschungshandlungen, Rücktritten und Nichtteilnahme zu belehren. Der Prüfungsablauf soll protokolliert werden. Die fehlende oder nicht korrekte Protokollierung führt aber nicht automatisch zur Rechtswidrigkeit der Prüfung.[120]

Eine ordnungsgemäße Protokollierung des Prüfungsablaufs stellt aber ein wichtiges Beweismittel dar. Wird der Prüfungsablauf nicht hinreichend dokumentiert, gehen Zweifel zu Lasten der Prüfungsbehörde.

Bei Aufsichtsarbeiten soll die **Aufsichtsführung** sicherstellen, dass die Prüfungsteilnehmer selbständig und nur unter Nutzung der zulässigen Hilfsmittel arbeiten.

Um den Gleichbehandlungsgrundsatz durchzusetzen, ist insbesondere bei schriftlichen Prüfungen darauf zu achten, dass kein durch **Täuschungshandlungen** verfälschtes Prüfungsergebnis erzielt wird. Eine Täuschungshandlung liegt vor, wenn der Prüfling eine eigenständige und reguläre Prüfungsleistung vorspiegelt, bei deren Erbringung er sich in Wahrheit unerlaubter Hilfe bedient hat.[121]

Die möglichen Folgen der Täuschungshandlung ergeben sich aus der Prüfungsordnung. Nach § 22 Abs. 2 MPO wird für eine Täuschungshandlung oder den Verdacht einer Täuschungshandlung festgelegt, dass durch die Prüfungsaufsicht der Vorfall zu protokollieren ist. Der Prüfungsausschuss entscheidet nach Anhörung des Prüflings, ob eine Täuschungshandlung vorliegt. Wird durch den Prüfungsausschuss festgestellt, dass eine Täuschungshandlung vorliegt, ist der betreffende Prüfungsteil mit „ungenügend" zu bewerten (§ 22 Abs. 3 MPO).

Ein Prüfungsteilnehmer kann **vor Beginn** von der Prüfung durch schriftliche Erklärung **zurücktreten**. Die Prüfung gilt in diesem Fall als nicht abgelegt, so dass dem Prüfungsteilnehmer der Prüfungsversuch erhalten bleibt (§ 23 Abs. 1 MPO). Dies gilt auch bei **Säumnis aus „wichtigem Grund"** (§ 23 Abs. 2 MPO). Hauptanwendungsfall ist eine krankheitsbedingte Prüfungsunfähigkeit, die durch ärztliches Attest nachzuweisen ist (§ 23 Abs. 5 MPO). Versäumt der Prüfling die Prüfung, ohne dass ein wichtiger Grund vorliegt, ist die Prüfung mit null Punkten zu bewerten (§ 23 Abs. 3 MPO).

---

[119] *VG Koblenz*, Urteil vom 29. Oktober 1998 – 7 K 859/98.KO.
[120] *VG Freiburg*, Urteil vom 21. März 2012 – 1 K 2235/10.
[121] *OVG Nordrhein-Westfalen*, Urteil vom 24. Juli 2013 – 14 A 880/11.

Schwieriger ist der Fall zu beurteilen, wenn der **Rücktritt während oder nach der Prüfung** erklärt wird, da hierdurch der Grundsatz der Chancengleichheit unmittelbar berührt wird. Würde die Rücktrittsmöglichkeit komplett ausgeschlossen, wäre dem Prüfungsteilnehmer u.u. die Möglichkeit genommen, sein reales Leistungsvermögen nachzuweisen. Andererseits würden zu weitgehende Rücktrittsmöglichkeiten dazu führen, dass der Prüfling seine Chancen gegenüber seinen Mitprüflingen gleichheitswidrig verbessert, indem er sich eine ihm nicht zustehende weitere Prüfungschance verschafft.[122] Daher sind für den Rücktritt während oder nach der Prüfung strenge Maßstäbe anzulegen.

Kennt der Prüfungsteilnehmer seine gesundheitlichen Beeinträchtigungen bereits vor Prüfungsantritt, kann er die Leistungsminderung **nicht nachträglich** geltend machen.[123] Daher sollte der Prüfungsteilnehmer vor Prüfungsbeginn nach gesundheitlichen Einschränkungen befragt und die Reaktion im Prüfungsprotokoll vermerkt werden.

Tritt eine **gesundheitliche Beeinträchtigung nach Beginn der Prüfung** ein, welche zur Prüfungsunfähigkeit führt, besteht die Möglichkeit des Rücktritts. Allerdings obliegt es dann dem Prüfungsteilnehmer, insbesondere durch Vorlage ärztlicher Atteste, nachzuweisen, dass die Prüfungsunfähigkeit erst nach Beginn der Prüfung eingetreten ist. Zudem muss der Rücktritt **unverzüglich**, d.h. ohne schuldhaftes Zögern erklärt werden. Die Unverzüglichkeit des Rücktritts kann - je nach Art der Beschwerden und ihrer Auswirkungen auf die Prüfungsfähigkeit - noch zu bejahen sein, wenn der Prüfling am selben Tag sofort nach der Prüfung einen Arzt konsultiert und alsbald danach, noch vor der Bekanntgabe des Prüfungsergebnisses, die Rücktrittserklärung abgegeben hat.[124]

Ein **Rücktritt nach Bekanntgabe** des Prüfungsergebnisses ist grundsätzlich nicht möglich. Die Möglichkeit, noch nach einer nicht bestandenen Prüfung Prüfungsunfähigkeit geltend zu machen, könnte sonst für den erfolglosen Prüfling einen Anreiz darstellen, sich nach Bekanntwerden des Misserfolgs dadurch unberechtigterweise eine weitere Prüfungschance zu verschaffen, dass er für den Prüfungszeitraum eine unerkannte Prüfungsunfähigkeit behauptet.[125]

Etwas anderes kann lediglich dann gelten, wenn die Prüfungsunfähigkeit für den Prüfungsteilnehmer aufgrund der Art der Erkrankung nicht erkennbar war und er erst nach Bekanntgabe des Prüfungsergebnisses davon Kenntnis erlangt. Dies kommt in äußerst seltenen Fällen psychischer Erkrankungen vor, zu deren Krankheitsbild gehört, dass sich der Erkrankte seiner Erkrankung selbst nicht bewusst ist und diese sich auch nicht durch äußere Symptome zeigt.

---

[122] *BVerwG*, Urteil vom 7. Oktober 1988 – 7 C 8/88.
[123] *BVerwG*, Beschluss vom 28. Februar 1980 – 7 B 232/79.
[124] *BVerwG*, Urteil vom 7. Oktober 1988 – 7 C 8/88.
[125] *BVerwG*, Beschluss vom 17. Januar 1984 – 7 B 29/83.

Am Ende des Prüfungsverfahrens ist dem Prüfling das **Prüfungsergebnis bekannt zu geben**. Die Musterprüfungsordnung sieht dazu vor, dass dem Prüfling unmittelbar nach Feststellung des Gesamtergebnisses mitgeteilt werden soll, ob die Prüfung „bestanden" oder „nicht bestanden" wurde. Hierüber ist ihm eine vom Prüfungsausschussvorsitzenden unterschriebene Bescheinigung auszuhändigen (§ 26 Abs. 3 MPO). Ist die Prüfung bestanden, hat der Prüfling Anspruch auf ein Zeugnis (§ 37 Abs. 2 BBiG, § 27 MPO). Über eine nicht bestandene Prüfung ist ein schriftlicher Bescheid zu erstellen (§ 28 MPO).

4.6. Rechtsmittel gegen eine Prüfung
4.6.1. Umfang der Überprüfbarkeit der Prüfungsentscheidung

Eine berufsbezogene Prüfung stellt einen **Eingriff in die Berufsfreiheit** dar (Art. 12 Abs. 1 GG). Sie muss daher den Anforderungen des Grundgesetzes Rechnung tragen und ist somit nur aufgrund eines Gesetzes und im Rahmen der Verhältnismäßigkeit zulässig. Die Überprüfbarkeit der Rechtmäßigkeit ergibt sich daraus, dass derjenige, welcher sich in seinen Grundrechten verletzt sieht, den Rechtsweg beschreiten kann (Art. 19 Abs. 4 GG). Somit unterliegen auch berufsbezogene Prüfungen der Rechtswegsgarantie.

In diesem Zusammenhang stellt sich die Frage, **in welchem Umfang** Prüfungsentscheidungen der **gerichtlichen Überprüfung** unterworfen sind. Nach der Rechtsprechung der Verwaltungsgerichte bis 1991 war die gerichtliche Kontrolle im Wesentlichen auf Verfahrensfehler beschränkt. Fachliche Wertungen waren demgegenüber der gerichtlichen Kontrolle weitgehend entzogen. So wurde die Auffassung vertreten, dass Richtiges als falsch und vertretbare Ansichten als unvertretbar bewertet werden können. Nur wenn sich die Unhaltbarkeit einer fachlichen Wertung auch ohne einen Sachverständigen regelrecht aufdrängt, sollte diese im Rahmen der Willkürkontrolle verworfen werden können.

Mit dem Beschluss des Bundesverfassungsgerichts vom 17. April 1991 kam es diesbezüglich zu einer Änderung der Rechtsprechung im Prüfungsrecht. Zwar muss bei der Beurteilung, ob die Bewertung einer Prüfungsleistung fehlerhaft ist, berücksichtigt werden, dass den Prüfungsbehörden ein **Entscheidungsspielraum** zusteht. Dieser Entscheidungsspielraum ist jedoch auf **prüfungsspezifische Wertungen** beschränkt, erstreckt sich also nicht auf alle fachlichen Fragen, die den Gegenstand der Prüfung bilden. Folglich sind auch fachliche Fragen der gerichtlichen Kontrolle unterworfen. Eine **vertretbare** und mit gewichtigen Argumenten **folgerichtig begründete Lösung** darf **nicht als falsch gewertet** werden.[126]

---

[126] *BVerfG*, Beschluss vom 17. April 1991 – 1 BvR 419/81 und 213/83.

In Folge dieser geänderten Rechtsprechung sind nicht nur Formalien, sondern auch die fachlichen Inhalte einer Prüfung der gerichtlichen Überprüfung unterworfen. Dem Prüfungsteilnehmer wird ein **Beantwortungsspielraum im Rahmen des fachlich Vertretbaren** zugebilligt.

Lediglich Aspekte wie die Gewichtung des Schwierigkeitsgrads der Aufgabe, der Qualität der Darstellung oder die Gewichtung der Mängel entziehen sich als prüfungsspezifische Wertungen der gerichtlichen Kontrolle.

4.6.2. Maßgebliche Fehler einer Prüfung

Die **Prüfung** ist **fehlerhaft**, wenn die Prüfungsbehörden Verfahrensfehler begehen, anzuwendendes Recht verkennen, von einem unrichtigen Sachverhalt ausgehen, allgemeingültige Bewertungsmaßstäbe verletzen oder sich von sachfremden Erwägungen leiten lassen.[127]

Bezüglich der Folgen ist zwischen Mängeln im Prüfungsverfahren einerseits und materiellen Bewertungsfehlern andererseits zu unterscheiden.

Verfahrensfehler führen nicht in jedem Fall zu einer Aufhebung des Prüfungsbescheids. Vielmehr ist Voraussetzung, dass der Verfahrensfehler wesentlich ist und nicht auszuschließen ist, dass er das Prüfungsergebnis beeinflusst hat (§ 46 VwVfG).[128] Bei unwesentlichen Verfahrensfehlern bleibt demgegenüber der Prüfungsbescheid rechtsgültig.

Unwesentliche Verfahrensfehler sind z.B. formale Fehler des Prüfungsprotokolls. Formelle Mängel des Prüfungsprotokolls einer mündlichen Prüfung haben keinen selbständigen Einfluss auf das Prüfungsergebnis, weil die Bewertung der Prüfungsleistungen auf der Grundlage des tatsächlichen Prüfungsgeschehens und nicht anhand des Prüfungsprotokolls erfolgt.[129]

Wesentliche Verfahrensfehler sind z.B.:

• falsche Besetzung des Prüfungsausschusses[130]
• Befangenheit der Prüfer
• Prüfungsfragen, die den von der Prüfungsordnung vorgegebenen Rahmen überschreiten[131] oder einen unangemessenen Schwierigkeitsgrad aufweisen
• unzumutbare äußere Umstände (z.B. erhebliche Lärmbelastung, unzumutbare Temperaturen)

---

[127] *BVerwG*, Beschluss vom 16. August 2011 – 6 B 18/11.
[128] *BVerwG*, Urteil vom 20. November 1987 – 7 C 3/87.
[129] *VG Freiburg*, Urteil vom 21. März 2012 – 1 K 2235/10.
[130] *VG Augsburg*, Urteil vom 4. Juni 2013 – Au 3 K 12.1069.
[131] *VG Düsseldorf*, Urteil vom 28. Juni 2012 – 6 K 1045/11.

Eine **falsche Besetzung des Prüfungsausschusses** liegt z.b. vor, wenn am Prüfungsverfahren neben allen ordentlichen Ausschussmitgliedern auch stellvertretende Mitglieder mitwirken. In diesem Fall ist der Prüfungsausschuss unzulässigerweise erweitert worden.[132] Wird eine Prüfung nicht von der vorgeschriebenen oder von mehr als der vorgeschriebenen Anzahl an Prüfern abgenommen und benotet, so handelt es sich um einen wesentlichen Verfahrensfehler, der zur Rechtswidrigkeit führt.[133]

Der Vorwurf der **Befangenheit** setzt voraus, dass objektiv feststellbaren Tatsachen die vernünftigerweise mögliche Besorgnis begründen, der Prüfer werde in dieser Sache nicht unparteiisch, unvoreingenommen oder unbefangen entscheiden.

Von Befangenheit ist z.b. auszugehen, wenn der Prüfer mit höhnischen Formulierungen negative Feststellungen zur Person des Prüflings trifft, die mit der Prüfung nichts zu tun haben. Pointierte und deutliche Kritik an der Prüfungsleistung begründet aber noch keinen Verstoß gegen das Sachlichkeitsgebot.[134]

Ist eine schriftliche Prüfungsleistung durch zwei Prüfer unabhängig voneinander zu bewerten, kann die Tatsache, dass die zwei Prüfer in einer eheähnlichen Lebensgemeinschaft lebten, die Besorgnis der Befangenheit begründen. Die eheähnliche Lebensgemeinschaft zwischen zwei Prüfern ist geeignet, Zweifel daran zu wecken, ob die selbständige und eigenverantwortliche Beurteilung der Prüfungsleistung gewährleistet ist.[135]

Ein Prüfer, der bereits an einer nicht bestandenen Prüfung beteiligt war, ist demgegenüber nicht von vorneherein als befangen anzusehen. Auch ein allgemeiner Erfahrungssatz, dass ein Prüfer, dem ein Verfahrens- oder Bewertungsfehler angelastet wird, schon deshalb grundsätzlich seine innere Distanz zu dem Prüfungsvorgang verliert, besteht nicht.[136]

Ein Prüfungsergebnis kann auch nicht dadurch in Frage gestellt werden, dass ein bestimmter Prüfer nach dem Ergebnis der unter seiner Beteiligung stattgefundenen Prüfungen „strenger" oder „milder" bewertet, als der Durchschnitt.[137]

---

[132] *VG Oldenburg*, Urteil vom 10. Dezember 2002 – 12 A 818/01.
[133] *VG Berlin*, Urteil vom 1. Juni 2015 – 12 K 773/13.
[134] *OVG Niedersachsen*, Urteil vom 09. September 2015 – 2 LB 169/14.
[135] *VG Gelsenkirchen*, Urteil vom 04. November 2015 – 4 K 3886/14.
[136] *OVG Niedersachsen*, Urteil vom 08. Juni 2011 – 8 LB 199/09.
[137] *BVerwG*, Beschluss vom 11. August 1998 – 6 B 49.98.

Das Verwaltungsgericht kann eine **Prüfungsaufgabe** wegen ihres **Inhalts** nur dann als rechtswidrig beanstanden, wenn die Aufgabe in sich unverständlich ist, das Wissensgebiet, auf dessen Überprüfung sie abzielt, nicht Gegenstand der Prüfung sein darf oder die Aufgabe ihrem Schwierigkeitsgrad nach unangemessen ist.[138]

Die Unzulässigkeit einer Prüfungsfrage ist nicht nur anzunehmen, wenn sie schon nach ihrem Wortlaut unverständlich, widersprüchlich oder mehrdeutig ist, sondern z.B. auch dann, wenn bei einer Einfachauswahlfrage die nach dem Lösungsmuster als „zutreffend" anzukreuzende Antwort in Wahrheit falsch ist, aber auch dann, wenn sie auf mehrfache Weise vertretbar beantwortet werden kann.

Fehlerhafte Fragen dürfen grundsätzlich nicht in das Prüfungsergebnis eingehen, weil sie kein zuverlässiges Ergebnis ermöglichen und damit nicht dem Zweck der Prüfung dienen. Eine Ausnahme vom Grundsatz der Eliminierung aller fehlerhaften Fragen kann allein dort zum Zuge kommen, wo der betroffene Prüfling zweifelsfrei eine positive Prüfungsleistung erbracht hat, die nicht deshalb unberücksichtigt bleiben darf, weil der prüfenden Stelle ein Fehler unterlaufen ist.[139]

Werden durch die gestellten Prüfungsaufgaben die Anforderungen, gemessen an den das Prüfungsziel umschreibenden Rechtsvorschriften, überspannt, so verletzt dies den Grundsatz der Gleichberechtigung aller Prüflinge und zieht die Rechtswidrigkeit der darauf gegründeten negativen Bewertung der Prüfungsleistungen nach sich.[140] Eine Prüfungsfrage, die den von der Prüfungsordnung vorgegebenen Rahmen verlässt, ist unzulässig. Ob dies der Fall ist, unterliegt der uneingeschränkten gerichtlichen Kontrolle.[141] Unerheblich ist demgegenüber, dass möglicherweise relevanter Prüfungsstoff im Ausbildungsbetrieb nicht vermittelt wurde oder nicht vermittelt werden konnte.[142]

Unzumutbare äußere Umstände können dazu führen, dass eine Prüfung verfahrensfehlerhaft ist. Wird während einer schriftlichen Prüfungsarbeit die Chancengleichheit der Prüflinge durch erheblichen Lärm verletzt, so kann dieser Mangel durch Ausgleich in der Form einer Schreibverlängerung von der Dauer der Störung geheilt werden.[143] Erfolgt keine Verlängerung, stellt erheblicher Lärm einen wesentlichen Verfahrensfehler bei der Abnahme der Prüfung dar, der zur Rechtswidrigkeit der Prüfung führt.[144]

---

[138] *OVG Rheinland-Pfalz*, Urteil vom 19. August 1981 – 2 A 152/80.
[139] *BVerwG*, Urteil vom 17. Mai 1995 – 6 C 8/94.
[140] *OVG Niedersachsen*, Urteil vom 03. April 1974 – VII A 4/73.
[141] *VG Düsseldorf*, Urteil vom 28. Juni 2012 – 6 K 1045/11.
[142] *VG Schleswig-Holstein*, Urteil vom 12. Dezember 2013 – 12 A 179/12.
[143] *BVerwG*, Urteil vom 11. August 1993 – 6 C 2/93.
[144] *VG Dresden*, Urteil vom 2. Dezember 2010 – 5 K 1483/08.

Auch extreme Temperaturen können unzumutbar sein. Hierbei ist davon auszugehen, was einem durchschnittlichen Prüfungsteilnehmer noch zuzumuten ist. So wurde z.b. eine Raumtemperatur von 28°C im Sommer als noch zumutbar angesehen.[145] Temperaturen von 12°C während einer schriftlichen Prüfung[146] oder von über 34°C bei einer praktischen Prüfung mit feinmechanischen Arbeiten[147] wurden hingegen als unzumutbar eingestuft.

Störende äußere Einflüsse auf das Prüfungsergebnis müssen bei schriftlichen Prüfungen **unverzüglich gerügt** werden, es sei denn, sie sind offensichtlich.[148] Nur so wird der Prüfungsaufsicht die Möglichkeit gewährt, Störungen abzustellen oder einen angemessenen Ausgleich zu gewähren.

Offensichtliche, erhebliche Mängel der äußeren Umstände, z.b. erhebliche Lärmbeeinträchtigungen, bedürfen demgegenüber keiner Rüge. Hier ist die Prüfungsbehörde von Amts wegen verpflichtet, die erforderlichen Maßnahmen der Abhilfe oder des Ausgleichs zu treffen.

Die unverzügliche Rügepflicht des Prüfungsteilnehmers gilt auch für sonstige Mängel des Prüfungsverfahrens. Das bezweckt nicht nur, der Prüfungsbehörde Gelegenheit zur Überprüfung und Abhilfe zu geben, sondern dient auch der Wahrung der Chancengleichheit aller Prüflinge. Es würde den Grundsatz der Chancengleichheit verletzen, wenn sich der Prüfling in Kenntnis eines Verfahrensfehlers der Prüfung unterzieht und sich vorbehält, diesen Verfahrensfehler nur im Falle eines seinen Vorstellungen nicht entsprechenden Prüfungsergebnisses geltend zu machen.[149] So kann z.b. ein Prüfungsteilnehmer, der sich ohne Vorbehalt einer Prüfung unterzieht, eine Befangenheit des Prüfers nachträglich nicht mehr geltend machen, wenn ihm die maßgeblichen Tatsachen bereits bei Prüfungsantritt bekannt waren.[150]

Etwas anderes gilt dann, wenn Beeinträchtigungen bei einer mündlichen Prüfung unmittelbar vor oder erst während der Prüfung bekannt werden. In dieser Situation ist dem Prüfling die Rüge i.d.R. nicht zuzumuten. Hat der Prüfling durch die rügelose Teilnahme an der Prüfung sein Rügerecht in solchen Fällen ausnahmsweise nicht verloren, so besteht auch keine Notwendigkeit, dass er diesen Verfahrensfehler nunmehr unverzüglich oder innerhalb einer bestimmten Frist nach der Prüfung rügt. Er kann ihn im Rechtsmittelverfahren auch noch zu einem späteren Zeitpunkt vortragen.[151]

---

[145] *VG Berlin*, Urteil vom 24. September 2009 – 3 A 550/07.
[146] *BVerwG*, Urteil vom 6. September 1995 – 6 C 16/93.
[147] *VGH Baden-Württemberg*, Urteil vom 10. Januar 1979 – VI 137/78.
[148] *VG Dresden*, Urteil vom 2. Dezember 2010 – 5 K 1483/08.
[149] *OVG Nordrhein-Westfalen*, Beschluss 3. Juli 2014 – 19 B 1243/13.
[150] *VGH Hessen*, Urteil vom 7. Januar 1988 – 3 UE 1600/87.
[151] *OVG Nordrhein-Westfalen*, Urteil vom 26. September 1995 – 22 B 2176/95.

Eine Prüfungsentscheidung ist rechtsfehlerhaft, wenn sie von einem **unrichtigen Sachverhalt** ausgeht. Damit die Entscheidung fehlerfrei ist, muss der Prüfer einerseits sämtliche prüfungsrelevante Tatsachen zur Kenntnis nehmen und in die Bewertung einfließen lassen. Er darf andererseits keine Tatsachen berücksichtigen, welche nichts mit der Prüfungsleistung zu tun haben. Wenn ein Prüfer sich bei der Bewertung über die Prüfungsaufgabe irrt, Aufgaben verwechselt oder von einer anderen, als der gestellten Aufgabe ausgeht, liegt ein voll überprüfbarer Sachverhaltsirrtum vor.[152]

Wird eine Aufgabe, bei der Teilpunkte vergeben werden, teilweise richtig gelöst, darf die Aufgabe nicht mit null Punkten bewertet werden.[153]

Prüfer dürfen sich nicht von **sachfremden Erwägungen** leiten lassen. So darf die äußere Form einer schriftlichen Prüfung nicht in die Bewertung einbezogen werden. Die Arbeit muss aber mit zumutbarer Mühe gelesen werden können.[154] Was trotz zumutbarer Mühe nicht gelesen werden kann, ist als nicht erbrachte Leistung zu sehen. Eine insgesamt unleserliche Arbeit kann als ungenügende Prüfungsleistung bewertet werden.[155]

Eine angemessene Berücksichtigung von Rechtschreib-, Grammatik- und Ausdrucksschwächen ist zumindest dann im Rahmen des Bewertungsspielraums der Prüfer zulässig, wenn im betreffenden Beruf das sprachliche Ausdrucksvermögen von nicht nur untergeordneter Bedeutung ist.[156] Die Grenze dürfte aber dann überschritten sein, wenn solche Fehler über das Bestehen entscheiden.

Ist die **Beanstandung** des Prüflings auf die **Bewertung** gerichtet, reicht es nicht aus, wenn sich der Widerspruch pauschal gegen die Bewertung, z.B. als zu streng, wendet. Vielmehr muss substantiiert dargelegt werden, welche konkreten Bewertungsfehler beanstandet werden.

Außerdem ist zu beachten, dass bei der Beurteilung, ob die Bewertung einer Prüfungsleistung fehlerhaft ist, den Prüfenden ein **Entscheidungsspielraum** zugestanden wird. Dieser Entscheidungsspielraum ist aber auf prüfungsspezifische Wertungen beschränkt und erstreckt sich nicht auf fachliche Fragen, die den Gegenstand der Prüfung bilden. Insbesondere sind fachliche Bewertungen dahingehend überprüfbar, ob sie allgemeingültigen Bewertungsmaßstäben genügen.

---

[152] *BVerwG*, Urteil vom 20. September 1984 – 7 C 57/83.
[153] *VGH Baden-Württemberg*, Beschluss vom 7. April 1997 – 9 S 1955/96.
[154] *BVerwG*, Beschluss vom 19. August 1975 – 7 B 24/75.
[155] *VG Hamburg*, Urteil vom 20. Mai 2011 – 2 K 236/10.
[156] *OVG Nordrhein-Westfalen*, Urteil vom 23. Januar 1995 – 22 A 1834/90.

Zu den **allgemeingültigen Bewertungsmaßstäben** gehört u.a., dass eine vertretbare und mit gewichtigen Argumenten folgerichtig begründete Lösung nicht als falsch bewertet werden darf[157], dass Folgefehler angemessen zu berücksichtigen sind[158] oder das Gebot der Sachlichkeit bei der Korrektur.

Zu den der gerichtlichen Kontrolle demgegenüber weitgehend entzogenen Beurteilungsspielräumen gehören z.b. die Berücksichtigung des Schwierigkeitsgrades, die Überzeugungskraft der Argumente, die Gewichtung der Schwere einzelner Fehler, insbesondere bei Folgefehlern[159] oder die Berücksichtigung des Gesamteindrucks.[160]

Eine fachlich unrichtige und deshalb rechtswidrige Bewertung seiner Prüfungsleistung kann der Prüfling, der gegen den Prüfungsbescheid rechtzeitig Klage erhoben hat, bis zum Schluss der letzten mündlichen Verhandlung vor dem Tatsachengericht geltend machen.[161]

4.6.3. Widerspruchs- und Klageverfahren

Die Entscheidung über das Ergebnis einer Abschluss-, Fortbildungs- oder Umschulungsprüfung ist ein **Verwaltungsakt**. Gegen Verwaltungsakte kann binnen eines Monats schriftlich **Widerspruch** bei der erlassenden Behörde erhoben werden (§ 70 Abs. 1 VwGO). Damit soll der Prüfungsbehörde die Möglichkeit eingeräumt werden, eventuelle Fehler selbst zu korrigieren (§ 68 Abs. 1 VwGO). Erst nach vorheriger Durchführung des Widerspruchsverfahrens bei der erlassenden Behörde ist der Rechtsweg zu den Verwaltungsgerichten eröffnet.

Allerdings können Landesgesetze zur Umsetzung der Verwaltungsgerichtsordnung von dieser Regel abweichen (§ 68 Abs. 1 S. 2 VwGO). So kann nach Art. 15 Abs. 1 Nr. 6 Ausführungsgesetz zur Verwaltungsgerichtsordnung in Bayern der Betroffene wahlweise Widerspruch einlegen oder sofort Klage erheben.

Erfolgt der Widerspruch zu Recht, ist der Prüfungsbescheid entsprechend abzuändern (§ 72 VwGO). Unbegründete Widersprüche sind zurückzuweisen (§ 73 VwGO). Die Widerspruchsfrist von einem Monat läuft ab Bekanntgabe des Bescheids. Sie beginnt nur, wenn eine ordnungsgemäße Rechtsbehelfsbelehrung erfolgt ist, sonst beträgt die Frist ein Jahr (§ 58 VwGO).

---

[157] *BVerfG*, Beschluss vom 17. April 1991 – 1 BvR 419/81 und 213/83.
[158] *VG Berlin*, Beschluss vom 23. Juni 2009 – 12 A 507/07.
[159] *VGH Baden-Württemberg*, Beschluss vom 7. April 1997 – 9 S 1955/96.
[160] *BVerwG*, Urteil vom 12. Juli 1995 – 6 C 12/93.
[161] *BVerwG*, Urteil vom 27. April 1999 – 2 C 30/98.

Ein Widerspruch kann sich auf Verfahrensfehler oder auf Mängel der Bewertung beziehen. Der Einwand, dass andere Prüfungsteilnehmer Vorteile gehabt hätten, kann jedoch nicht erhoben werden, da der Grundsatz gilt, dass es **keinen Anspruch auf Gleichbehandlung im Unrecht** gibt.[162] Vielmehr kann nur geltend gemacht werden, dass das eigene Prüfungsverfahren oder die eigene Bewertung fehlerhaft waren.

Damit der Prüfling die Möglichkeit hat, sich einen Eindruck über die Rechtmäßigkeit der Prüfung zu verschaffen, ist ihm nach Abschluss des Prüfungsverfahrens die **Einsicht in die Prüfungsakten** zu gewähren (§ 29 Abs. 1 VwVfG). Dies begründet einen Anspruch auf Einsicht bei der zuständigen Stelle als Prüfungsbehörde (§ 29 Abs. 3 VwVfG) sowie Anspruch auf Kopien gegen Kostenerstattung.[163]

Kann sich der Prüfling bei der Einsicht in seine Prüfungsarbeit allenfalls Notizen machen und wird ihm die Anfertigung einer Kopie verwehrt, so wird ihm die Durchführung eines verwaltungsinternen Kontrollverfahrens und damit die Gewährung effektiven Rechtsschutzes unverhältnismäßig erschwert. Andererseits besteht kein anzuerkennendes Bedürfnis dafür, Ablichtungen oder Abschriften von Prüfungsarbeiten zu verweigern, da diese Arbeiten nach Abschluss der Bewertung keiner Geheimhaltung mehr unterliegen.[164] Es besteht aber kein Einsichtsrecht in Musterlösungen zu Prüfungsaufgaben.[165]

Der Widerspruch ist durch die zuständige Stelle zu prüfen. Richtet sich der Widerspruch gegen die Bewertung, ist der **Prüfungsausschuss einzubeziehen**. Der Prüfungsausschuss hat dann seine Entscheidung zu **überdenken**. Die Überprüfung der Bewertung ist dabei von den gleichen Prüfern vorzunehmen, welche die Prüfung ursprünglich bewertet haben.[166] Dieses verwaltungsinterne Verfahren des Überdenkens ist notwendig, um den Grundrechtsschutz des Prüflings zu gewährleisten.

Ein **begründeter Widerspruch** hat zur Folge, dass die Prüfungsleistung neu zu bewerten ist. Wenn bei begründeten Widersprüchen eine Neubewertung nicht möglich ist, muss die Prüfung wiederholt werden. Mögliche Fallgruppen sind der Verlust von Prüfungsarbeiten,[167] Prüfungsaufgaben, die sich außerhalb des zu prüfenden Stoffs bewegen sowie mündliche Prüfungen oder Arbeitsproben. Ist demgegenüber eine Neubewertung möglich, besteht kein Anspruch auf Wiederholung.[168]

---

[162] *OVG Nordrhein-Westfalen*, Beschluss vom 27. Oktober 2011 – 14 E 978/11.
[163] *VG Freiburg*, Beschluss vom 20. November 2009 – 4 K 2096/09.
[164] *VGH Bayern*, Urteil vom 30.04.1998 – 7 B 97.2986.
[165] *BVerwG*, Beschluss vom 11. Juni 1996 – 6 B 88/95.
[166] *BVerwG*, Urteil vom 24. Februar 1993 – 6 C 35/92.
[167] *VGH Baden-Württemberg*, Urteil vom 1. April 1987 – 9 S 1829/86.
[168] *BVerwG*, Beschluss vom 1. April 1996 – 6 B 13/96.

Nachdem das Widerspruchsverfahren durchgeführt und bescheidet wurde, ist der **Klageweg zu den Verwaltungsgerichten** eröffnet (§ 40 VwGO). Voraussetzung ist, dass der Kläger geltend macht, durch den Verwaltungsakt in seinen Rechten verletzt zu sein (§ 42 Abs. 2 VwGO). Das ist insbesondere der Fall, wenn eine nichtbestandene Prüfung bescheidet wird, wesentliche Verfahrensfehler vorliegen, die Bewertung fehlerhaft ist oder die Zulassung zur Prüfung verweigert wird.

Die Klage ist i.d.R. darauf gerichtet, den Widerspruchsbescheid aufzuheben, sowie

• die Prüfung für bestanden zu erklären oder
• die Prüfung neu zu bewerten oder
• den Kläger zu einer Wiederholung der Prüfung zuzulassen.

Die Klage muss nach § 74 Abs. 1 VwGO innerhalb von einem Monat ab Zustellung des Widerspruchsbescheids erhoben werden.

5. Besondere Bereiche der Berufsbildung
5.1. Berufliche Fortbildung

Berufliche Fortbildung dient nach § 1 Abs. 4 BBiG zum einen dazu, die berufliche Handlungsfähigkeit zu erhalten und anzupassen (Anpassungsfortbildung), zum anderen die berufliche Handlungsfähigkeit zu erweitern und beruflich aufzusteigen (höherqualifizierende Berufsbildung). Sie richtet sich an Personen, die bereits über einen Berufsabschluss und i.d.R. Berufserfahrung verfügen.

Im Berufsbildungsgesetz wird die berufliche Fortbildung nicht umfassend geregelt. Erfasst werden zum einen nur die staatlich anerkannten Fortbildungen. Die dazu bestehenden Regelungen betreffen zum anderen nur Rechtsgrundlagen und Prüfungsverfahren im Bereich der zuständigen Stellen. Parallelvorschriften finden sich in den §§ 42 ff. HwO. Gesondert geregelt ist die Meisterprüfung im Handwerk durch die §§ 45 ff. HwO.

Die **Rechtsbeziehungen zwischen Fortbildungsträger und Fortbildungsteilnehmer** unterliegt hingegen dem allgemeinen Vertragsrecht, die §§ 10 ff. BBiG finden keine Anwendung. In Betracht kommt zum einen eine Fortbildung im Rahmen eines Arbeitsvertrags, zum anderen außerhalb eines Arbeitsvertrags im Rahmen eines Fortbildungsvertrags.

Erfolgt die Fortbildung auf Veranlassung des Arbeitgebers, hat dieser die **Kosten der Fortbildung** zu tragen. Soweit die Fortbildung für den Arbeitnehmer einen persönlichen Vorteil darstellt, können aber Rückzahlungsklauseln vertraglich vereinbart werden, sofern der Arbeitnehmer vor Ablauf einer angemessenen Frist ohne wichtigen Grund selbst kündigt oder durch sein Fehlverhalten eine Kündigung verursacht. Die Rechtsprechung hat folgende Grundsätze zur zulässigen **Bindungsdauer** entwickelt:[169]

- In der Regel kann eine vier- bis zu sechsfache Dauer der Fortbildungsmaßnahme als Obergrenze der Bindungsfrist angesehen werden.
- Bei einer Fortbildungsdauer bis zu einem Monat ohne gleichzeitige Arbeitsverpflichtung ist höchstens eine sechsmonatige Bindung zulässig.
- Eine Fortbildungsdauer von bis zu zwei Monaten ohne gleichzeitige Arbeitsverpflichtung rechtfertigt höchstens eine einjährige Bindung.
- Eine Fortbildungsdauer von drei bis vier Monaten kann eine zweijährige Bindung rechtfertigen.
- Eine Lehrgangsdauer von sechs bis zwölf Monaten rechtfertigt maximal drei Jahre Bindungsdauer.
- Bei einer mehr als zweijährigen Dauer der Fortbildungsmaßnahme ohne Arbeitsleistung ist eine Bindungsdauer von fünf Jahren möglich.

---

[169] *BAG*, Urteil vom 14. Januar 2009 – 3 AZR 900/07.

Dabei ist zu beachten, dass die möglichen Bindungsfristen nur Anhaltspunkte darstellen. Eine kürzere oder längere Bindung kann z.b. gerechtfertigt sein, wenn der Arbeitgeber relativ geringe oder besonders hohe Beträge aufwendet.

Für bundeseinheitliche Fortbildungen der höherqualifizierenden Berufsbildung bzw. der Anpassungsfortbildung kann der Bund **Rechtsverordnungen** erlassen, welche die Anerkennung und die Prüfung regeln (§§ 53 Abs. 1, 53e Abs. 1 BBiG). Solche Verordnungen haben zu regeln (§§ 53 Abs. 2, 53e Abs. 2 BBiG):

• die Bezeichnung des Fortbildungsabschlusses,
• die Fortbildungsstufe (entfällt bei vor 2020 erlassenen Verordnungen und bei Anpassungsfortbildungsverordnungen),
• Ziel, Inhalt und Anforderungen der Prüfung,
• die Zulassungsvoraussetzungen und
• das Prüfungsverfahren.

Vor Inkrafttreten des Berufsbildungsmodernisierungsgesetzes am 1.1.2020 wurden eine Vielzahl von Fortbildungsordnungen erlassen, welche weitergelten, bis eine neue Verordnung erlassen wird (§ 106 Abs. 3 BBiG).

Beispiele:
• Geprüfter Betriebswirt
• Geprüfter Berufspädagoge
• Geprüfter Bilanzbuchhalter
• Geprüfter Industriemeister (in verschiedenen Fachrichtungen)
• Geprüfter Wirtschaftsfachwirt

Durch das Berufsbildungsmodernisierungsgesetz werden nunmehr für die höherqualifizierende Berufsbildung aufeinander aufbauende **Fortbildungsstufen** eingeführt, welche die Attraktivität der Fortbildung erhöhen und die Transparenz zwischen beruflicher und akademischer Bildung unter Zugrundelegung des DQR[170] verbessern sollen. Dazu werden folgende Stufen festgelegt (§ 53a BBiG):

• Geprüfter Berufsspezialist als erste Stufe (DQR Niveau 5)
• Bachelor Professional als zweite Stufe (DQR Niveau 6)
• Master Professional als dritte Stufe (DQR Niveau 7).

Für den Abschluss **Geprüfter Berufsspezialist** wird ein Lernumfang von mindestens 400 Stunden und i.d.R eine abgeschlossene Berufsausbildung vorgesehen (§ 53b Abs. 2, 3 BBiG).

---

[170] vgl. www.dqr.de.

Der Abschluss **Bachelor Professional** soll einen Lernumfang von mindestens 1.200 Stunden umfassen und auf einer abgeschlossenen Berufsausbildung bzw. der ersten Fortbildungsstufe aufbauen (§ 53c Abs. 2, 3 BBiG).

Für den Abschluss **Master Professional** sind mindestens 1.600 Stunden und der Abschluss der zweiten Stufe als Voraussetzung vorgesehen (§ 53d BBiG).

Die Abschlussbezeichnungen der neuen Fortbildungsstufen darf nur führen, wer die Voraussetzungen der jeweiligen Verordnung erfüllt. Verstöße können als Ordnungswidrigkeit mit einer Geldbuße von bis zu 1.000 € geahndet werden (§ 101 Abs. 1 Nr. 9 BBiG).

Soweit Rechtsverordnungen des Bundes nicht erlassen sind, kann die zuständige Stelle **Fortbildungsprüfungsregelungen** erlassen (§ 54 BBiG). Damit wird u.a. die Möglichkeit eröffnet, auf regionalen Bedarf zu reagieren.

Im Rahmen der Prüfung der Zulassungsvoraussetzungen bei Fortbildungsprüfungen sind im Ausland erworbene Bildungsabschlüsse und Tätigkeiten mit zu berücksichtigen (§ 55 BBiG).

Für die Durchführung der **Fortbildungsprüfungen** sind Prüfungsausschüsse zu errichten. Für diese verweist § 56 Abs. 1 BBiG auf die Vorschriften zur Prüfung in anerkannten Ausbildungsberufen. Soweit innerhalb der letzten 10 Jahre vergleichbare Prüfungen abgelegt wurden, kommt eine Anrechnung einzelner Prüfungsteile in Betracht (§ 56 Abs. 2 BBiG). Anrechnungsfähig sind nur Prüfungen, die vor einer öffentlichen oder staatlichen bzw. staatlich anerkannten Einrichtung abgelegt wurden. Die Anrechnung der gesamten Prüfung ist generell nicht möglich.

5.2. Berufliche Umschulung

Durch **berufliche Umschulung** sollen Personen, die z.B. aus gesundheitlichen oder arbeitsmarktbedingten Gründen ihren bisherigen Beruf nicht mehr ausüben können, zu einer anderen, bisher nicht erlernten Berufstätigkeit befähigt werden. Die vorherige, nicht nur unerhebliche praktische Tätigkeit im zunächst erlernten Beruf ist unverzichtbare Voraussetzung für eine Umschulung.

Da die Umschulung die berufliche Wiedereingliederung bezweckt, werden Maßnahmen meist durch die Bundesagentur für Arbeit, ggf. aber auch durch die Renten- bzw. Unfallversicherungsträger gefördert.

Das Berufsbildungsgesetz regelt die berufliche Umschulung nur bezüglich der Umschulungsordnung und Umschulungsprüfung. Nicht geregelt werden hingegen die Rechtsbeziehungen zwischen Umschulungsträger und Umschüler. Diese bestimmen sich nach dem zwischen den Parteien geschlossenen Umschulungsvertrag.

Die Vorschriften über den Berufsbildungsvertrag (§§ 10 ff. BBiG) finden auf den Umschulungsvertrag keine Anwendung.[171] Möglich ist auch die Umschulung im Rahmen eines Arbeitsvertrags.

Umschulungsträger können Betriebe oder außerbetriebliche Einrichtungen, z.B. Berufsbildungszentren, Berufsförderungswerke oder private Bildungsträger sein. Erfolgt die Umschulung außerbetrieblich, sind i.d.R. betriebliche Praktika erforderlich.

Ziel des Umschulungsvertrags ist meist ein anerkannter Ausbildungsberuf. Die Ausbildungsdauer bei Umschulungsverträgen wird i.d.R. aufgrund der Vorausbildung verkürzt.

Der Umschulungsvertrag endet normalerweise mit Zweckerreichung, d.h. mit erfolgreichem Abschluss der Maßnahme. Ist der Umschulungsvertrag befristet abgeschlossen, endet er mit Zeitablauf. Eine ordentliche Kündigung ist i.d.R. ausgeschlossen, möglich ist aber immer eine außerordentliche Kündigung aus wichtigem Grund.

Für die Durchführung von beruflichen Umschulungen kann der Bund Rechtsverordnungen erlassen (§ 58 BBiG). Diese beinhalten:

• die Bezeichnung des Abschlusses,
• Ziel, Inhalt, Art und Dauer der Umschulung,
• die Prüfungsanforderungen und die Zulassungsvoraussetzungen sowie
• das Prüfungsverfahren.

Soweit keine Verordnung nach § 58 BBiG besteht, kann die zuständige Stelle **Umschulungsprüfungsregelungen** erlassen (§ 59 BBiG).

Regelungen nach den §§ 58, 59 BBiG können sich auf einen anerkannten Ausbildungsberuf richten. Die Regelungen der Ausbildungsordnung zum Ausbildungsberufsbild, dem Ausbildungsrahmenplan und den Prüfungsanforderungen sind dann zugrunde zu legen. Die Eignungsvoraussetzungen gelten entsprechend (§ 60 BBiG).

---

[171] *BAG*, Urteil vom 19. Januar 2006 – 6 AZR 638/04.

Bei der Gestaltung von Umschulungen müssen die besonderen Erfordernisse der Erwachsenenbildung mit berücksichtigt werden (§ 62 Abs. 1 BBiG). Die Maßnahme ist bei der zuständigen Stelle schriftlich anzuzeigen. Eine Ausfertigung des Umschulungsvertrags ist beizufügen (§ 62 Abs. 2 BBiG).

Für die Durchführung der **Umschulungsprüfungen** sind Prüfungsausschüsse zu errichten. Für diese gelten die Vorschriften zur Prüfung in anerkannten Ausbildungsberufen entsprechend (§ 62 Abs. 3 BBiG). Soweit innerhalb der letzten 5 Jahre vergleichbare Prüfungen abgelegt wurden, kommt eine Anrechnung einzelner Prüfungsteile auf Antrag in Betracht (§ 62 Abs. 4 BBiG).

5.3. Berufsbildung behinderter Menschen
5.3.1. Regelungen des Berufsbildungsgesetzes

Das Berufsbildungsgesetz regelt den **Begriff der Behinderung** nicht eigenständig, sondern verweist auf § 2 Abs. 1 SGB IX. Nach dieser Vorschrift gelten Menschen als behindert, „wenn ihre körperliche Funktion, geistige Fähigkeit oder seelische Gesundheit mit hoher Wahrscheinlichkeit länger als sechs Monate von dem für das Lebensalter typischen Zustand abweichen und daher ihre Teilhabe am Leben in der Gesellschaft beeinträchtigt ist".

Für behinderte Menschen i.S.d. § 2 Abs. 1 SGB IX gilt zunächst der **Grundsatz**, dass diese in anerkannten Ausbildungsberufen ausgebildet werden sollen (§ 64 BBiG). Damit gelten zunächst grundsätzlich die gleichen Regelungen, welche auch für Nichtbehinderte anzuwenden sind.

Beim Erlass von besonderen Rechtsvorschriften zur Durchführung der Berufsbildung nach § 9 BBiG, insbesondere der Prüfungsordnung nach § 47 BBiG, sollen aber die **besonderen Verhältnisse berücksichtigt** werden (§ 65 Abs. 1 BBiG). Das betrifft vor allem:

• die zeitliche und sachliche Gliederung der Ausbildung,
• die Dauer von Prüfungszeiten,
• die Zulassung von Hilfsmitteln und
• die Inanspruchnahme von Hilfeleistungen Dritter, wie Gebärdendolmetscher.

Ziel ist es, Nachteile die durch die Behinderung bedingt sind, auszugleichen. Dieser **Nachteilsausgleich** ist vor allem im **Prüfungsverfahren** zu berücksichtigen. In der Empfehlung des Hauptausschusses des BIBB zu einer Musterprüfungsordnung[172] greift § 16 MPO unmittelbar die Regelung des § 65 Abs. 1 BBiG auf.

---

[172] Empfehlung des *Hauptausschusses des BBIB* vom 14. April 2020, BAnz. Amtlicher Teil vom 21.12.2020.

Festgelegt wird zudem, dass die **Art der Behinderung** mit dem Antrag auf Prüfungszulassung **nachzuweisen** ist. In Betracht kommen insbesondere ärztliche und psychologische Stellungnahmen sowie andere differenzierte Befunde amtlicher Stellen wie z.b. die der Träger der beruflichen Rehabilitation. Die besonderen Maßnahmen sollen lediglich die behinderungsbedingte Benachteiligung ausgleichen, ohne die Prüfungsanforderungen als solche zu verändern.

Die Vorschriften über die Eintragung in das Verzeichnis der Berufsausbildungsverhältnisse (§ 34 BBiG) gelten gleichermaßen. Für die **Zulassung** zur Abschlussprüfung gilt die **Besonderheit**, dass die Voraussetzungen des § 43 Abs. 1 Nr. 2 und 3 BBiG nicht vorliegen müssen (§ 65 Abs. 2 BBiG). Das betrifft die Teilnahme an Zwischenprüfungen, das Führen von Ausbildungsnachweisen und die Eintragung in das Verzeichnis der Berufsausbildungsverhältnisse.

Ist wegen der Art und Schwere der Behinderung eine **Ausbildung in anerkannten Ausbildungsberufen nicht möglich**, haben die zuständigen Stellen auf Antrag der behinderten Menschen oder ihrer gesetzlichen Vertreter **Ausbildungsregelungen** zu erlassen, wenn eine Ausbildungsmöglichkeit nachgewiesen wird (§ 66 Abs. 1 BBiG). Liegt ein solcher Antrag vor, ist die zuständige Stelle verpflichtet, eine entsprechende Regelung zu erlassen. Auch wenn kein entsprechender Antrag vorliegt, können Ausbildungsregelungen nach § 66 Abs. 1 BBiG erlassen werden.

Dabei sind die Empfehlungen des Hauptausschusses des BIBB[173] zu beachten. Ziel der dort festgelegten Richtlinien ist die Vereinheitlichung der Ausbildungsregelungen.

Beispiele:
• Fachpraktiker/-in für Bürokommunikation
• Fachpraktiker/-in für Holzverarbeitung
• Fachpraktiker/-in Küche (Beikoch/Beiköchin)
• Fachpraktiker/-in im Verkauf
• Fachpraktiker/-in für Zerspanungsmechanik

Die Ausbildungsinhalte sollen unter Berücksichtigung der allgemeinen Arbeitsmarktlage und -entwicklung aus den Inhalten anerkannter Ausbildungsberufe entwickelt werden. Wird eine Ausbildung nach § 66 Abs. 1 BBiG durchgeführt, ist der Berufsausbildungsvertrag ebenfalls in das Verzeichnis der Berufsausbildungsverhältnisse einzutragen (§ 66 Abs. 2 BBiG).

Für die berufliche Fortbildung und Umschulung gelten die §§ 64 bis 66 BBiG entsprechend (§ 67 BBiG).

---

[173] Empfehlung des *Hauptausschusses des BBIB* vom 20. Juni 2006, BAnz. Nr. 130/2006 vom 14.7.2006 und Empfehlung des *Hauptausschusses des BBIB* vom 17. Dezember 2009, BAnz. Nr. 40a/2010 vom 12.3.2010.

5.3.2. Regelungen im SGB IX

Das SGB IX regelt Rehabilitation und Teilhabe behinderter Menschen. **Teil 1** trifft **Regelungen für behinderte Menschen** i.S.d. § 2 Abs. 1 SGB IX. U.a. werden in den §§ 49 ff. SGB IX Leistungen zur Teilhabe am Arbeitsleben geregelt, zu denen Leistungen zur beruflichen Ausbildung zählen (§ 49 Abs. 3 Nr. 5 SGB IX). Weiterhin werden Leistungen an Arbeitgeber (§ 50 SGB IX), Einrichtungen der beruflichen Rehabilitation (§ 51 SGB IX) und die Rechtstellung der Teilnehmer (§ 52 SGB IX) geregelt.

In **Teil 3** (§§ 151 ff. SGB IX) werden die besonderen Regelungen für **Schwerbehinderte** getroffen. Die Bestimmungen gelten für Personen mit einem **Grad der Behinderung ab 50%** (§ 2 Abs. 2 SGB IX). Für Personen mit einem Grad der Behinderung ab 30% ist eine **Gleichstellung** durch die Bundesagentur für Arbeit möglich. Für Gleichgestellte gelten die arbeitsrechtlichen Regelungen für Schwerbehinderte mit Ausnahme des Zusatzurlaubs nach § 208 SGB IX. Schwerbehinderten Menschen gleichgestellt sind **behinderte Jugendliche und junge Erwachsene** während der Zeit einer Berufsausbildung, auch wenn der Grad der Behinderung unter 30% liegt (§ 151 Abs. 4 SGB IX). Allerdings kommen für diese Personengruppe die Regelungen für Schwerbehinderte nicht zur Anwendung (§ 151 Abs. 4 S. 3 SGB IX).

Arbeitgeber, die über mindestens 20 Arbeitsplätze verfügen, sind nach § 154 Abs. 1 SGB IX verpflichtet, auf wenigstens **5% der Arbeitsplätze** Behinderte zu beschäftigen. Bei Nichterfüllung der Beschäftigungspflicht hat der Arbeitgeber für jeden nichtbesetzten Pflichtplatz eine **Ausgleichsabgabe** zu entrichten, die bis zum 31.3. des Folgejahres an das Integrationsamt abzuführen ist (§ 160 SGB IX).

Die Höhe beträgt 125 € monatlich bei Erfüllung einer Quote von mindestens 3%, 220 € bei einer Quote von mindestens 2% und 320 € bei einer Quote unter 2% (§ 160 Abs. 2 SGB IX).

Ein zur Ausbildung Beschäftigter wird auf (mindestens) zwei Pflichtplätze angerechnet (§ 159 Abs. 2 S. 1 SGB IX). Das gilt auch bei Übernahme in ein Beschäftigungsverhältnis im Anschluss an die abgeschlossene Beschäftigung für ein weiteres Jahr (§ 159 Abs. 2 S. 4 SGB IX).

Behinderte dürfen nach näherer Maßgabe des AGG nicht wegen ihrer Behinderung benachteiligt werden (§ 164 Abs. 2 SGB IX).

Für Schwerbehinderte gilt besonderer Kündigungsschutz. Eine Kündigung nach 6 Monaten der Beschäftigung ist nur mit Zustimmung des Integrationsamtes zulässig (§§ 168, 173 SGB IX).

Nach § 208 SGB IX besteht Anspruch auf Zusatzurlaub in Höhe von 5 **Arbeits**tagen bei Arbeit in der Fünftagewoche. Für diesen Zusatzurlaub gelten die Vorschriften des BUrlG entsprechend.

5.4. Berufsausbildungsvorbereitung

Die **Berufsausbildungsvorbereitung** dient dazu, durch die Vermittlung von Grundlagen an eine Berufsausbildung in einem anerkannten Ausbildungsberuf heranzuführen (§ 1 Abs. 2 BBiG). Sie richtet sich an lernbeeinträchtigte oder sozial benachteiligte Personen mit besonderem Förderungsbedarf, bei denen eine erfolgreiche Berufsausbildung noch nicht zu erwarten ist (§ 68 Abs. 1 BBiG). Aufgrund der spezifischen Zielgruppe ist eine sozialpädagogische Betreuung erforderlich. Für die Berufsausbildungsvorbereitung gibt es eine Empfehlung des Hauptausschusses des BIBB.[174]

Träger berufsvorbereitender Maßnahmen können Betriebe oder Bildungsträger sein. Ist ein **Betrieb** Maßnahmenträger, wird mit dem Teilnehmer ein privatrechtlicher Vertrag nach § 26 BBiG abgeschlossen. Vor Durchführung ist die zuständige Stelle schriftlich zu informieren (§ 70 Abs. 2 BBiG), welche die Durchführung zu überwachen hat (§ 76 Abs. 1 Nr. 1 BBiG). Eine Förderung nach § 54a SGB III (262 € + SV-Pauschale) ist für bis zu 12 Monate möglich.

Als berufsvorbereitende Maßnahmen bei **Bildungsträgern** kommen vor allem solche in Betracht, die von der Bundesagentur für Arbeit gefördert werden können (§§ 51 ff. SGB III). Die Maßnahmenteilnehmer stehen dann in einem öffentlich-rechtlichen Leistungsverhältnis zur Bundesagentur für Arbeit. Die Überwachung ist daher nicht Aufgabe der zuständigen Stelle (§ 70 Abs. 3 BBiG).

Zentrales Instrument der Berufsausbildungsvorbereitung sind **Qualifizierungsbausteine** nach § 69 Abs. 1 BBiG. Dabei handelt es sich um inhaltlich und zeitlich abgegrenzte Lerneinheiten im Umfang von 140 bis 420 Stunden, die aus den Inhalten anerkannter Ausbildungsberufe entnommen werden. Der Erwerb dieser Inhalte ist durch den Anbieter zu zertifizieren (§ 69 Abs. 2 BBiG). Die Einzelheiten regelt die Verordnung über die Bescheinigung von Grundlagen beruflicher Handlungsfähigkeit im Rahmen der Berufsausbildungsvorbereitung (BAVBVO).[175]

---

[174] Empfehlung des *Hauptausschusses des BBIB* vom 8. Dezember 2004, BAnz. Nr. 12/2005 vom 19.1.2005.
[175] BGBl. I vom 21. Juli 2003, S. 1472.

5.5. Andere Vertragsverhältnisse

Wird eine Person außerhalb eines Arbeitsverhältnisses eingestellt, um berufliche Kenntnisse, Fertigkeiten, Fähigkeiten oder Erfahrungen zu erwerben, ohne dass eine Berufsbildung nach § 1 BBiG vorliegt, kommen gemäß § 26 BBiG einige Vorschriften des BBiG zur Anwendung.

Von § 26 BBiG werden nur Vertragsverhältnisse erfasst, in denen **erstmals** berufliche Kenntnisse, Fertigkeiten oder Erfahrungen vermittelt werden.[176] Damit können zwar berufsvorbereitende, nicht aber Fortbildungs- oder Umschulungsmaßnahmen unter § 26 BBiG fallen.

Anwendungsvoraussetzungen des § 26 BBiG sind somit:

• Einstellung zum erstmaligen Erwerb beruflicher Kenntnisse, Fertigkeiten, Fähigkeiten oder Erfahrungen
• kein Arbeitsverhältnis
• kein Berufsausbildungsverhältnis

Der Hauptunterschied zu Ausbildungsverhältnissen besteht darin, dass keine Ausbildung in einem geordneten Ausbildungsgang erfolgt.

Wird vorrangig eine Arbeitsleistung geschuldet, ohne dass der Ausbildungszweck im Mittelpunkt steht, ist von einem Arbeitsverhältnis auszugehen.

Erfasst werden von § 26 BBiG insbesondere

• Praktikanten,
• Volontäre und
• Anlernlinge.[177]

Praktikant ist, wer sich für eine begrenzte Dauer zum Erwerb praktischer Kenntnisse und Erfahrungen betrieblichen Tätigkeit zur Vorbereitung auf eine berufliche Tätigkeit unterzieht, ohne dass es sich um eine Berufsausbildung handelt (§ 22 Abs. 1 S. 3 MiLoG).

Von § 26 BBiG werden **Pflichtpraktika**, die auf schul- oder hochschulrechtlichen Bestimmungen beruhen, **nicht** erfasst. Dies gilt auch für die praktische Ausbildung im Rahmen dualer Studiengänge. Ebenfalls nicht erfasst werden Vertragsverhältnisse nach absolvierter Ausbildung, bei denen die Arbeitsleistung im Vordergrund steht („Scheinpraktika"); diese sind ungeachtet der Bezeichnung im Vertrag als Arbeitsverhältnisse zu behandeln.

---

[176] *BAG*, Urteil vom 12. Februar 2013 – 3 AZR 120/11.
[177] *BAG*, Urteil vom 19. November 2015 – 6 AZR 844/14.

Damit fallen insbesondere freiwillige Praktika, z.b. vor, während oder nach einem Studium bzw. vor einer Berufsausbildung unter diese Vorschrift.

Eine spezielle Variante ist die **Einstiegsqualifizierung** in Form eines betrieblichen Langzeitpraktikums für 6 bis 12 Monate. Damit soll vor allem denjenigen Schulabsolventen, die keinen Ausbildungsplatz gefunden haben, die Möglichkeit des Einstiegs in eine Berufsausbildung eröffnet werden.

Dazu wird ein Praktikumsvertrag auf Basis des § 26 BBiG abgeschlossen. Ziel ist, dass sich der Praktikant in einem Ausbildungsbetrieb für einen Ausbildungsberuf erproben und sich dabei bewähren kann, um danach ggf. mit dem Betrieb einen regulären Ausbildungsvertrag abzuschließen. Die erfolgreiche Teilnahme wird durch ein betriebliches Zeugnis und einem auf dessen Grundlage ausgestellten Kammer-Zertifikat bestätigt. Eine nachfolgende Berufsausbildung kann um bis zu 6 Monate verkürzt werden. Die Einstiegsqualifizierung ist nach § 54a SGB III förderungsfähig.

Volontär ist, wer sich zur Leistung von Diensten gegen Vermittlung beruflicher Kenntnisse, Fähigkeiten und Fertigkeiten verpflichtet, ohne dass mit der Ausbildung eine vollständig abgeschlossene Fachausbildung beabsichtigt ist.[178] Es muss jedoch ein geordneter Ausbildungsgang für mindestens zwei Jahre vereinbart werden und es darf sich nicht um ein Arbeitsverhältnis handeln.[179]

Anlernling ist, wer in einem engeren Fachgebiet eine planmäßige Spezialausbildung erhält, um danach als angelernte Kraft tätig werden zu können.[180] Für die Ausbildung in einem anerkannten Ausbildungsberuf ist demgegenüber wegen des Ausschließlichkeitsgrundsatzes des § 4 Abs. 2 BBiG ein Anlernvertrag nach § 26 BBiG unzulässig. Wird gleichwohl ein solcher Vertrag abgeschlossen, ist dieser nach § 134 BGB nichtig und es sind die Regeln über das faktische Arbeitsverhältnis mit der Folge anzuwenden, dass Anspruch auf das übliche Arbeitsentgelt besteht.[181] Von § 26 BBiG wird die Einarbeitung auf einen konkreten Arbeitsplatz nicht erfasst, hier liegt ein Arbeitsverhältnis vor.[182]

Für Vertragsverhältnisse nach § 26 BBiG gelten die §§ 10 bis 23 und 25 BBiG mit den Einschränkungen,

• dass die Probezeit abgekürzt werden kann,
• auf die Vertragsniederschrift verzichtet werden kann und
• bei Vertragslösung nach der Probezeit kein Schadensersatz verlangt werden kann.

---

[178] ErfK/*Schlachter*, Rn. 2 zu § 26 BBiG.
[179] *BAG*, Urteil vom 1. Dezember 2004 – 7 AZR 129/04.
[180] ErfK/*Schlachter*, Rn. 5 zu § 26 *BBiG*.
[181] *BAG*, Urteil vom 27. Juli 2010 – 3 AZR 317/08.
[182] *Benecke/Hergenröder*, BBiG, Rn. 19 zu § 26 BBiG.

Ein Vertragsverhältnis nach § 26 BBiG hat u.a. zur Folge, dass

- arbeitsrechtliche Vorschriften nach § 10 Abs. 2 BBiG grundsätzlich anwendbar sind,
- nach § 12 BBiG bestimmte Vereinbarungen unwirksam sind (z.b. Bindung an den Vertragspartner nach Beendigung),
- die gegenseitigen Vertragspflichten der §§ 13 ff. BBiG gelten,
- ein Zeugnisanspruch besteht (§ 16 BBiG),
- eine angemessene Vergütung zu zahlen ist (§ 17 BBiG) und
- die Kündigungsbeschränkungen des § 22 BBiG gelten.

Bei **Praktikanten** sind jedoch einige **Besonderheiten** zu beachten.

Entgegen der Regelung des § 26 BBiG, nach der auf eine Vertragsniederschrift verzichtet werden kann, schreibt § 2 Ia NachwG für Praktikanten eine Niederschrift der wesentlichen Bedingungen spätestens vor Aufnahme der Tätigkeit vor.

Nach § 22 Abs. 1 S. 2 MiLoG gelten Praktikanten i.S.d. § 26 BBiG als Arbeitnehmer und haben damit Anspruch auf Vergütung in Höhe des Mindestlohns und nicht nur in Höhe einer angemessenen Vergütung i.S.d. § 17 BBiG. Ausgenommen von dieser Regelung sind Praktikanten in vier Fallgruppen (§ 22 Abs. 1 Nr. 1. - 4. MiLoG):

- bei einem verpflichtenden Schul- oder Hochschulpraktikum sowie im Rahmen eines dualen Studiums (diese unterliegen ohnehin nicht § 26 BBiG)
- bei einem bis zu dreimonatigen Orientierungspraktikum für eine Berufsausbildung oder ein Studium
- bei einem bis zu dreimonatigen schul- oder hochschulbegleitenden Praktikum, wenn zuvor kein solches Praktikum mit demselben Ausbildenden bestanden hat
- bei einer Einstiegsqualifizierung (§ 54a SGB III) oder einer Berufsausbildungsvorbereitung (§§ 68 ff. BBiG)

6. Institutionen der Berufsbildung

Von zentraler Bedeutung sind im Berufsbildungsrecht die **zuständigen Stellen**. Dabei handelt es sich um Körperschaften des öffentlichen Rechts, welche im Rahmen der ihnen nach dem Berufsbildungsgesetz zugewiesenen Aufgaben Verwaltungsakte erlassen können.

Die Bestimmung der im Einzelfall zuständigen Stelle regeln die §§ 71 ff. BBiG. Nach § 71 BBiG gelten grundsätzlich folgende **Zuständigkeiten**:

* Berufe der Handwerksordnung: Handwerkskammer
* nichthandwerkliche Gewerbeberufe: IHK
* Berufe der Landwirtschaft: Landwirtschaftskammer
* Fachangestellte der Rechtspflege: Rechtsanwalts-, Patentanwalts- und Notarkammer
* Fachangestellte der Wirtschaftsprüfung und Steuerberatung: Wirtschaftsprüfer- und Steuerberaterkammer
* Gesundheitsdienstberufe: Ärzte-, Zahnärzte-, Tierärzte- und Apothekerkammern

Dieses **Berufsprinzip** gilt auch dann, wenn z.b. Freiberufler nichthandwerkliche Gewerbeberufe ausbilden. Ausnahmsweise ist die Handwerkskammer immer zuständig, wenn die Berufsbildung in Handwerksbetrieben durchgeführt wird („**Ausbildungsstättenprinzip**").

Beispiel: Eine Auszubildende absolviert eine Berufsausbildung zur Kauffrau für Büromanagement. Da es sich um einen nichthandwerklichen Gewerbeberuf handelt, ist die IHK zuständige Stelle. Das gilt auch dann, wenn der Ausbildungsbetrieb z.B. eine Anwaltskanzlei ist. Erfolgt die Ausbildung jedoch in einem Handwerksbetrieb, ist die Handwerkskammer zuständige Stelle.

Sonderregelungen bestehen insbesondere für den öffentlichen Dienst (§ 73 BBiG).

Aufgaben der zuständigen Stelle im Bereich der Berufsbildung sind vor allem:

* Prüfung der Eignung von Ausbildungsstätte und Ausbildern (§ 32 BBiG)
* Führung des Verzeichnisses der Berufsausbildungsverhältnisse (§§ 34 ff. BBiG)
* Durchführung von Zwischen- und Abschlussprüfungen (§§ 37 ff. BBiG)
* Überwachung und Beratung der Betriebe und der Ausbildungsbeteiligten (§ 76 BBiG)
* Erlass von Rechtsvorschriften (§ 79 Abs. 4 BBiG)

Die Überwachung von Betrieben und die Beratung der an der Ausbildung Beteiligten erfolgt durch von der Kammer zu bestellende **Ausbildungsberater** (§ 76 Abs. 1 BBiG).

Der Beschluss von Rechtsvorschriften der Berufsbildung, welche die zuständige Stelle zu erlassen hat, erfolgt durch den **Berufsbildungsausschuss** der zuständigen Stelle (§§ 77 ff. BBiG). Dieser ist in allen wichtigen Angelegenheiten der Berufsbildung zu unterrichten und zu hören.

Dem Berufsbildungsausschuss gehören je 6 Beauftragte der Arbeitnehmer und Arbeitgeber sowie 6 Lehrer an berufsbildenden Schulen mit beratender Stimme an. Der Berufsbildungsausschuss beschließt zu erlassende Rechtsvorschriften mit einfacher Mehrheit.

Auf Landesebene sind gemäß §§ 82 ff. BBiG **Landesausschüsse für Berufsbildung** zu bilden. Diese sind zu je einem Drittel aus Beauftragten der Arbeitnehmer, der Arbeitgeber und der obersten Landesbehörden zu bilden. Die wichtigsten Aufgaben sind die Beratung der Landesregierung in Fragen der Berufsbildung und dem Hinwirken auf eine abgestimmte Berufsbildung in Betrieben und Schulen.

Wichtigste Institution auf Bundesebene ist das **Bundesinstitut für Berufsbildung (BIBB)** in Berlin (§§ 89 ff. BBiG). Dem BIBB obliegen u.a. folgende Aufgaben:

• Berufsbildungsforschung
• Vorbereitung von Ausbildungsordnungen und sonstigen Rechtsverordnungen der Berufsbildung
• Vorbereitung des Berufsbildungsberichtes
• Mitwirkung an der Berufsbildungsstatistik
• Modellversuche
• Mitwirkung an der internationalen Zusammenarbeit
• Förderung überbetrieblicher Berufsbildungsstätten
• Führung und Veröffentlichung des Verzeichnisses der anerkannten Ausbildungsberufe
• Prüfung und Anerkennung von Fernlehrgängen

7.   Mutterschutz und Elternzeit

Das Mutterschutzgesetz (MuSchG) regelt die Bestimmungen zum Schutz von werdenden Müttern und Müttern nach der Entbindung sowie in der Stillzeit (§ 1 Abs. 1 MuSchG).

Es gilt für Beschäftigte i.s.d. § 7 Abs. 1 SGB IV, also insbesondere für Arbeitnehmerinnen. Unabhängig vom Status gilt das MuSchG z.T. mit Einschränkungen auch für **Auszubildende** und Praktikantinnen, Behinderte in Behindertenwerkstätten, Entwicklungshelferinnen und im Rahmen des Bundesfreiwilligendienstes Tätige, Mitglieder geistlicher Gemeinschaften, in Heimarbeit Beschäftigte, arbeitnehmerähnliche Personen sowie Schülerinnen und Studentinnen (§ 1 Abs. 2 MuSchG).

Wird eine Auszubildende während der Berufsausbildung schwanger oder liegt eine Schwangerschaft bereits bei Beginn der Ausbildung vor, sind daher die besonderen Bestimmungen des Mutterschutzgesetzes zu beachten.

Die Auszubildende soll den Ausbildenden über die Schwangerschaft und den voraussichtlichen Entbindungstermin bei Kenntnis informieren. Ihm ist auf Verlangen ein ärztliches Attest vorzulegen (§ 15 MuSchG. Der Ausbildende hat die zuständige Aufsichtsbehörde unverzüglich zu informieren (§ 27 Abs. 1 MuSchG).

Zum Schutz der Gesundheit von Mutter und Kind bestehen mehrere **Beschäftigungsverbote**:

- während der letzten 6 Wochen vor der Entbindung (§ 3 Abs. 1 MuSchG, Ausnahme: ausdrückliche Bereitschaftserklärung)
- bis zum Ablauf von 8 Wochen nach der Entbindung (§ 3 Abs. 2 MuSchG); eine Fristverlängerung erfolgt bei Frühgeburten[183] und Mehrlingsgeburten und auf Antrag bei einem behinderten Kind auf 12 Wochen sowie um die nicht in Anspruch genommene Zeit vor der Entbindung bei einem früheren als dem berechneten Entbindungstermin
- mit Arbeit über 8½ Std./Tag oder über 90 Std./Doppelwoche bei Frauen ab 18 Jahren bzw. über 8 Std./Tag oder über 80 Std./Doppelwoche unter 18 Jahren (§ 4 MuSchG)
- mit Nachtarbeit, d.h. zwischen 20:00 – 6:00 Uhr (§ 5 Abs. 1 MuSchG); mit behördlicher Genehmigung darf bei ausdrücklicher Bereitschaftserklärung bis 22:00 Uhr beschäftigt werden (§ 28 MuSchG)
- mit Arbeiten an Sonn- und Feiertagen (§ 6 MuSchG); bei nach § 10 ArbZG zulässiger Sonn- und Feiertagsarbeit ist eine Beschäftigung bei ausdrücklicher Bereitschaftserklärung zulässig, wenn Alleinarbeit ausgeschlossen ist

---

[183]   Eine Frühgeburt liegt bei einem Geburtsgewicht unter 2.500 g vor: *BAG*, Urteil vom 12. März 1997 – 5 AZR 329/96.

- mit Arbeiten, die eine unverantwortbare Gefährdung darstellen (§ 11 MuSchG); insbesondere Arbeiten mit bestimmten Gefahrstoffen, mit gefährdenden physikalischen Einwirkungen, gefährdenden körperlichen Belastungen sowie Akkord- und Fließarbeiten
- bei einer ärztlich attestierten Gesundheitsgefährdung für Mutter oder Kind (§ 16 Abs. 1 MuSchG)

Die Beschäftigungsverbote sowie die Mutterschutzfristen führen nicht zu einer automatischen Verlängerung der Ausbildungszeit. Im Bedarfsfall kommt aber eine Verlängerung auf Antrag der Auszubildenden nach § 8 Abs. 2 BBiG in Betracht. Fällt die Prüfung in die Zeit eines Beschäftigungsverbots, ist die Teilnahme an der Prüfung trotzdem möglich, sofern keine Prüfungsunfähigkeit besteht.

Während der Schutzfristen nach § 3 MuSchG besteht für gesetzlich Krankenversicherte ein Anspruch auf **Mutterschaftsgeld** (13 €/Tag; § 24i SGB V), eine ggf. auftretende Differenz zum bisherigen Einkommen hat der Arbeitgeber zu tragen (§§ 19, 20 MuSchG). Während der übrigen Beschäftigungsverbote ist das **Entgelt durch den Ausbildenden fortzuzahlen** (§ 18 MuSchG), wenn eine Beschäftigung nicht möglich ist.

Die Entgelte nach §§ 18, 20 MuSchG erhält der Ausbildende gemäß § 1 Abs. 2 AAG von der Krankenkasse auf Antrag erstattet.

Bei der Ermittlung der **Urlaubsdauer** zählen Zeiten während eines Beschäftigungsverbots als Beschäftigungszeiten. Kann der Urlaub wegen eines Beschäftigungsverbots nicht genommen werden, so kann er im laufenden oder im nächsten Urlaubsjahr beansprucht werden (§ 24 MuSchG).

Das MuSchG ist **aushangpflichtig**, wenn regelmäßig mehr als drei Frauen beschäftigt werden (§ 26 MuSchG). Verstöße gegen das MuSchG werden als Ordnungswidrigkeiten mit Bußgeldern bis zu 30.000 € (§ 32 MuSchG) und als Straftaten mit bis zu einem Jahr Freiheitsstrafe oder Geldstrafe geahndet (§ 33 MuSchG).

Nach dem **Bundeselterngeld- und Elternzeitgesetz** (BEEG) können sorgeberechtigte Personen (i.d.R. Mutter und Vater) eines Kindes, die keine volle Erwerbstätigkeit (d.h. bis zu 30 Stunden, § 1 Abs. 6 BEEG) ausüben, Elternzeit und Elterngeld in Anspruch nehmen (§§ 1 Abs. 1, 15 Abs. 1 BEEG).

Die **Elternzeit** kann bis zum 3. Lebensjahr des Kindes in Anspruch genommen werden (§ 15 Abs. 2 BEEG). Die Eltern können auch gemeinsam die Elternzeit in Anspruch nehmen (§ 15 Abs. 3 BEEG). Weiterhin kann die Elternzeit auf zwei Abschnitte verteilt werden, ein Zeitraum von bis zu 12 Monaten kann mit Zustimmung des Arbeitgebers bis zum 8. Lebensjahr des Kindes übertragen werden (§ 15 Abs. 2 BEEG), für ab dem 1. Juli 2015 geborene Kinder bis zu 24 Monate ohne Zustimmung des Arbeitgebers bei einer Verteilung auf drei Zeitabschnitte (§ 16 Abs. 1 BEEG).

Die Inanspruchnahme der Elternzeit ist beim Arbeitgeber bis spätestens 7 Wochen vor Antritt schriftlich zu beantragen (§ 16 BEEG), für Zeiträume ab dem dritten Lebensjahr 13 Wochen vorher.

Der **Erholungsurlaub** kann für jeden vollen Monat Elternzeit um 1/12 gekürzt werden. Resturlaub aus der Zeit vor Inanspruchnahme der Elternzeit ist nachzugewähren bzw. abzugelten (§ 17 BEEG).

Die Elternzeit wird auf das Berufsausbildungsverhältnis nicht angerechnet (§ 20 Abs. 1 S. 2 BEEG). Folglich verlängert sich die Ausbildungsdauer automatisch um die Dauer der Elternzeit.

8.   Berufbildung und Betriebsverfassung
8.1.   Beteiligungsrechte des Betriebsrats

In Betrieben mit einem Betriebsrat sind dessen Beteiligungsrechte in Fragen der Berufsbildung nach dem Betriebsverfassungsgesetz zu berücksichtigen. Das gilt in Betrieben der **privaten Wirtschaft**. **Keine Anwendung** findet das Betriebsverfassungsgesetz im **öffentlichen Dienst** (§ 130 BetrVG), hier gelten die Personalvertretungsgesetze des Bundes und der Länder.

Das Betriebsverfassungsgesetz regelt die Möglichkeit der Wahl von **Betriebsräten** in Betrieben, in denen i.d.R. mindestens **5 wahlberechtigte** Arbeitnehmer, von denen mindestens **3 wählbar** sind, beschäftigt werden (§ 1 BetrVG). Arbeitnehmer sind nach § 5 Abs. 1 BetrVG Arbeiter und Angestellte einschließlich der Auszubildenden, nicht aber leitende Angestellte (§ 5 Abs. 3 BetrVG). Wahlberechtigt sind nach § 7 BetrVG Arbeitnehmer, die das 16. Lebensjahr vollendet haben. Ebenfalls wahlberechtigt sind Leiharbeitnehmer bei einer Überlassungsdauer von über 3 Monaten. Wählbar sind wahlberechtigte Arbeitnehmer, die das 18. Lebensjahr vollendet haben und seit mindestens 6 Monaten dem Betrieb angehören (§ 8 Abs. 1 BetrVG).

Der Betriebsrat ist die Interessenvertretung der Arbeitnehmer. Da nach § 5 Abs. 1 BetrVG auch Auszubildende als Arbeitnehmer im betriebsverfassungsrechtlichen Sinn sind, vertritt der Betriebsrat auch die Interessen der Auszubildenden. Insofern sind einige Rechte des Betriebsrats, welche sich allgemein auf Arbeitnehmer beziehen, auch für Auszubildende bedeutsam.

Zu den in § 80 BetrVG geregelten **allgemeinen Aufgaben** gehören einige, die auch für die Berufsbildung relevant sind. Geregelt sind u.a. die Überwachung der Einhaltung der zugunsten der Arbeitnehmer geltenden Rechtsvorschriften (§ 80 Abs. 1 Nr. 1 BetrVG), die Zusammenarbeit mit einer bestehenden Jugend- und Auszubildendenvertretung und deren Unterstützung (§ 80 Abs. 1 Nr. 3 BBiG) sowie die Vorbereitung und Durchführung der Wahl einer Jugend- und Auszubildendenvertretung (§ 80 Abs. 1 Nr. 5 BetrVG).

Im Bereich der **Berufsbildung** hat der Betriebsrat nach den §§ 96 bis 98 BetrVG zudem einige besondere Rechte.

Im Rahmen der Personalplanung haben Arbeitgeber und Betriebsrat die **Berufsbildung im Betrieb** zu **fördern**. Der Betriebsrat kann verlangen, dass der Arbeitgeber den Berufsbildungsbedarf ermittelt und Fragen der Berufsbildung der Arbeitnehmer mit dem Betriebsrat berät (§ 96 BetrVG).

Die **Errichtung und Ausstattung betrieblicher Berufsbildungseinrichtungen** sowie die **Einführung betrieblicher Berufsbildungsmaßnahmen** sowie die Teilnahme an **außerbetrieblichen Berufsbildungsmaßnahmen** hat der Arbeitgeber ebenso mit dem Betriebsrat zu beraten (§ 97 Abs. 1 BetrVG).

Betriebliche Bildungseinrichtungen i.S.d. Vorschrift sind z.B. Lehrwerkstätten oder betriebliche Bildungszentren. Bei der Einführung geht es um die Frage, ob bestimmte Berufsbildungsmaßnahmen im Betrieb überhaupt durchgeführt, also etwa Auszubildende überhaupt eingestellt werden sollen. Die Einführung betrieblicher Berufsbildungsmaßnahmen umfasst aber auch Fortbildungsmaßnahmen.

Bei Planung und Durchführung von Maßnahmen, die zu einer Änderung des Tätigkeitsinhaltes führen, zu der die vorhandenen Kenntnisse nicht ausreichen, besteht ein Mitbestimmungsrecht bei der Einführung von Bildungsmaßnahmen (§ 97 Abs. 2 BetrVG).

Beispiel: Der Arbeitgeber stellt die EDV auf ein neues Betriebssystem um, mit dem die Mitarbeiter noch nicht umgehen können. Folge der entsprechenden Maßnahme ist, dass die Fähigkeiten der Arbeitnehmer nicht mehr zur Berufsausübung ausreichen. Der Betriebsrat hat ein Mitbestimmungsrecht zur Einführung von Bildungsmaßnahmen, welche die erforderlichen Fähigkeiten vermitteln.

Die **Durchführung** der Berufsbildung unterliegt der Mitbestimmung des Betriebsrats (§ 98 Abs. 1 BetrVG). Der Begriff der „Durchführung" ist abzugrenzen von dem der „Einführung" von Maßnahmen der betrieblichen Berufsbildung, da bei der Einführung nur Beratungs- und Vorschlagsrechte bestehen. Bei der Einführung geht es um die Frage, ob bestimmte Berufsbildungsmaßnahmen im Betrieb überhaupt durchgeführt werden sollen, also die Frage des „Ob". Die Durchführung betrifft demgegenüber alle Fragen, die sich nach einer Einführung der Maßnahme stellen, also das „Wie".[184]

Erfasst werden vom Mitbestimmungsrecht aber nur kollektive Maßnahmen. Mitbestimmungsfrei sind demgegenüber Maßnahmen gegenüber einzelnen Auszubildenden. Das Mitbestimmungsrecht bewegt sich außerdem nur im Rahmen der gesetzlichen Vorschriften, insbesondere des BBiG. Damit bestehen nur geringe Spielräume für die Mitbestimmung bei der Durchführung der Berufsausbildung.

---

[184] *BAG*, Beschluss vom 24. August 2004 – 1 ABR 28/03.

Beispiele:
- vorgesehene generelle Verkürzung der Ausbildungsdauer nach § 8 Abs. 1 BBiG[185]
- Regeln zur Führung und Kontrolle der Ausbildungsnachweise
- Regelung zur Festlegung der Reihenfolge der Ausbildungsstationen im Betrieb[186]

Können sich Arbeitgeber und Betriebsrat über eine nach § 98 Abs. 1 BetrVG mitbestimmungspflichtige Tatsache nicht einigen, entscheidet die Einigungsstelle (§ 98 Abs. 4 BetrVG).

Der Betriebsrat kann der Bestellung ungeeigneter Ausbilder widersprechen, insbesondere wenn diese die Eignungsvoraussetzungen des § 28 Abs. 1 BBiG nicht erfüllen. Zudem kann die Abberufung eines Ausbilders verlangt werden, wenn dessen Eignung nachträglich entfällt oder dieser seine Aufgaben vernachlässigt (§ 98 Abs. 2 BBiG).

Dem Betriebsrat obliegt dabei die Überwachung der fachlichen Eignung eigenständig, ohne an die Bejahung der fachlichen Eignung durch die Industrie- und Handelskammer gebunden zu sein.[187]

Beispiele: Ein zum Ausbilder bestellter Mitarbeiter begeht eine Straftat, aufgrund der er nach § 25 Abs. 1 JArbSchG Minderjährige nicht mehr beschäftigen darf. Infolge dessen entfällt nach § 29 Nr. 1 BBiG die persönliche Eignung. Der Betriebsrat kann somit nach § 98 Abs. 2 BetrVG die Abberufung des Ausbilders verlangen.

Eine Vernachlässigung der Aufgaben eines Ausbilders gemäß § 98 Abs. 2 BetrVG ist zu bejahen, wenn der Ausbilder ohne sachlich vertretbaren Grund von einem vorhandenen betrieblichen Ausbildungsplan abweicht oder seiner Tätigkeit keinen vollständigen, nachvollziehbaren Ausbildungsplan zugrundelegt und nicht nachweisbar ist, dass aus besonderen Gründen kein Plan erforderlich war, um das Ausbildungsziel in der vorgesehenen Ausbildungszeit zu erreichen.[188]

Dem Betriebsrat obliegt die Überwachung der fachlichen Eignung einer mit der Durchführung der betrieblichen Berufsbildung beauftragten Person eigenständig. An eine Bejahung der fachlichen Eignung durch die Industrie- und Handelskammer sind weder er noch die Gerichte für Arbeitssachen gebunden.

---

[185] *BAG,* Beschluss vom 24. August 2004 – 1 ABR 28/03.
[186] *BAG,* Beschluss vom 03. Dezember 1985 – 1 ABR 58/83.
[187] *LAG Baden-Württemberg,* Beschluss vom 20. Oktober 2017 – 15 TaBV 2/17.
[188] *LAG Baden-Württemberg,* Beschluss vom 20. Oktober 2017 – 15 TaBV 2/17.

Kommt der Arbeitgeber dem Verlangen des Betriebsrats nach Nichtbestellung oder Abberufung des Ausbilders nicht nach, kann der Betriebsrat eine Entscheidung des Arbeitsgerichts beantragen (§ 98 Abs. 5 BetrVG).

Der Betriebsrat kann Vereinbarungen über die Teilnehmer betrieblich durchgeführter oder vom Arbeitgeber durch Freistellung oder Kostenübernahme geförderter Maßnahmen der Berufsbildung verlangen (§ 98 Abs. 3, 4 BetrVG).

Daneben sind einige der Beteiligungsrechte in **personellen Angelegenheiten** auch für Berufsausbildungsverhältnisse von Bedeutung:

- **Fragebögen, Beurteilungsgrundsätze** (§ 94 BetrVG): Fragebögen und Beurteilungsgrundsätze bedürfen der Zustimmung des Betriebsrats, die durch Spruch der Einigungsstelle ersetzt werden kann. Die Beteiligung des Betriebsrats betrifft den Inhalt, nicht aber die Entscheidung, ob Fragebögen und Beurteilungsgrundsätze verwendet werden.
- **Auswahlrichtlinien** (§ 95 BetrVG): Personelle Auswahlrichtlinien unterliegen der Zustimmung des Betriebsrats, wobei ein Initiativrecht erst über 500 Arbeitnehmern besteht. Das betrifft z.B. die Festlegung des Ausbildenden, für einen bestimmten Ausbildungsberuf einen bestimmten Schulabschluss als Mindestanforderung festzulegen.
- Bei **Einstellung, Ein- und Umgruppierungen sowie Versetzungen** hat der Arbeitgeber den Betriebsrat in Unternehmen mit regelmäßig mehr als 20 wahlberechtigten Arbeitnehmern vor Durchführung der Maßnahme zu unterrichten, ihm die erforderlichen Unterlagen vorzulegen und seine Zustimmung einzuholen (§ 99 Abs. 1 BetrVG). Bei Einstellungen sind dem Betriebsrat die Bewerbungsunterlagen aller Bewerber vorzulegen.[189]
- **Vor jeder** (d.h. sowohl ordentlichen als auch außerordentlichen) **Kündigung** ist der Betriebsrat anzuhören (§ 102 Abs. 1 BetrVG). Das gilt selbst bei Kündigungen während der Probezeit. Eine **ohne Anhörung** des Betriebsrats ausgesprochene Kündigung ist **unwirksam**.

8.2. Jugend- und Auszubildendenvertretung

Sind in einem Betrieb in der Regel **mindestens 5 Arbeitnehmer** beschäftigt, die entweder das 18. Lebensjahr noch nicht vollendet haben (**Jugendliche**) oder die **zu ihrer Berufsausbildung beschäftigt** sind, dann kann gemäß § 60 BetrVG eine Jugend- und Auszubildendenvertretung gewählt werden. Unabdingbare Voraussetzung ist jedoch, dass im Betrieb ein **Betriebsrat** besteht.

---

[189] *BAG*, Beschluss vom 3. Dezember 1985 – 1 ABR 72/83.

Der Betriebsrat ist verpflichtet, die Wahl der Jugend- und Auszubildenden-vertretung vorzubereiten und durchzuführen (§ 80 Abs. 1 Nr. 5 BetrVG). Die Wahl erfolgt für einen Zeitraum von zwei Jahren in der Zeit vom 1. Oktober bis 30. November (§ 64 Abs. 1 BetrVG).

Wahlberechtigt sind alle Jugendlichen und alle Auszubildenden. **Wählbar** sind alle Arbeitnehmer des Betriebs, die bei Beginn der Amtszeit noch nicht 25 Jahre alt sind und alle Auszubildenden (§ 61 BetrVG). Ein Jugend- und Auszubilden-denvertreter, der im Laufe der Amtszeit das 25. Lebensjahr vollendet oder sein Berufsausbildungsverhältnis beendet, behält sein Mandat noch bis zum Ende der Amtszeit, kann aber nicht wiedergewählt werden (§ 64 Abs. 3 BetrVG).

Die Jugend- und Auszubildendenvertretung besteht, je nach Zahl der Wahlbe-rechtigten, aus mindestens 1 und höchstens 15 Mitgliedern (§ 62 Abs. 1 BetrVG).

Nach § 70 Abs. 1 BetrVG obliegen der Jugend- und Auszubildendenvertretung **allgemeine Aufgaben.** Diese sind überwachender und beratender Art und be-ziehen sich insbesondere auf Fragen der Berufsbildung. Dazu zählt die Beantra-gung von den Auszubildenden dienender Maßnahmen (z.B. Vorschläge zur Verbesserung der Ausbildungsmethoden und der Gestaltung des Ausbildungs-plans), die Überwachung der zugunsten der Jugendlichen und Auszubildenden geltenden Rechtsvorschriften und die Integration ausländischer Jugendlicher und Auszubildender.

Ansprech- und Verhandlungspartner der Jugend- und Auszubildendenvertre-tung ist bei der Erfüllung ihrer Aufgaben nicht der Arbeitgeber, sondern der **Be-triebsrat.** Dieser hat die Jugend- und Auszubildendenvertretung rechtzeitig und umfassend über alle Tatsachen und Umstände zu unterrichten, welche die Be-lange der Jugendlichen oder Auszubildenden betreffen, und ihr auf Verlangen die zur Durchführung ihrer Aufgaben notwendigen Unterlagen zur Verfügung zu stellen (§ 70 Abs. 2 BetrVG).

Nach § 66 Abs. 1 BetrVG kann die Jugend- und Auszubildendenvertretung Be-schlüsse des Betriebsrats, welche mehrheitlich als erhebliche Beeinträchtigung der Jugendlichen und Auszubildenden erachtet werden, für die Dauer einer Wo-che **aussetzen,** um eine Verständigung mit dem Betriebsrat zu versuchen. Diese Aussetzung kann einmalig wiederholt werden (§ 66 Abs. 2 BetrVG).

Damit die Jugend- und Auszubildendenvertretung über die Tätigkeit des Be-triebsrats informiert ist, hat bei jeder Betriebsratssitzung ein Vertreter das **Teil-nahmerecht** (§ 67 Abs. 1 S. 1 BetrVG). Der Vertreter der Jugend- und Auszu-bildendenvertretung hat in der Betriebsratssitzung aber kein Stimmrecht.

Bei Angelegenheiten, die vorrangig die Jugendlichen und Auszubildenden betreffen, hat die gesamte Jugend- und Auszubildendenvertretung ein Teilnahmerecht sowie Stimmrecht (§ 67 Abs. 1 S. 2, Abs. 2 BetrVG).

Sofern der Betriebsrat mit dem Arbeitgeber über Angelegenheiten verhandelt, die besonders den von der Jugend- und Auszubildendenvertretung repräsentierten Personenkreis betrifft, ist die Jugend- und Auszubildendenvertretung vom Betriebsrat hinzuzuziehen (§ 68 BetrVG).

In Betrieben mit mehr als 50 Jugendlichen und Auszubildenden unter 25 Jahren können **Sprechstunden** der Jugend- und Auszubildendenvertretung eingerichtet werden (§ 69 BetrVG). Zeit und Ort haben Betriebsrat und Arbeitgeber zu vereinbaren.

Für die **Rechtsstellung** der Jugend- und Auszubildendenvertreter gelten grundsätzlich die gleichen Bestimmungen, die für Betriebsräte gelten. Jugend- und Auszubildendenvertreter dürfen wegen ihrer Tätigkeit weder begünstigt, noch benachteiligt werden (§ 78 BetrVG). Die Kündigung gegenüber einem Mitglied der Jugend- und Auszubildendenvertretung ist nur aus wichtigem Grund und mit Zustimmung des Betriebsrats zulässig (§ 15 KSchG, § 103 BetrVG). Bis einschließlich 1 Jahr nach Beendigung der Amtszeit ist die ordentliche Kündigung ausgeschlossen.

Mitglieder der Jugend- und Auszubildendenvertretung, die sich in einem Berufsausbildungsverhältnis befinden, werden besonders geschützt, indem ihnen ein Anspruch auf Übernahme gewährt wird. Dieser Übernahmeschutz gilt auch, wenn die Ausbildung innerhalb eines Jahres nach Beendigung der Amtszeit endet (§ 78a Abs. 3 BetrVG).

Ausbildende haben Auszubildenden, die Mitglied der Jugend- und Auszubildendenvertretung sind, drei Monate vor der Beendigung der Ausbildung eine schriftliche Mitteilung zu geben, wenn sie nicht in ein unbefristetes Ausbildungsverhältnis übernommen werden sollen (§ 78a Abs. 1 BetrVG).

Der Auszubildende kann innerhalb der letzten drei Monate vor Beendigung des Berufsausbildungsverhältnisses vom Arbeitgeber schriftlich die **Weiterbeschäftigung** nach Beendigung der Ausbildung verlangen. Aufgrund des Verlangens kommt automatisch ein Arbeitsverhältnis auf unbestimmte Zeit zustande (§ 78a Abs. 2 BetrVG). Von der Weiterbeschäftigung kann sich der Arbeitgeber nur durch einen **Antrag vom Arbeitsgericht** befreien lassen, sofern ihm die Weiterbeschäftigung nicht zugemutet werden kann (§ 78a Abs. 4 BetrVG).

Unzumutbar ist die Weiterbeschäftigung insbesondere, wenn zum Zeitpunkt der Beendigung des Berufsausbildungsverhältnisses im Betrieb des Arbeitgebers kein freier Arbeitsplatz vorhanden ist, auf dem der Auszubildende mit seiner durch die Ausbildung erworbenen Qualifikation dauerhaft beschäftigt werden kann.[190]

Beschäftigt der Arbeitgeber auf dauerhaft eingerichteten, ausbildungsadäquaten Arbeitsplätzen Leiharbeitnehmer, so kann es ihm je nach den Umständen des Einzelfalls zumutbar sein, einen solchen Arbeitsplatz für den zu übernehmenden Jugend- und Auszubildendenvertreter freizumachen.[191]

Die Regelungen der §§ 60 ff. BetrVG gelten nicht für **Auszubildende**, die in **einer außerbetrieblichen Ausbildungseinrichtung** (§ 2 Abs. 1 Nr. 3 BBiG) beschäftigt werden, da diese nicht als Arbeitnehmer im Sinne des § 5 Abs. 1 BetrVG gelten.[192]

Um diesen Auszubildenden die Möglichkeit einer Beteiligungsmöglichkeit zu geben, sieht § 51 Abs. 1 BBiG eine besondere Interessenvertretung vor. Diese kann gewählt werden, wenn mindestens 5 Auszubildende ausgebildet werden, die nicht nach den §§ 7, 60 BetrVG bzw. § 52 SGB IX wahlberechtigt sind. Ausgenommen sind die Bildungseinrichtungen der Religionsgemeinschaften sowie Einrichtungen mit eigenen, gleichwertigen Regelungen (§ 51 Abs. 2 BBiG).

Die Einzelheiten zur Interessenvertretung können per Rechtsverordnung geregelt werden (§ 52 BBiG). Eine solche existiert bisher nicht.

---

[190] *BAG*, Beschluss vom 15. November 2006 – 7 ABR 15/06.
[191] *BAG*, Beschluss vom 17. Februar 2010 – 7 ABR 89/08.
[192] *BAG*, Beschluss vom 13. Juni 2007 – 7 ABR 44/06.

9. Finanzielle Förderung der Berufsbildung

Die Berufsbildung kann unter bestimmten Voraussetzungen durch staatliche Mittel gefördert werden. In Betracht kommen insbesondere die Förderung durch die Bundesagentur für Arbeit nach dem **SGB III** und die Förderung von Fortbildungsmaßnahmen nach dem **Aufstiegsfortbildungsförderungsgesetz**.

Berufsausbildungsbeihilfe (§§ 56 ff. SGB III) wird gezahlt, wenn die Berufsausbildung förderungsfähig ist, Auszubildende zum förderungsfähigen Personenkreis gehören und ihren notwendigen Lebensunterhalt nicht selbst bestreiten können.

Förderungsfähig sind staatlich anerkannte betriebliche oder außerbetriebliche Berufsausbildungen.

Gefördert werden Auszubildende, wenn sie **außerhalb des Haushalts der Eltern** wohnen. Zudem ist Voraussetzung, dass die Ausbildungsstätte von der Wohnung der Eltern aus nicht in angemessener Zeit erreichbar ist oder der Auszubildende über 18 Jahre alt oder verheiratet ist oder mit mindestens einem Kind zusammenlebt.

Gezahlt wird ein **Unterhaltsbeitrag** entsprechend den Bedarfsätzen nach dem Bundesausbildungsförderungsgesetz bis zu 781 € monatlich. Zudem werden Kosten für Fahrten zwischen Unterkunft, Ausbildungsstätte und Berufsschule sowie eine monatliche Familienheimfahrt erstattet. Zum Gesamtbedarf gehören ggf. Betreuungskosten für Kinder.

Auf die zu zahlenden Beträge werden eigenes Einkommen, das Einkommen des Ehegatten und der Eltern nach den Regelungen des Bundesausbildungsförderungsgesetzes angerechnet, soweit bestimmte Freibeträge überschritten werden.

Berufliche Fortbildung oder Umschulung kann nach §§ 81 ff. SGB III durch Übernahme der Weiterbildungskosten gefördert werden. Voraussetzung ist insbesondere, dass die Weiterbildung notwendig ist, um Arbeitslose beruflich einzugliedern oder eine drohende Arbeitslosigkeit abzuwenden. Zudem müssen die Maßnahme und der Träger der Maßnahme für die Förderung zugelassen sein.

Bei Vorliegen der Förderungsvoraussetzungen erhält der Berechtigte von der Agentur für Arbeit oder dem Jobcenter einen **Bildungsgutschein**, der bei einem zugelassenen Träger eingelöst werden kann. Zudem werden erforderliche Kosten für Fahrten zur Ausbildungsstätte bzw. Unterkunft und Kinderbetreuung übernommen.

Spezielle Förderungsmöglichkeiten bestehen für Arbeitnehmer ohne Berufsabschluss und Arbeitnehmer über 45 Jahre in kleinen und mittleren Unternehmen.

Aufstiegsfortbildungen können nach dem **Aufstiegsfortbildungsförderungsgesetz** (AFBG) gefördert werden. Gefördert werden Absolventen einer anerkannten Berufsausbildung nach dem BBiG oder der HwO, die danach eine darauf aufbauende Fortbildung absolvieren, die auf eine öffentlich-rechtliche Prüfung vorbereitet. In Betracht kommen z.b. die Ausbildung zum Meister, zu Fach- oder Betriebswirten oder zu Fachkaufleuten mit einem Mindestumfang von 400 Stunden. Aufgrund des festgelegten Mindestumfangs kommen auch alle drei Stufen der in § 53a BBiG neugeregelten Abschlüsse in Betracht.

Die maximale Maßnahmendauer darf 36 Monate in Vollzeit bzw. 48 Monate in Teilzeit betragen (§ 2 AFBG). Nicht förderungsfähig sind Maßnahmen die nach dem Bundesausbildungsförderungsgesetz oder durch Sozialversicherungsträger gefördert werden (§ 3 AFBG). Die regelmäßige Teilnahme an der Maßnahme ist nachzuweisen (§ 9 AFBG).

Gefördert werden die **Lehrgangs- und Prüfungsgebühren** bis zu 15.000 €. Vom Maßnahmenbeitrag werden 40% als Zuschuss, der Rest als zinsgünstiges Darlehen über die Kreditanstalt für Wiederaufbau gewährt (§§ 12, 13 AFBG). Bei Bestehen der Abschlussprüfung werden auf Antrag 40% des Restdarlehens erlassen, bei nachfolgender Selbständigkeit und Beschäftigung von Auszubildenden oder Arbeitnehmern bis zu 66% (§ 13 b AFBG).

Bei Vollzeitmaßnahmen wird ein von Einkommen und Vermögen abhängiger **Unterhaltsbeitrag** nach dem Bundesausbildungsförderungsgesetz geleistet (§ 10 AFBG). Auch dieser besteht aus einer Zuschuss- und einer Darlehenskomponente (§ 12 AFBG).

Anhang

Berufsbildungsgesetz in der Fassung der Bekanntmachung vom 4. Mai 2020 (BGBl. I S. 920), das zuletzt durch Artikel 2 des Gesetzes vom 20. Juli 2022 (BGBl. I S. 1174) geändert worden ist

Inhaltsübersicht

Kapitel 2
Landesausschüsse für Berufsbildung
§ 82 Errichtung, Geschäftsordnung, Abstimmung
§ 83 Aufgaben

Teil 4
Berufsbildungsforschung, Planung und Statistik
§ 84 Ziele der Berufsbildungsforschung
§ 85 Ziele der Berufsbildungsplanung
§ 86 Berufsbildungsbericht
§ 87 Zweck und Durchführung der Berufsbildungsstatistik
§ 88 Erhebungen

Teil 5
Bundesinstitut für Berufsbildung
§ 89 Bundesinstitut für Berufsbildung
§ 90 Aufgaben
§ 91 Organe
§ 92 Hauptausschuss
§ 93 Präsident oder Präsidentin
§ 94 Wissenschaftlicher Beirat
§ 95 Ausschuss für Fragen behinderter Menschen
§ 96 Finanzierung des Bundesinstituts für Berufsbildung
§ 97 Haushalt
§ 98 Satzung
§ 99 Personal
§ 100 Aufsicht über das Bundesinstitut für Berufsbildung

Teil 6
Bußgeldvorschriften
§ 101 Bußgeldvorschriften

Teil 7
Übergangs- und Schlussvorschriften
§ 102 Gleichstellung von Abschlusszeugnissen im Rahmen der deutschen
      Einheit
§ 103 Fortgeltung bestehender Regelungen
§ 104 Übertragung von Zuständigkeiten
§ 105 Evaluation
§ 106 Übergangsregelung

Teil 1
Allgemeine Vorschriften

§ 1
Ziele und Begriffe der Berufsbildung

(1) Berufsbildung im Sinne dieses Gesetzes sind die Berufsausbildungsvorbereitung, die Berufsausbildung, die berufliche Fortbildung und die berufliche Umschulung.

(2) Die Berufsausbildungsvorbereitung dient dem Ziel, durch die Vermittlung von Grundlagen für den Erwerb beruflicher Handlungsfähigkeit an eine Berufsausbildung in einem anerkannten Ausbildungsberuf heranzuführen.

(3) Die Berufsausbildung hat die für die Ausübung einer qualifizierten beruflichen Tätigkeit in einer sich wandelnden Arbeitswelt notwendigen beruflichen Fertigkeiten, Kenntnisse und Fähigkeiten (berufliche Handlungsfähigkeit) in einem geordneten Ausbildungsgang zu vermitteln. Sie hat ferner den Erwerb der erforderlichen Berufserfahrungen zu ermöglichen.

(4) Die berufliche Fortbildung soll es ermöglichen,
1. die berufliche Handlungsfähigkeit durch eine Anpassungsfortbildung zu erhalten und anzupassen oder
2. die berufliche Handlungsfähigkeit durch eine Fortbildung der höherqualifizierenden Berufsbildung zu erweitern und beruflich aufzusteigen.

(5) Die berufliche Umschulung soll zu einer anderen beruflichen Tätigkeit befähigen.

§ 2
Lernorte der Berufsbildung

(1) Berufsbildung wird durchgeführt
1. in Betrieben der Wirtschaft, in vergleichbaren Einrichtungen außerhalb der Wirtschaft, insbesondere des öffentlichen Dienstes, der Angehörigen freier Berufe und in Haushalten (betriebliche Berufsbildung),
2. in berufsbildenden Schulen (schulische Berufsbildung) und
3. in sonstigen Berufsbildungseinrichtungen außerhalb der schulischen und betrieblichen Berufsbildung (außerbetriebliche Berufsbildung).

(2) Die Lernorte nach Absatz 1 wirken bei der Durchführung der Berufsbildung zusammen (Lernortkooperation).

(3) Teile der Berufsausbildung können im Ausland durchgeführt werden, wenn dies dem Ausbildungsziel dient. Ihre Gesamtdauer soll ein Viertel der in der Ausbildungsordnung festgelegten Ausbildungsdauer nicht überschreiten.

§ 3
Anwendungsbereich

(1) Dieses Gesetz gilt für die Berufsbildung, soweit sie nicht in berufsbildenden Schulen durchgeführt wird, die den Schulgesetzen der Länder unterstehen.

(2) Dieses Gesetz gilt nicht für
1. die Berufsbildung, die in berufsqualifizierenden oder vergleichbaren Studiengängen an Hochschulen auf der Grundlage des Hochschulrahmengesetzes und der Hochschulgesetze der Länder durchgeführt wird,
2. die Berufsbildung in einem öffentlich-rechtlichen Dienstverhältnis,
3. die Berufsbildung auf Kauffahrteischiffen, die nach dem Flaggenrechtsgesetz die Bundesflagge führen, soweit es sich nicht um Schiffe der kleinen Hochseefischerei oder der Küstenfischerei handelt.

(3) Für die Berufsbildung in Berufen der Handwerksordnung gelten die §§ 4 bis 9, 27 bis 49, 53 bis 70, 76 bis 80 sowie 101 Absatz 1 Nummer 1 bis 4 sowie Nummer 6 bis 10 nicht; insoweit gilt die Handwerksordnung.

Teil 2
Berufsbildung

Kapitel 1
Berufsausbildung

Abschnitt 1
Ordnung der Berufsausbildung; Anerkennung von Ausbildungsberufen

§ 4
Anerkennung von Ausbildungsberufen

(1) Als Grundlage für eine geordnete und einheitliche Berufsausbildung kann das Bundesministerium für Wirtschaft und Energie oder das sonst zuständige Fachministerium im Einvernehmen mit dem Bundesministerium für Bildung und Forschung durch Rechtsverordnung, die nicht der Zustimmung des Bundesrates bedarf, Ausbildungsberufe staatlich anerkennen und hierfür Ausbildungsordnungen nach § 5 erlassen.

(2) Für einen anerkannten Ausbildungsberuf darf nur nach der Ausbildungsordnung ausgebildet werden.

(3) In anderen als anerkannten Ausbildungsberufen dürfen Jugendliche unter 18 Jahren nicht ausgebildet werden, soweit die Berufsausbildung nicht auf den Besuch weiterführender Bildungsgänge vorbereitet.

(4) Wird die Ausbildungsordnung eines Ausbildungsberufs aufgehoben oder geändert, so sind für bestehende Berufsausbildungsverhältnisse weiterhin die Vorschriften, die bis zum Zeitpunkt der Aufhebung oder der Änderung gelten, anzuwenden, es sei denn, die ändernde Verordnung sieht eine abweichende Regelung vor.

(5) Das zuständige Fachministerium informiert die Länder frühzeitig über Neuordnungskonzepte und bezieht sie in die Abstimmung ein.

§ 5
Ausbildungsordnung

(1) Die Ausbildungsordnung hat festzulegen
1. die Bezeichnung des Ausbildungsberufes, der anerkannt wird,
2. die Ausbildungsdauer; sie soll nicht mehr als drei und nicht weniger als zwei Jahre betragen,
3. die beruflichen Fertigkeiten, Kenntnisse und Fähigkeiten, die mindestens Gegenstand der Berufsausbildung sind (Ausbildungsberufsbild),
4. eine Anleitung zur sachlichen und zeitlichen Gliederung der Vermittlung der beruflichen Fertigkeiten, Kenntnisse und Fähigkeiten (Ausbildungsrahmenplan),
5. die Prüfungsanforderungen.
Bei der Festlegung der Fertigkeiten, Kenntnisse und Fähigkeiten nach Satz 1 Nummer 3 ist insbesondere die technologische und digitale Entwicklung zu beachten.

(2) Die Ausbildungsordnung kann vorsehen,
1. dass die Berufsausbildung in sachlich und zeitlich besonders gegliederten, aufeinander aufbauenden Stufen erfolgt; nach den einzelnen Stufen soll ein Ausbildungsabschluss vorgesehen werden, der sowohl zu einer qualifizierten beruflichen Tätigkeit im Sinne des § 1 Abs. 3 befähigt als auch die Fortsetzung der Berufsausbildung in weiteren Stufen ermöglicht (Stufenausbildung),
2. dass die Abschlussprüfung in zwei zeitlich auseinander fallenden Teilen durchgeführt wird,
2a. dass im Fall einer Regelung nach Nummer 2 bei nicht bestandener Abschlussprüfung in einem drei oder dreieinhalbjährigen Ausbildungsberuf, der auf einem zweijährigen Ausbildungsberuf aufbaut, der Abschluss des zweijährigen Ausbildungsberufs erworben wird, sofern im ersten Teil der Abschlussprüfung mindestens ausreichende Prüfungsleistungen erbracht worden sind,
2b. dass Auszubildende bei erfolgreichem Abschluss eines zweijährigen Ausbildungsberufs vom ersten Teil der Abschlussprüfung oder einer Zwischenprüfung eines darauf aufbauenden drei- oder dreieinhalbjährigen Ausbildungsberufs befreit sind,

3. dass abweichend von § 4 Abs. 4 die Berufsausbildung in diesem Ausbildungsberuf unter Anrechnung der bereits zurückgelegten Ausbildungszeit fortgesetzt werden kann, wenn die Vertragsparteien dies vereinbaren,
4. dass auf die Dauer der durch die Ausbildungsordnung geregelten Berufsausbildung die Dauer einer anderen abgeschlossenen Berufsausbildung ganz oder teilweise anzurechnen ist,
5. dass über das in Absatz 1 Nr. 3 beschriebene Ausbildungsberufsbild hinaus zusätzliche berufliche Fertigkeiten, Kenntnisse und Fähigkeiten vermittelt werden können, die die berufliche Handlungsfähigkeit ergänzen oder erweitern,
6. dass Teile der Berufsausbildung in geeigneten Einrichtungen außerhalb der Ausbildungsstätte durchgeführt werden, wenn und soweit es die Berufsausbildung erfordert (überbetriebliche Berufsausbildung).

Im Fall des Satzes 1 Nummer 2a bedarf es eines Antrags der Auszubildenden. Im Fall des Satzes 1 Nummer 4 bedarf es der Vereinbarung der Vertragsparteien. Im Rahmen der Ordnungsverfahren soll stets geprüft werden, ob Regelungen nach Nummer 1, 2, 2a, 2b und 4 sinnvoll und möglich sind.

§ 6
Erprobung neuer Ausbildungs- und Prüfungsformen

Zur Entwicklung und Erprobung neuer Ausbildungs- und Prüfungsformen kann das Bundesministerium für Wirtschaft und Energie oder das sonst zuständige Fachministerium im Einvernehmen mit dem Bundesministerium für Bildung und Forschung nach Anhörung des Hauptausschusses des Bundesinstituts für Berufsbildung durch Rechtsverordnung, die nicht der Zustimmung des Bundesrates bedarf, Ausnahmen von § 4 Abs. 2 und 3 sowie den §§ 5, 37 und 48 zulassen, die auch auf eine bestimmte Art und Zahl von Ausbildungsstätten beschränkt werden können.

§ 7
Anrechnung beruflicher Vorbildung auf die Ausbildungsdauer

(1) Die Landesregierungen können nach Anhörung des Landesausschusses für Berufsbildung durch Rechtsverordnung bestimmen, dass der Besuch eines Bildungsganges berufsbildender Schulen oder die Berufsausbildung in einer sonstigen Einrichtung ganz oder teilweise auf die Ausbildungsdauer angerechnet wird. Die Ermächtigung kann durch Rechtsverordnung auf oberste Landesbehörden weiter übertragen werden.

(2) Ist keine Rechtsverordnung nach Absatz 1 erlassen, kann eine Anrechnung durch die zuständige Stelle im Einzelfall erfolgen. Für die Entscheidung über die Anrechnung auf die Ausbildungsdauer kann der Hauptausschuss des Bundesinstituts für Berufsbildung Empfehlungen beschließen.

(3) Die Anrechnung bedarf des gemeinsamen Antrags der Auszubildenden und der Ausbildenden. Der Antrag ist an die zuständige Stelle zu richten. Er kann sich auf Teile des höchstzulässigen Anrechnungszeitraums beschränken.

(4) Ein Anrechnungszeitraum muss in ganzen Monaten durch sechs teilbar sein.

§ 7a
Teilzeitberufsausbildung

(1) Die Berufsausbildung kann in Teilzeit durchgeführt werden. Im Berufsausbildungsvertrag ist für die gesamte Ausbildungszeit oder für einen bestimmten Zeitraum der Berufsausbildung die Verkürzung der täglichen oder der wöchentlichen Ausbildungszeit zu vereinbaren. Die Kürzung der täglichen oder der wöchentlichen Ausbildungszeit darf nicht mehr als 50 Prozent betragen.

(2) Die Dauer der Teilzeitberufsausbildung verlängert sich entsprechend, höchstens jedoch bis zum Eineinhalbfachen der Dauer, die in der Ausbildungsordnung für die betreffende Berufsausbildung in Vollzeit festgelegt ist. Die Dauer der Teilzeitberufsausbildung ist auf ganze Monate abzurunden. § 8 Absatz 2 bleibt unberührt.

(3) Auf Verlangen der Auszubildenden verlängert sich die Ausbildungsdauer auch über die Höchstdauer nach Absatz 2 Satz 1 hinaus bis zur nächsten möglichen Abschlussprüfung.

(4) Der Antrag auf Eintragung des Berufsausbildungsvertrages nach § 36 Absatz 1 in das Verzeichnis der Berufsausbildungsverhältnisse für eine Teilzeitberufsausbildung kann mit einem Antrag auf Verkürzung der Ausbildungsdauer nach § 8 Absatz 1 verbunden werden.

§ 8
Verkürzung oder Verlängerung der Ausbildungsdauer

(1) Auf gemeinsamen Antrag der Auszubildenden und der Ausbildenden hat die zuständige Stelle die Ausbildungsdauer zu kürzen, wenn zu erwarten ist, dass das Ausbildungsziel in der gekürzten Dauer erreicht wird.

(2) In Ausnahmefällen kann die zuständige Stelle auf Antrag Auszubildender die Ausbildungsdauer verlängern, wenn die Verlängerung erforderlich ist, um das Ausbildungsziel zu erreichen. Vor der Entscheidung über die Verlängerung sind die Ausbildenden zu hören.

(3) Für die Entscheidung über die Verkürzung oder Verlängerung der Ausbildungsdauer kann der Hauptausschuss des Bundesinstituts für Berufsbildung Empfehlungen beschließen.

§ 9
Regelungsbefugnis

Soweit Vorschriften nicht bestehen, regelt die zuständige Stelle die Durchführung der Berufsausbildung im Rahmen dieses Gesetzes.

Abschnitt 2
Berufsausbildungsverhältnis

Unterabschnitt 1
Begründung des Ausbildungsverhältnisses

§ 10
Vertrag

(1) Wer andere Personen zur Berufsausbildung einstellt (Ausbildende), hat mit
den Auszubildenden einen Berufsausbildungsvertrag zu schließen.

(2) Auf den Berufsausbildungsvertrag sind, soweit sich aus seinem Wesen und
Zweck und aus diesem Gesetz nichts anderes ergibt, die für den Arbeitsvertrag geltenden Rechtsvorschriften und Rechtsgrundsätze anzuwenden.

(3) Schließen die gesetzlichen Vertreter oder Vertreterinnen mit ihrem Kind
einen Berufsausbildungsvertrag, so sind sie von dem Verbot des § 181 des
Bürgerlichen Gesetzbuchs befreit.

(4) Ein Mangel in der Berechtigung, Auszubildende einzustellen oder auszubilden, berührt die Wirksamkeit des Berufsausbildungsvertrages nicht.

(5) Zur Erfüllung der vertraglichen Verpflichtungen der Ausbildenden können
mehrere natürliche oder juristische Personen in einem Ausbildungsverbund
zusammenwirken, soweit die Verantwortlichkeit für die einzelnen Aus-
bildungsabschnitte sowie für die Ausbildungszeit insgesamt sichergestellt
ist (Verbundausbildung).

§ 11
Vertragsniederschrift

(1) Ausbildende haben unverzüglich nach Abschluss des Berufsausbildungsvertrages, spätestens vor Beginn der Berufsausbildung, den wesentlichen
Inhalt des Vertrages gemäß Satz 2 schriftlich niederzulegen; die elektronische Form ist ausgeschlossen. In die Niederschrift sind mindestens aufzunehmen

1. Name und Anschrift der Ausbildenden sowie der Auszubildenden, bei Minderjährigen zusätzlich Name und Anschrift ihrer gesetzlichen Vertreter oder Vertreterinnen,
2. Art, sachliche und zeitliche Gliederung sowie Ziel der Berufsausbildung, insbesondere die Berufstätigkeit, für die ausgebildet werden soll,
3. Beginn und Dauer der Berufsausbildung,
4. die Ausbildungsstätte und Ausbildungsmaßnahmen außerhalb der Ausbildungsstätte,
5. Dauer der regelmäßigen täglichen Ausbildungszeit,
6. Dauer der Probezeit,
7. Zahlung und Höhe der Vergütung sowie deren Zusammensetzung, sofern sich die Vergütung aus verschiedenen Bestandteilen zusammensetzt,
8. Vergütung oder Ausgleich von Überstunden,
9. Dauer des Urlaubs,
10. Voraussetzungen, unter denen der Berufsausbildungsvertrag gekündigt werden kann,
11. ein in allgemeiner Form gehaltener Hinweis auf die Tarifverträge, Betriebs- oder Dienstvereinbarungen, die auf das Berufsausbildungsverhältnis anzuwenden sind,
12. die Form des Ausbildungsnachweises nach § 13 Satz 2 Nummer 7.

(2) Die Niederschrift ist von den Ausbildenden, den Auszubildenden und deren gesetzlichen Vertretern und Vertreterinnen zu unterzeichnen.

(3) Ausbildende haben den Auszubildenden und deren gesetzlichen Vertretern und Vertreterinnen eine Ausfertigung der unterzeichneten Niederschrift unverzüglich auszuhändigen.

(4) Bei Änderungen des Berufsausbildungsvertrages gelten die Absätze 1 bis 3 entsprechend.

§ 12
Nichtige Vereinbarungen

(1) Eine Vereinbarung, die Auszubildende für die Zeit nach Beendigung des Berufsausbildungsverhältnisses in der Ausübung ihrer beruflichen Tätigkeit beschränkt, ist nichtig. Dies gilt nicht, wenn sich Auszubildende innerhalb der letzten sechs Monate des Berufsausbildungsverhältnisses dazu verpflichten, nach dessen Beendigung mit den Ausbildenden ein Arbeitsverhältnis einzugehen.

(2) Nichtig ist eine Vereinbarung über
1. die Verpflichtung Auszubildender, für die Berufsausbildung eine Entschädigung zu zahlen,
2. Vertragsstrafen,
3. den Ausschluss oder die Beschränkung von Schadensersatzansprüchen,
4. die Festsetzung der Höhe eines Schadensersatzes in Pauschbeträgen.

Unterabschnitt 2
Pflichten der Auszubildenden

§ 13
Verhalten während der Berufsausbildung

Auszubildende haben sich zu bemühen, die berufliche Handlungsfähigkeit zu erwerben, die zum Erreichen des Ausbildungsziels erforderlich ist. Sie sind insbesondere verpflichtet,

1. die ihnen im Rahmen ihrer Berufsausbildung aufgetragenen Aufgaben sorgfältig auszuführen,
2. an Ausbildungsmaßnahmen teilzunehmen, für die sie nach § 15 freigestellt werden,
3. den Weisungen zu folgen, die ihnen im Rahmen der Berufsausbildung von Ausbildenden, von Ausbildern oder Ausbilderinnen oder von anderen weisungsberechtigten Personen erteilt werden,
4. die für die Ausbildungsstätte geltende Ordnung zu beachten,
5. Werkzeug, Maschinen und sonstige Einrichtungen pfleglich zu behandeln,
6. über Betriebs- und Geschäftsgeheimnisse Stillschweigen zu wahren,
7. einen schriftlichen oder elektronischen Ausbildungsnachweis zu führen.

Unterabschnitt 3
Pflichten der Ausbildenden

§ 14
Berufsausbildung

(1) Ausbildende haben

1. dafür zu sorgen, dass den Auszubildenden die berufliche Handlungsfähigkeit vermittelt wird, die zum Erreichen des Ausbildungsziels erforderlich ist, und die Berufsausbildung in einer durch ihren Zweck gebotenen Form planmäßig, zeitlich und sachlich gegliedert so durchzuführen, dass das Ausbildungsziel in der vorgesehenen Ausbildungszeit erreicht werden kann,
2. selbst auszubilden oder einen Ausbilder oder eine Ausbilderin ausdrücklich damit zu beauftragen,
3. Auszubildenden kostenlos die Ausbildungsmittel, insbesondere Werkzeuge, Werkstoffe und Fachliteratur zur Verfügung zu stellen, die zur Berufsausbildung und zum Ablegen von Zwischen- und Abschlussprüfungen, auch soweit solche nach Beendigung des Berufsausbildungsverhältnisses stattfinden, erforderlich sind,
4. Auszubildende zum Besuch der Berufsschule anzuhalten,
5. dafür zu sorgen, dass Auszubildende charakterlich gefördert sowie sittlich und körperlich nicht gefährdet werden.

(2) Ausbildende haben Auszubildende zum Führen der Ausbildungsnachweise nach § 13 Satz 2 Nummer 7 anzuhalten und diese regelmäßig durchzusehen. Den Auszubildenden ist Gelegenheit zu geben, den Ausbildungsnachweis am Arbeitsplatz zu führen.

(3) Auszubildenden dürfen nur Aufgaben übertragen werden, die dem Ausbildungszweck dienen und ihren körperlichen Kräften angemessen sind.

§ 15
Freistellung, Anrechnung

(1) Ausbildende dürfen Auszubildende vor einem vor 9 Uhr beginnenden Berufsschulunterricht nicht beschäftigen. Sie haben Auszubildende freizustellen

1. für die Teilnahme am Berufsschulunterricht,
2. an einem Berufsschultag mit mehr als fünf Unterrichtsstunden von mindestens je 45 Minuten, einmal in der Woche,
3. in Berufsschulwochen mit einem planmäßigen Blockunterricht von mindestens 25 Stunden an mindestens fünf Tagen,
4. für die Teilnahme an Prüfungen und Ausbildungsmaßnahmen, die auf Grund öffentlich-rechtlicher oder vertraglicher Bestimmungen außerhalb der Ausbildungsstätte durchzuführen sind, und
5. an dem Arbeitstag, der der schriftlichen Abschlussprüfung unmittelbar vorangeht.

Im Fall von Satz 2 Nummer 3 sind zusätzliche betriebliche Ausbildungsveranstaltungen bis zu zwei Stunden wöchentlich zulässig.

(2) Auf die Ausbildungszeit der Auszubildenden werden angerechnet

1. die Berufsschulunterrichtszeit einschließlich der Pausen nach Absatz 1 Satz 2 Nummer 1,
2. Berufsschultage nach Absatz 1 Satz 2 Nummer 2 mit der durchschnittlichen täglichen Ausbildungszeit,
3. Berufsschulwochen nach Absatz 1 Satz 2 Nummer 3 mit der durchschnittlichen wöchentlichen Ausbildungszeit,
4. die Freistellung nach Absatz 1 Satz 2 Nummer 4 mit der Zeit der Teilnahme einschließlich der Pausen und
5. die Freistellung nach Absatz 1 Satz 2 Nummer 5 mit der durchschnittlichen täglichen Ausbildungszeit.

(3) Für Auszubildende unter 18 Jahren gilt das Jugendarbeitsschutzgesetz.

§ 16
Zeugnis

(1) Ausbildende haben den Auszubildenden bei Beendigung des Berufsausbildungsverhältnisses ein schriftliches Zeugnis auszustellen. Die elektronische Form ist ausgeschlossen. Haben Ausbildende die Berufsausbildung nicht selbst durchgeführt, so soll auch der Ausbilder oder die Ausbilderin das Zeugnis unterschreiben.

(2) Das Zeugnis muss Angaben enthalten über Art, Dauer und Ziel der Berufsausbildung sowie über die erworbenen beruflichen Fertigkeiten, Kenntnisse und Fähigkeiten der Auszubildenden. Auf Verlangen Auszubildender sind auch Angaben über Verhalten und Leistung aufzunehmen.

Unterabschnitt 4
Vergütung

§ 17
Vergütungsanspruch und Mindestvergütung

(1) Ausbildende haben Auszubildenden eine angemessene Vergütung zu gewähren. Die Vergütung steigt mit fortschreitender Berufsausbildung, mindestens jährlich, an.

(2) Die Angemessenheit der Vergütung ist ausgeschlossen, wenn sie folgende monatliche Mindestvergütung unterschreitet:

1. im ersten Jahr einer Berufsausbildung
   a) 515 Euro, wenn die Berufsausbildung im Zeitraum vom 1. Januar 2020 bis zum 31. Dezember 2020 begonnen wird,
   b) 550 Euro, wenn die Berufsausbildung im Zeitraum vom 1. Januar 2021 bis zum 31. Dezember 2021 begonnen wird,
   c) 585 Euro, wenn die Berufsausbildung im Zeitraum vom 1. Januar 2022 bis zum 31. Dezember 2022 begonnen wird, und
   d) 620 Euro, wenn die Berufsausbildung im Zeitraum vom 1. Januar 2023 bis zum 31. Dezember 2023 begonnen wird,
2. im zweiten Jahr einer Berufsausbildung den Betrag nach Nummer 1 für das jeweilige Jahr, in dem die Berufsausbildung begonnen worden ist, zuzüglich 18 Prozent,
3. im dritten Jahr einer Berufsausbildung den Betrag nach Nummer 1 für das jeweilige Jahr, in dem die Berufsausbildung begonnen worden ist, zuzüglich 35 Prozent und
4. im vierten Jahr einer Berufsausbildung den Betrag nach Nummer 1 für das jeweilige Jahr, in dem die Berufsausbildung begonnen worden ist, zuzüglich 40 Prozent.

Die Höhe der Mindestvergütung nach Satz 1 Nummer 1 wird zum 1. Januar eines jeden Jahres, erstmals zum 1. Januar 2024, fortgeschrieben. Die Fortschreibung entspricht dem rechnerischen Mittel der nach § 88 Absatz 1 Satz 1 Nummer 1 Buchstabe g erhobenen Ausbildungsvergütungen im Vergleich der beiden dem Jahr der Bekanntgabe vorausgegangenen Kalenderjahre. Dabei ist der sich ergebende Betrag bis unter 0,50 Euro abzurunden sowie von 0,50 Euro an aufzurunden. Das Bundesministerium für Bildung und Forschung gibt jeweils spätestens bis zum 1. November eines jeden Kalenderjahres die Höhe der Mindestvergütung nach Satz 1 Nummer 1 bis 4, die für das folgende Kalenderjahr maßgebend ist, im Bundesgesetzblatt bekannt. Die nach den Sätzen 2 bis 5 fortgeschriebene Höhe der Mindestvergütung für das erste Jahr einer Berufsausbildung gilt für Berufsausbildungen, die im Jahr der Fortschreibung begonnen werden. Die Aufschläge nach Satz 1 Nummer 2 bis 4 für das zweite bis vierte Jahr einer Berufsausbildung sind auf der Grundlage dieses Betrages zu berechnen.

(3) Angemessen ist auch eine für den Ausbildenden nach § 3 Absatz 1 des Tarifvertragsgesetzes geltende tarifvertragliche Vergütungsregelung, durch die die in Absatz 2 genannte jeweilige Mindestvergütung unterschritten wird. Nach Ablauf eines Tarifvertrages nach Satz 1 gilt dessen Vergütungsregelung für bereits begründete Ausbildungsverhältnisse weiterhin als angemessen, bis sie durch einen neuen oder ablösenden Tarifvertrag ersetzt wird.

(4) Die Angemessenheit der vereinbarten Vergütung ist auch dann, wenn sie die Mindestvergütung nach Absatz 2 nicht unterschreitet, in der Regel ausgeschlossen, wenn sie die Höhe der in einem Tarifvertrag geregelten Vergütung, in dessen Geltungsbereich das Ausbildungsverhältnis fällt, an den der Ausbildende aber nicht gebunden ist, um mehr als 20 Prozent unterschreitet.

(5) Bei einer Teilzeitberufsausbildung kann eine nach den Absätzen 2 bis 4 zu gewährende Vergütung unterschritten werden. Die Angemessenheit der Vergütung ist jedoch ausgeschlossen, wenn die prozentuale Kürzung der Vergütung höher ist als die prozentuale Kürzung der täglichen oder der wöchentlichen Arbeitszeit. Absatz 1 Satz 2 und Absatz 2 Satz 1 Nummer 2 bis 4, auch in Verbindung mit Absatz 2 Satz 2 bis 7, sind mit der Maßgabe anzuwenden, dass für die nach § 7a Absatz 2 Satz 1 verlängerte Dauer der Teilzeitberufsausbildung kein weiterer Anstieg der Vergütung erfolgen muss.

(6) Sachleistungen können in Höhe der nach § 17 Absatz 1 Satz 1 Nummer 4 des Vierten Buches Sozialgesetzbuch festgesetzten Sachbezugswerte angerechnet werden, jedoch nicht über 75 Prozent der Bruttovergütung hinaus.

(7) Eine über die vereinbarte regelmäßige tägliche Ausbildungszeit hinausgehende Beschäftigung ist besonders zu vergüten oder durch die Gewährung entsprechender Freizeit auszugleichen.

§ 18
Bemessung und Fälligkeit der Vergütung

(1) Die Vergütung bemisst sich nach Monaten. Bei Berechnung der Vergütung für einzelne Tage wird der Monat zu 30 Tagen gerechnet.

(2) Ausbildende haben die Vergütung für den laufenden Kalendermonat spätestens am letzten Arbeitstag des Monats zu zahlen.

(3) Gilt für Ausbildende nicht nach § 3 Absatz 1 des Tarifvertragsgesetzes eine tarifvertragliche Vergütungsregelung, sind sie verpflichtet, den bei ihnen beschäftigten Auszubildenden spätestens zu dem in Absatz 2 genannten Zeitpunkt eine Vergütung mindestens in der bei Beginn der Berufsausbildung geltenden Höhe der Mindestvergütung nach § 17 Absatz 2 Satz 1 zu zahlen. Satz 1 findet bei einer Teilzeitberufsausbildung mit der Maßgabe Anwendung, dass die Vergütungshöhe unter Berücksichtigung des § 17 Absatz 5 Satz 3 mindestens dem prozentualen Anteil an der Arbeitszeit entsprechen muss.

§ 19
Fortzahlung der Vergütung

(1) Auszubildenden ist die Vergütung auch zu zahlen
1. für die Zeit der Freistellung (§ 15),
2. bis zur Dauer von sechs Wochen, wenn sie
   a) sich für die Berufsausbildung bereithalten, diese aber ausfällt oder
   b) aus einem sonstigen, in ihrer Person liegenden Grund unverschuldet verhindert sind, ihre Pflichten aus dem Berufsausbildungsverhältnis zu erfüllen.

(2) Können Auszubildende während der Zeit, für welche die Vergütung fortzuzahlen ist, aus berechtigtem Grund Sachleistungen nicht abnehmen, so sind diese nach den Sachbezugswerten (§ 17 Absatz 6) abzugelten.

Unterabschnitt 5
Beginn und Beendigung des Ausbildungsverhältnisses

§ 20
Probezeit

Das Berufsausbildungsverhältnis beginnt mit der Probezeit. Sie muss mindestens einen Monat und darf höchstens vier Monate betragen.

§ 21
Beendigung

(1) Das Berufsausbildungsverhältnis endet mit dem Ablauf der Ausbildungsdauer. Im Falle der Stufenausbildung endet es mit Ablauf der letzten Stufe.

(2) Bestehen Auszubildende vor Ablauf der Ausbildungsdauer die Abschlussprüfung, so endet das Berufsausbildungsverhältnis mit Bekanntgabe des Ergebnisses durch den Prüfungsausschuss.

(3) Bestehen Auszubildende die Abschlussprüfung nicht, so verlängert sich das Berufsausbildungsverhältnis auf ihr Verlangen bis zur nächstmöglichen Wiederholungsprüfung, höchstens um ein Jahr.

§ 22
Kündigung

(1) Während der Probezeit kann das Berufsausbildungsverhältnis jederzeit ohne Einhalten einer Kündigungsfrist gekündigt werden.

(2) Nach der Probezeit kann das Berufsausbildungsverhältnis nur gekündigt werden

  1. aus einem wichtigen Grund ohne Einhalten einer Kündigungsfrist,

  2. von Auszubildenden mit einer Kündigungsfrist von vier Wochen, wenn sie die Berufsausbildung aufgeben oder sich für eine andere Berufstätigkeit ausbilden lassen wollen.

(3) Die Kündigung muss schriftlich und in den Fällen des Absatzes 2 unter Angabe der Kündigungsgründe erfolgen.

(4) Eine Kündigung aus einem wichtigen Grund ist unwirksam, wenn die ihr zugrunde liegenden Tatsachen dem zur Kündigung Berechtigten länger als zwei Wochen bekannt sind. Ist ein vorgesehenes Güteverfahren vor einer außergerichtlichen Stelle eingeleitet, so wird bis zu dessen Beendigung der Lauf dieser Frist gehemmt.

§ 23
Schadensersatz bei vorzeitiger Beendigung

(1) Wird das Berufsausbildungsverhältnis nach der Probezeit vorzeitig gelöst, so können Ausbildende oder Auszubildende Ersatz des Schadens verlangen, wenn die andere Person den Grund für die Auflösung zu vertreten hat. Dies gilt nicht im Falle des § 22 Abs. 2 Nr. 2.

(2) Der Anspruch erlischt, wenn er nicht innerhalb von drei Monaten nach Beendigung des Berufsausbildungsverhältnisses geltend gemacht wird.

Unterabschnitt 6
Sonstige Vorschriften

§ 24
Weiterarbeit

Werden Auszubildende im Anschluss an das Berufsausbildungsverhältnis beschäftigt, ohne dass hierüber ausdrücklich etwas vereinbart worden ist, so gilt ein Arbeitsverhältnis auf unbestimmte Zeit als begründet.

§ 25
Unabdingbarkeit

Eine Vereinbarung, die zuungunsten Auszubildender von den Vorschriften dieses Teils des Gesetzes abweicht, ist nichtig.

§ 26
Andere Vertragsverhältnisse

Soweit nicht ein Arbeitsverhältnis vereinbart ist, gelten für Personen, die eingestellt werden, um berufliche Fertigkeiten, Kenntnisse, Fähigkeiten oder berufliche Erfahrungen zu erwerben, ohne dass es sich um eine Berufsausbildung im Sinne dieses Gesetzes handelt, die §§ 10 bis 16 und 17 Absatz 1, 6 und 7 sowie die §§ 18 bis 23 und 25 mit der Maßgabe, dass die gesetzliche Probezeit abgekürzt, auf die Vertragsniederschrift verzichtet und bei vorzeitiger Lösung des Vertragsverhältnisses nach Ablauf der Probezeit abweichend von § 23 Abs. 1 Satz 1 Schadensersatz nicht verlangt werden kann.

Abschnitt 3
Eignung von Ausbildungsstätte und Ausbildungspersonal

§ 27
Eignung der Ausbildungsstätte

(1) Auszubildende dürfen nur eingestellt und ausgebildet werden, wenn
1. die Ausbildungsstätte nach Art und Einrichtung für die Berufsausbildung geeignet ist und
2. die Zahl der Auszubildenden in einem angemessenen Verhältnis zur Zahl der Ausbildungsplätze oder zur Zahl der beschäftigten Fachkräfte steht, es sei denn, dass anderenfalls die Berufsausbildung nicht gefährdet wird.

(2) Eine Ausbildungsstätte, in der die erforderlichen beruflichen Fertigkeiten, Kenntnisse und Fähigkeiten nicht im vollen Umfang vermittelt werden können, gilt als geeignet, wenn diese durch Ausbildungsmaßnahmen außerhalb der Ausbildungsstätte vermittelt werden.

(3) Eine Ausbildungsstätte ist nach Art und Einrichtung für die Berufsausbildung in Berufen der Landwirtschaft, einschließlich der ländlichen Hauswirtschaft, nur geeignet, wenn sie von der nach Landesrecht zuständigen Behörde als Ausbildungsstätte anerkannt ist. Das Bundesministerium für Ernährung und Landwirtschaft kann im Einvernehmen mit dem Bundesministerium für Bildung und Forschung nach Anhörung des Hauptausschusses des Bundesinstituts für Berufsbildung durch Rechtsverordnung, die nicht der Zustimmung des Bundesrates bedarf, Mindestanforderungen für die Größe, die Einrichtung und den Bewirtschaftungszustand der Ausbildungsstätte festsetzen.

(4) Eine Ausbildungsstätte ist nach Art und Einrichtung für die Berufsausbildung in Berufen der Hauswirtschaft nur geeignet, wenn sie von der nach Landesrecht zuständigen Behörde als Ausbildungsstätte anerkannt ist. Das Bundesministerium für Wirtschaft und Energie kann im Einvernehmen mit dem Bundesministerium für Bildung und Forschung nach Anhörung des Hauptausschusses des Bundesinstituts für Berufsbildung durch Rechtsverordnung, die nicht der Zustimmung des Bundesrates bedarf, Mindestanforderungen für die Größe, die Einrichtung und den Bewirtschaftungszustand der Ausbildungsstätte festsetzen.

§ 28
Eignung von Ausbildenden und Ausbildern oder Ausbilderinnen

(1) Auszubildende darf nur einstellen, wer persönlich geeignet ist. Auszubildende darf nur ausbilden, wer persönlich und fachlich geeignet ist.

(2) Wer fachlich nicht geeignet ist oder wer nicht selbst ausbildet, darf Auszubildende nur dann einstellen, wenn er persönlich und fachlich geeignete Ausbilder oder Ausbilderinnen bestellt, die die Ausbildungsinhalte in der Ausbildungsstätte unmittelbar, verantwortlich und in wesentlichem Umfang vermitteln.

(3) Unter der Verantwortung des Ausbilders oder der Ausbilderin kann bei der Berufsausbildung mitwirken, wer selbst nicht Ausbilder oder Ausbilderin ist, aber abweichend von den besonderen Voraussetzungen des § 30 die für die Vermittlung von Ausbildungsinhalten erforderlichen beruflichen Fertigkeiten, Kenntnisse und Fähigkeiten besitzt und persönlich geeignet ist.

§ 29
Persönliche Eignung

Persönlich nicht geeignet ist insbesondere, wer
1. Kinder und Jugendliche nicht beschäftigen darf oder
2. wiederholt oder schwer gegen dieses Gesetz oder die auf Grund dieses Gesetzes erlassenen Vorschriften und Bestimmungen verstoßen hat.

§ 30
Fachliche Eignung

(1) Fachlich geeignet ist, wer die beruflichen sowie die berufs- und arbeitspädagogischen Fertigkeiten, Kenntnisse und Fähigkeiten besitzt, die für die Vermittlung der Ausbildungsinhalte erforderlich sind.

(2) Die erforderlichen beruflichen Fertigkeiten, Kenntnisse und Fähigkeiten besitzt, wer
1. die Abschlussprüfung in einer dem Ausbildungsberuf entsprechenden Fachrichtung bestanden hat,
2. eine anerkannte Prüfung an einer Ausbildungsstätte oder vor einer Prüfungsbehörde oder eine Abschlussprüfung an einer staatlichen oder staatlich anerkannten Schule in einer dem Ausbildungsberuf entsprechenden Fachrichtung bestanden hat,
3. eine Abschlussprüfung an einer deutschen Hochschule in einer dem Ausbildungsberuf entsprechenden Fachrichtung bestanden hat oder
4. im Ausland einen Bildungsabschluss in einer dem Ausbildungsberuf entsprechenden Fachrichtung erworben hat, dessen Gleichwertigkeit nach dem Berufsqualifikationsfeststellungsgesetz oder anderen rechtlichen Regelungen festgestellt worden ist
und eine angemessene Zeit in seinem Beruf praktisch tätig gewesen ist.

(3) Das Bundesministerium für Wirtschaft und Energie oder das sonst zuständige Fachministerium kann im Einvernehmen mit dem Bundesministerium für Bildung und Forschung nach Anhörung des Hauptausschusses des Bundesinstituts für Berufsbildung durch Rechtsverordnung, die nicht der Zustimmung des Bundesrates bedarf, in den Fällen des Absatzes 2 Nr. 2 bestimmen, welche Prüfungen für welche Ausbildungsberufe anerkannt werden.

(4) Das Bundesministerium für Wirtschaft und Energie oder das sonst zuständige Fachministerium kann im Einvernehmen mit dem Bundesministerium für Bildung und Forschung nach Anhörung des Hauptausschusses des Bundesinstituts für Berufsbildung durch Rechtsverordnung, die nicht der Zustimmung des Bundesrates bedarf, für einzelne Ausbildungsberufe bestimmen, dass abweichend von Absatz 2 die für die fachliche Eignung erforderlichen beruflichen Fertigkeiten, Kenntnisse und Fähigkeiten nur besitzt, wer

1. die Voraussetzungen des Absatzes 2 Nr. 2 oder 3 erfüllt und eine angemessene Zeit in seinem Beruf praktisch tätig gewesen ist oder
2. die Voraussetzungen des Absatzes 2 Nr. 3 erfüllt und eine angemessene Zeit in seinem Beruf praktisch tätig gewesen ist oder
3. für die Ausübung eines freien Berufes zugelassen oder in ein öffentliches Amt bestellt ist.

(5) Das Bundesministerium für Bildung und Forschung kann nach Anhörung des Hautausschusses des Bundesinstituts für Berufsbildung durch Rechtsverordnung, die nicht der Zustimmung des Bundesrates bedarf, bestimmen, dass der Erwerb berufs- und arbeitspädagogischer Fertigkeiten, Kenntnisse und Fähigkeiten gesondert nachzuweisen ist. Dabei können Inhalt, Umfang und Abschluss der Maßnahmen für den Nachweis geregelt werden.

(6) Die nach Landesrecht zuständige Behörde kann Personen, die die Voraussetzungen des Absatzes 2, 4 oder 5 nicht erfüllen, die fachliche Eignung nach Anhörung der zuständigen Stelle widerruflich zuerkennen.

§ 31
Europaklausel

(1) In den Fällen des § 30 Abs. 2 und 4 besitzt die für die fachliche Eignung erforderlichen beruflichen Fertigkeiten, Kenntnisse und Fähigkeiten auch, wer die Voraussetzungen für die Anerkennung seiner Berufsqualifikation nach der Richtlinie 2005/36/EG des Europäischen Parlaments und des Rates vom 7. September 2005 über die Anerkennung von Berufsqualifikationen (ABl. EU Nr. L 255 S. 22) erfüllt, sofern er eine angemessene Zeit in seinem Beruf praktisch tätig gewesen ist. § 30 Abs. 4 Nr. 3 bleibt unberührt.

(2) Die Anerkennung kann unter den in Artikel 14 der in Absatz 1 genannten Richtlinie aufgeführten Voraussetzungen davon abhängig gemacht werden, dass der Antragsteller oder die Antragstellerin zunächst einen höchstens dreijährigen Anpassungslehrgang ableistet oder eine Eignungsprüfung ablegt.

(3) Die Entscheidung über die Anerkennung trifft die zuständige Stelle. Sie kann die Durchführung von Anpassungslehrgängen und Eignungsprüfungen regeln.

§ 31a
Sonstige ausländische Vorqualifikationen

In den Fällen des § 30 Absatz 2 und 4 besitzt die für die fachliche Eignung erforderlichen Fertigkeiten, Kenntnisse und Fähigkeiten, wer die Voraussetzungen von § 2 Absatz 1 in Verbindung mit § 9 des Berufsqualifikationsfeststellungsgesetzes erfüllt und nicht in einem anderen Mitgliedstaat der Europäischen Union oder einem anderen Vertragsstaat des Europäischen Wirtschaftsraums oder der Schweiz seinen Befähigungsnachweis erworben hat, sofern er eine angemessene Zeit in seinem Beruf praktisch tätig gewesen ist. § 30 Absatz 4 Nummer 3 bleibt unberührt.

§ 32
Überwachung der Eignung

(1) Die zuständige Stelle hat darüber zu wachen, dass die Eignung der Ausbildungsstätte sowie die persönliche und fachliche Eignung vorliegen.

(2) Werden Mängel der Eignung festgestellt, so hat die zuständige Stelle, falls der Mangel zu beheben und eine Gefährdung Auszubildender nicht zu erwarten ist, Ausbildende aufzufordern, innerhalb einer von ihr gesetzten Frist den Mangel zu beseitigen. Ist der Mangel der Eignung nicht zu beheben oder ist eine Gefährdung Auszubildender zu erwarten oder wird der Mangel nicht innerhalb der gesetzten Frist beseitigt, so hat die zuständige Stelle dies der nach Landesrecht zuständigen Behörde mitzuteilen.

§ 33
Untersagung des Einstellens und Ausbildens

(1) Die nach Landesrecht zuständige Behörde kann für eine bestimmte Ausbildungsstätte das Einstellen und Ausbilden untersagen, wenn die Voraussetzungen nach § 27 nicht oder nicht mehr vorliegen.

(2) Die nach Landesrecht zuständige Behörde hat das Einstellen und Ausbilden zu untersagen, wenn die persönliche oder fachliche Eignung nicht oder nicht mehr vorliegt.

(3) Vor der Untersagung sind die Beteiligten und die zuständige Stelle zu hören. Dies gilt nicht im Falle des § 29 Nr. 1.

Abschnitt 4
Verzeichnis der Berufsausbildungsverhältnisse

§ 34
Einrichten, Führen

(1) Die zuständige Stelle hat für anerkannte Ausbildungsberufe ein Verzeichnis der Berufsausbildungsverhältnisse einzurichten und zu führen, in das der Berufsausbildungsvertrag einzutragen ist. Die Eintragung ist für Auszubildende gebührenfrei.

(2) Die Eintragung umfasst für jedes Berufsausbildungsverhältnis
1. Name, Vorname, Geburtsdatum, Anschrift der Auszubildenden,
2. Geschlecht, Staatsangehörigkeit, allgemeinbildender Schulabschluss, vorausgegangene Teilnahme an berufsvorbereitender Qualifizierung oder beruflicher Grundbildung, vorherige Berufsausbildung sowie vorheriges Studium, Anschlussvertrag bei Anrechnung einer zuvor absolvierten dualen Berufsausbildung nach diesem Gesetz oder nach der Handwerksordnung einschließlich Ausbildungsberuf,
3. Name, Vorname und Anschrift der gesetzlichen Vertreter und Vertreterinnen,
4. Ausbildungsberuf einschließlich Fachrichtung,
5. Berufsausbildung im Rahmen eines ausbildungsintegrierenden dualen Studiums,
6. Tag, Monat und Jahr des Abschlusses des Ausbildungsvertrages, Ausbildungsdauer, Dauer der Probezeit, Verkürzung der Ausbildungsdauer, Teilzeitberufsausbildung,
7. die bei Abschluss des Berufsausbildungsvertrages vereinbarte Vergütung für jedes Ausbildungsjahr,
8. Tag, Monat und Jahr des vertraglich vereinbarten Beginns und Endes der Berufsausbildung sowie Tag, Monat und Jahr einer vorzeitigen Auflösung des Ausbildungsverhältnisses,
9. Art der Förderung bei überwiegend öffentlich, insbesondere auf Grund des Dritten Buches Sozialgesetzbuch geförderten Berufsausbildungsverhältnissen,
10. Name und Anschrift der Ausbildenden, Anschrift und amtliche Gemeindeschlüssel der Ausbildungsstätte, Wirtschaftszweig, Betriebsnummer der Ausbildungsstätte nach § 18i Absatz 1 oder § 18k Absatz 1 des Vierten Buches Sozialgesetzbuch, Zugehörigkeit zum öffentlichen Dienst,
11. Name, Vorname, Geschlecht und Art der fachlichen Eignung der Ausbilder und Ausbilderinnen.

§ 35
Eintragen, Ändern, Löschen

(1) Ein Berufsausbildungsvertrag und Änderungen seines wesentlichen Inhalts sind in das Verzeichnis einzutragen, wenn

1. der Berufsausbildungsvertrag diesem Gesetz und der Ausbildungsordnung entspricht,
2. die persönliche und fachliche Eignung sowie die Eignung der Ausbildungsstätte für das Einstellen und Ausbilden vorliegen und
3. für Auszubildende unter 18 Jahren die ärztliche Bescheinigung über die Erstuntersuchung nach § 32 Abs. 1 des Jugendarbeitsschutzgesetzes zur Einsicht vorgelegt wird.

(2) Die Eintragung ist abzulehnen oder zu löschen, wenn die Eintragungsvoraussetzungen nicht vorliegen und der Mangel nicht nach § 23 Abs. 2 behoben wird. Die Eintragung ist ferner zu löschen, wenn die ärztliche Bescheinigung über die erste Nachuntersuchung nach § 33 Abs. 1 des Jugendarbeitsschutzgesetzes nicht spätestens am Tage der Anmeldung der Auszubildenden zur Zwischenprüfung oder zum ersten Teil der Abschlussprüfung zur Einsicht vorgelegt und der Mangel nicht nach § 32 Abs. 2 behoben wird.

(3) Die nach § 34 Absatz 2 Nummer 1, 4, 8 und 10 erhobenen Daten werden zur Verbesserung der Ausbildungsvermittlung, zur Verbesserung der Zuverlässigkeit und Aktualität der Ausbildungsvermittlungsstatistik sowie zur Verbesserung der Feststellung von Angebot und Nachfrage auf dem Ausbildungsmarkt an die Bundesagentur für Arbeit übermittelt. Bei der Datenübermittlung sind dem jeweiligen Stand der Technik entsprechende Maßnahmen zur Sicherstellung von Datenschutz und Datensicherheit, insbesondere nach den Artikeln 24, 25 und 32 der Verordnung (EU) 2016/679 des Europäischen Parlaments und des Rates vom 27. April 2016 zum Schutz natürlicher Personen bei der Verarbeitung personenbezogener Daten, zum freien Datenverkehr und zur Aufhebung der Richtlinie 95/46/EG (Datenschutz-Grundverordnung) (ABl. L 119 vom 4.5.2016, S. 1), zu treffen, die insbesondere die Vertraulichkeit, Unversehrtheit und Zurechenbarkeit der Daten gewährleisten.

§ 36
Antrag

(1) Ausbildende haben unverzüglich nach Abschluss des Berufsausbildungsvertrages die Eintragung in das Verzeichnis zu beantragen. Der Antrag kann schriftlich oder elektronisch gestellt werden; eine Kopie der Vertragsniederschrift ist jeweils beizufügen. Auf einen betrieblichen Ausbildungsplan im Sinne von § 11 Absatz 1 Satz 2 Nummer 2, der der zuständigen Stelle bereits vorliegt, kann dabei Bezug genommen werden. Entsprechendes gilt bei Änderungen des wesentlichen Vertragsinhalts.

(2) Ausbildende und Auszubildende sind verpflichtet, den zuständigen Stellen die zur Eintragung nach § 34 erforderlichen Tatsachen auf Verlangen mitzuteilen.

Abschnitt 5
Prüfungswesen

§ 37
Abschlussprüfung

(1) In den anerkannten Ausbildungsberufen sind Abschlussprüfungen durchzuführen. Die Abschlussprüfung kann im Falle des Nichtbestehens zweimal wiederholt werden. Sofern die Abschlussprüfung in zwei zeitlich auseinander fallenden Teilen durchgeführt wird, ist er der erste Teil der Abschlussprüfung nicht eigenständig wiederholbar.

(2) Dem Prüfling ist ein Zeugnis auszustellen. Ausbildenden werden auf deren Verlangen die Ergebnisse der Abschlussprüfung der Auszubildenden übermittelt. Sofern die Abschlussprüfung in zwei zeitlich auseinander fallenden Teilen durchgeführt wird, ist das Ergebnis der Prüfungsleistungen im ersten Teil der Abschlussprüfung dem Prüfling schriftlich mitzuteilen.

(3) Dem Zeugnis ist auf Antrag des Auszubildenden eine englischsprachige und eine französischsprachige Übersetzung beizufügen. Auf Antrag des Auszubildenden ist das Ergebnis berufsschulischer Leistungsfeststellungen auf dem Zeugnis auszuweisen. Der Auszubildende hat den Nachweis der berufsschulischen Leistungsfeststellungen dem Antrag beizufügen.

(4) Die Abschlussprüfung ist für Auszubildende gebührenfrei.

§ 38
Prüfungsgegenstand

Durch die Abschlussprüfung ist festzustellen, ob der Prüfling die berufliche Handlungsfähigkeit erworben hat. In ihr soll der Prüfling nachweisen, dass er die erforderlichen beruflichen Fertigkeiten beherrscht, die notwendigen beruflichen Kenntnisse und Fähigkeiten besitzt und mit dem im Berufsschulunterricht zu vermittelnden, für die Berufsausbildung wesentlichen Lehrstoff vertraut ist. Die Ausbildungsordnung ist zugrunde zu legen.

§ 39
Prüfungsausschüsse, Prüferdelegationen

(1) Für die Durchführung der Abschlussprüfung errichtet die zuständige Stelle Prüfungsausschüsse. Mehrere zuständige Stellen können bei einer von ihnen gemeinsame Prüfungsausschüsse errichten.

(2) Prüfungsausschüsse oder Prüferdelegationen nach § 42 Absatz 2 nehmen die Prüfungsleistungen ab.

(3) Prüfungsausschüsse oder Prüferdelegationen nach § 42 Absatz 2 können zur Bewertung einzelner, nicht mündlich zu erbringender Prüfungsleistungen gutachterliche Stellungnahmen Dritter, insbesondere berufsbildender Schulen, einholen. Im Rahmen der Begutachtung sind die wesentlichen Abläufe zu dokumentieren und die für die Bewertung erheblichen Tatsachen festzuhalten.

§ 40
Zusammensetzung, Berufung

(1) Der Prüfungsausschuss besteht aus mindestens drei Mitgliedern. Die Mitglieder müssen für die Prüfungsgebiete sachkundig und für die Mitwirkung im Prüfungswesen geeignet sein.

(2) Dem Prüfungsausschuss müssen als Mitglieder Beauftragte der Arbeitgeber und der Arbeitnehmer in gleicher Zahl sowie mindestens eine Lehrkraft einer berufsbildenden Schule angehören. Mindestens zwei Drittel der Gesamtzahl der Mitglieder müssen Beauftragte der Arbeitgeber und der Arbeitnehmer sein. Die Mitglieder haben Stellvertreter oder Stellvertreterinnen.

(3) Die Mitglieder werden von der zuständigen Stelle längstens für fünf Jahre berufen. Die Beauftragten der Arbeitnehmer werden auf Vorschlag der im Bezirk der zuständigen Stelle bestehenden Gewerkschaften und selbständigen Vereinigungen von Arbeitnehmern mit sozial- oder berufspolitischer Zwecksetzung berufen. Die Lehrkraft einer berufsbildenden Schule wird im Einvernehmen mit der Schulaufsichtsbehörde oder der von ihr bestimmten Stelle berufen. Werden Mitglieder nicht oder nicht in ausreichender Zahl innerhalb einer von der zuständigen Stelle gesetzten angemessenen Frist vorgeschlagen, so beruft die zuständige Stelle insoweit nach pflichtgemäßem Ermessen. Die Mitglieder der Prüfungsausschüsse können nach Anhören der an ihrer Berufung Beteiligten aus wichtigem Grund abberufen werden. Die Sätze 1 bis 5 gelten für die stellvertretenden Mitglieder entsprechend.

(4) Die zuständige Stelle kann weitere Prüfende für den Einsatz in Prüferdelegationen nach § 42 Absatz 2 berufen. Die Berufung weiterer Prüfender kann auf bestimmte Prüf- oder Fachgebiete beschränkt werden. Absatz 3 ist entsprechend anzuwenden.

(5) Die für die Berufung von Prüfungsausschussmitgliedern Vorschlagsberechtigten sind über die Anzahl und die Größe der einzurichtenden Prüfungsausschüsse sowie über die Zahl der von ihnen vorzuschlagenden weiteren Prüfenden zu unterrichten. Die Vorschlagsberechtigten werden von der zuständigen Stelle darüber unterrichtet, welche der von ihnen vorgeschlagenen Mitglieder, Stellvertreter und Stellvertreterinnen sowie weiterer Prüfenden berufen wurden.

(6) Die Tätigkeit im Prüfungsausschuss oder in einer Prüferdelegation ist ehrenamtlich. Für bare Auslagen und für Zeitversäumnis ist, soweit eine Entschädigung nicht von anderer Seite gewährt wird, eine angemessene Entschädigung zu zahlen, deren Höhe von der zuständigen Stelle mit Genehmigung der obersten Landesbehörde festgesetzt wird. Die Entschädigung für Zeitversäumnis hat mindestens im Umfang von § 16 des Justizvergütungs- und -entschädigungsgesetzes in der jeweils geltenden Fassung zu erfolgen.

(6a) Prüfende sind von ihrem Arbeitgeber von der Erbringung der Arbeitsleistung freizustellen, wenn

1. es zur ordnungsgemäßen Durchführung der ihnen durch das Gesetz zugewiesenen Aufgaben erforderlich ist und

2. wichtige betriebliche Gründe nicht entgegenstehen.

(7) Von Absatz 2 darf nur abgewichen werden, wenn anderenfalls die erforderliche Zahl von Mitgliedern des Prüfungsausschusses nicht berufen werden kann.

§ 41
Vorsitz, Beschlussfähigkeit, Abstimmung

(1) Der Prüfungsausschuss wählt ein Mitglied, das den Vorsitz führt, und ein weiteres Mitglied, das den Vorsitz stellvertretend übernimmt. Der Vorsitz und das ihn stellvertretende Mitglied sollen nicht derselben Mitgliedergruppe angehören.

(2) Der Prüfungsausschuss ist beschlussfähig, wenn zwei Drittel der Mitglieder, mindestens drei, mitwirken. Er beschließt mit der Mehrheit der abgegebenen Stimmen. Bei Stimmengleichheit gibt die Stimme des vorsitzenden Mitglieds den Ausschlag.

§ 42
Beschlussfassung, Bewertung der Abschlussprüfung

(1) Der Prüfungsausschuss fasst die Beschlüsse über
1. die Noten zur Bewertung einzelner Prüfungsleistungen, die er selbst abgenommen hat,
2. die Noten zur Bewertung der Prüfung insgesamt sowie
3. das Bestehen oder Nichtbestehen der Abschlussprüfung.

(2) Die zuständige Stelle kann im Einvernehmen mit den Mitgliedern des Prüfungsausschusses die Abnahme und abschließende Bewertung von Prüfungsleistungen auf Prüferdelegationen übertragen. Für die Zusammensetzung von Prüferdelegationen und für die Abstimmungen in der Prüferdelegation sind § 40 Absatz 1 und 2 sowie § 41 Absatz 2 entsprechend anzuwenden. Mitglieder von Prüferdelegationen können die Mitglieder des Prüfungsausschusses, deren Stellvertreter und Stellvertreterinnen sowie weitere Prüfende sein, die durch die zuständige Stelle nach § 40 Absatz 4 berufen worden sind.

(3) Die zuständige Stelle hat vor Beginn der Prüfung über die Bildung von Prüferdelegationen, über deren Mitglieder sowie über deren Stellvertreter und Stellvertreterinnen zu entscheiden. Prüfende können Mitglieder mehrerer Prüferdelegationen sein. Sind verschiedene Prüfungsleistungen derart aufeinander bezogen, dass deren Beurteilung nur einheitlich erfolgen kann, so müssen diese Prüfungsleistungen von denselben Prüfenden abgenommen werden.

(4) Nach § 47 Absatz 2 Satz 2 erstellte oder ausgewählte Antwort-Wahl-Aufgaben können automatisiert ausgewertet werden, wenn das Aufgabenerstellungs- oder Aufgabenauswahlgremium festgelegt hat, welche Antworten als zutreffend anerkannt werden. Die Ergebnisse sind vom Prüfungsausschuss zu übernehmen.

(5) Der Prüfungsausschuss oder die Prüferdelegation kann einvernehmlich die Abnahme und Bewertung einzelner schriftlicher oder sonstiger Prüfungsleistungen, deren Bewertung unabhängig von der Anwesenheit bei der Erbringung erfolgen kann, so vornehmen, dass zwei seiner oder ihrer Mitglieder die Prüfungsleistungen selbständig und unabhängig bewerten. Weichen die auf der Grundlage des in der Prüfungsordnung vorgesehenen Bewertungsschlüssels erfolgten Bewertungen der beiden Prüfenden um nicht mehr als 10 Prozent der erreichbaren Punkte voneinander ab, so errechnet sich die endgültige Bewertung aus dem Durchschnitt der beiden Bewertungen. Bei einer größeren Abweichung erfolgt die endgültige Bewertung durch ein vorab bestimmtes weiteres Mitglied des Prüfungsausschusses oder der Prüferdelegation.

(6) Sieht die Ausbildungsordnung vor, dass Auszubildende bei erfolgreichem Abschluss eines zweijährigen Ausbildungsberufs vom ersten Teil der Abschlussprüfung eines darauf aufbauenden drei- oder dreieinhalbjährigen Ausbildungsberufs befreit sind, so ist das Ergebnis der Abschlussprüfung des zweijährigen Ausbildungsberufs vom Prüfungsausschuss als das Ergebnis des ersten Teils der Abschlussprüfung des auf dem zweijährigen Ausbildungsberuf aufbauenden drei- oder dreieinhalbjährigen Ausbildungsberufs zu übernehmen.

§ 43
Zulassung zur Abschlussprüfung

(1) Zur Abschlussprüfung ist zuzulassen,
1. wer die Ausbildungsdauer zurückgelegt hat oder wessen Ausbildungsdauer nicht später als zwei Monate nach dem Prüfungstermin endet,
2. wer an vorgeschriebenen Zwischenprüfungen teilgenommen sowie einen vom Ausbilder und Auszubildenden unterzeichneten Ausbildungsnachweis nach § 13 Satz 2 Nummer 7 vorgelegt hat und
3. wessen Berufsausbildungsverhältnis in das Verzeichnis der Berufsausbildungsverhältnisse eingetragen oder aus einem Grund nicht eingetragen ist, den weder die Auszubildenden noch deren gesetzliche Vertreter oder Vertreterinnen zu vertreten haben.

(2) Zur Abschlussprüfung ist ferner zuzulassen, wer in einer berufsbildenden Schule oder einer sonstigen Berufsbildungseinrichtung ausgebildet worden ist, wenn dieser Bildungsgang der Berufsausbildung in einem anerkannten Ausbildungsberuf entspricht. Ein Bildungsgang entspricht der Berufsausbildung in einem anerkannten Ausbildungsberuf, wenn er
1. nach Inhalt, Anforderung und zeitlichem Umfang der jeweiligen Ausbildungsordnung gleichwertig ist,
2. systematisch, insbesondere im Rahmen einer sachlichen und zeitlichen Gliederung, durchgeführt wird und

3. durch Lernortkooperation einen angemessenen Anteil an fachpraktischer Ausbildung gewährleistet.

§ 44
Zulassung zur Abschlussprüfung bei zeitlich auseinander fallenden Teilen

(1) Sofern die Abschlussprüfung in zwei zeitlich auseinander fallenden Teilen durchgeführt wird, ist über die Zulassung jeweils gesondert zu entscheiden.

(2) Zum ersten Teil der Abschlussprüfung ist zuzulassen, wer die in der Ausbildungsordnung vorgeschriebene, erforderliche Ausbildungsdauer zurückgelegt hat und die Voraussetzungen des § 43 Abs. 1 Nr. 2 und 3 erfüllt.

(3) Zum zweiten Teil der Abschlussprüfung ist zuzulassen, wer

1. über die Voraussetzungen des § 43 Absatz 1 hinaus am ersten Teil der Abschlussprüfung teilgenommen hat,

2. auf Grund einer Rechtsverordnung nach § 5 Absatz 2 Satz 1 Nummer 2b von der Ablegung des ersten Teils der Abschlussprüfung befreit ist oder

3. aus Gründen, die er nicht zu vertreten hat, am ersten Teil der Abschlussprüfung nicht teilgenommen hat.

Im Fall des Satzes 1 Nummer 3 ist der erste Teil der Abschlussprüfung zusammen mit dem zweiten Teil abzulegen.

§ 45
Zulassung in besonderen Fällen

(1) Auszubildende können nach Anhörung der Ausbildenden und der Berufsschule vor Ablauf ihrer Ausbildungszeit zur Abschlussprüfung zugelassen werden, wenn ihre Leistungen dies rechtfertigen.

(2) Zur Abschlussprüfung ist auch zuzulassen, wer nachweist, dass er mindestens das Eineinhalbfache der Zeit, die als Ausbildungsdauer vorgeschrieben ist, in dem Beruf tätig gewesen ist, in dem die Prüfung abgelegt werden soll. Als Zeiten der Berufstätigkeit gelten auch Ausbildungszeiten in einem anderen, einschlägigen Ausbildungsberuf. Vom Nachweis der Mindestzeit nach Satz 1 kann ganz oder teilweise abgesehen werden, wenn durch Vorlage von Zeugnissen oder auf andere Weise glaubhaft gemacht wird, dass der Bewerber oder die Bewerberin die berufliche Handlungsfähigkeit erworben hat, die die Zulassung zur Prüfung rechtfertigt. Ausländische Bildungsabschlüsse und Zeiten der Berufstätigkeit im Ausland sind dabei zu berücksichtigen.

(3) Soldaten oder Soldatinnen auf Zeit und ehemalige Soldaten oder Soldatinnen sind nach Absatz 2 Satz 3 zur Abschlussprüfung zuzulassen, wenn das Bundesministerium der Verteidigung oder die von ihm bestimmte Stelle bescheinigt, dass der Bewerber oder die Bewerberin berufliche Fertigkeiten, Kenntnisse und Fähigkeiten erworben hat, welche die Zulassung zur Prüfung rechtfertigen.

§ 46
Entscheidung über die Zulassung

(1) Über die Zulassung zur Abschlussprüfung entscheidet die zuständige Stelle. Hält sie die Zulassungsvoraussetzungen nicht für gegeben, so entscheidet der Prüfungsausschuss.

(2) Auszubildenden, die Elternzeit in Anspruch genommen haben, darf bei der Entscheidung über die Zulassung hieraus kein Nachteil erwachsen.

§ 47
Prüfungsordnung

(1) Die zuständige Stelle hat eine Prüfungsordnung für die Abschlussprüfung zu erlassen. Die Prüfungsordnung bedarf der Genehmigung der zuständigen obersten Landesbehörde.

(2) Die Prüfungsordnung muss die Zulassung, die Gliederung der Prüfung, die Bewertungsmaßstäbe, die Erteilung der Prüfungszeugnisse, die Folgen von Verstößen gegen die Prüfungsordnung und die Wiederholungsprüfung regeln. Sie kann vorsehen, dass Prüfungsaufgaben, die überregional oder von einem Aufgabenerstellungsausschuss bei der zuständigen Stelle erstellt oder ausgewählt werden, zu übernehmen sind, sofern diese Aufgaben von Gremien erstellt oder ausgewählt werden, die entsprechend § 40 Abs. 2 zusammengesetzt sind.

(3) Im Fall des § 73 Absatz 1 erlässt das Bundesministerium des Innern, für Bau und Heimat oder das sonst zuständige Fachministerium die Prüfungsordnung durch Rechtsverordnung, die nicht der Zustimmung des Bundesrates bedarf. Das Bundesministerium des Innern, für Bau und Heimat oder das sonst zuständige Fachministerium kann die Ermächtigung nach Satz 1 durch Rechtsverordnung auf die von ihm bestimmte zuständige Stelle übertragen.

(4) Im Fall des § 73 Absatz 2 erlässt die zuständige Landesregierung die Prüfungsordnung durch Rechtsverordnung. Die Ermächtigung nach Satz 1 kann durch Rechtsverordnung auf die von ihr bestimmte zuständige Stelle übertragen werden.

(5) Wird im Fall des § 71 Absatz 8 die zuständige Stelle durch das Land bestimmt, so erlässt die zuständige Landesregierung die Prüfungsordnung durch Rechtsverordnung. Die Ermächtigung nach Satz 1 kann durch Rechtsverordnung auf die von ihr bestimmte zuständige Stelle übertragen werden.

(6) Der Hauptausschuss des Bundesinstituts für Berufsbildung erlässt für die Prüfungsordnung Richtlinien.

§ 48
Zwischenprüfungen

(1) Während der Berufsausbildung ist zur Ermittlung des Ausbildungsstandes eine Zwischenprüfung entsprechend der Ausbildungsordnung durchzuführen. Die §§ 37 bis 39 gelten entsprechend.

(2) Die Zwischenprüfung entfällt, sofern
1. die Ausbildungsordnung vorsieht, dass die Abschlussprüfung in zwei zeitlich auseinanderfallenden Teilen durchgeführt wird, oder
2. die Ausbildungsordnung vorsieht, dass auf die Dauer der durch die Ausbildungsordnung geregelten Berufsausbildung die Dauer einer anderen abgeschlossenen Berufsausbildung im Umfang von mindestens zwei Jahren anzurechnen ist, und die Vertragsparteien die Anrechnung mit mindestens dieser Dauer vereinbart haben.

(3) Umzuschulende sind auf ihren Antrag zur Zwischenprüfung zuzulassen.

§ 49
Zusatzqualifikationen

(1) Zusätzliche berufliche Fertigkeiten, Kenntnisse und Fähigkeiten nach § 5 Abs. 2 Nr. 5 werden gesondert geprüft und bescheinigt. Das Ergebnis der Prüfung nach § 37 bleibt unberührt.

(2) § 37 Abs. 3 und 4 sowie die §§ 39 bis 42 und 47 gelten entsprechend.

§ 50
Gleichstellung von Prüfungszeugnissen

(1) Das Bundesministerium für Wirtschaft und Energie oder das sonst zuständige Fachministerium kann im Einvernehmen mit dem Bundesministerium für Bildung und Forschung nach Anhörung des Hauptausschusses des Bundesinstituts für Berufsbildung durch Rechtsverordnung außerhalb des Anwendungsbereichs dieses Gesetzes erworbene Prüfungszeugnisse den entsprechenden Zeugnissen über das Bestehen der Abschlussprüfung gleichstellen, wenn die Berufsausbildung und die in der Prüfung nachzuweisenden beruflichen Fertigkeiten, Kenntnisse und Fähigkeiten gleichwertig sind.

(2) Das Bundesministerium für Wirtschaft und Energie oder das sonst zuständige Fachministerium kann im Einvernehmen mit dem Bundesministerium für Bildung und Forschung nach Anhörung des Hauptausschusses des Bundesinstituts für Berufsbildung durch Rechtsverordnung im Ausland erworbene Prüfungszeugnisse den entsprechenden Zeugnissen über das Bestehen der Abschlussprüfung gleichstellen, wenn die in der Prüfung nachzuweisenden beruflichen Fertigkeiten, Kenntnisse und Fähigkeiten gleichwertig sind.

§ 50a
Gleichwertigkeit ausländischer Berufsqualifikationen

Ausländische Berufsqualifikationen stehen einer bestandenen Aus- oder Fortbildungsprüfung nach diesem Gesetz gleich, wenn die Gleichwertigkeit der beruflichen Fertigkeiten, Kenntnisse und Fähigkeiten nach dem Berufsqualifikationsfeststellungsgesetz festgestellt wurde.

Abschnitt 6
Interessenvertretung

§ 51
Interessenvertretung

(1) Auszubildende, deren praktische Berufsbildung in einer sonstigen Berufsbildungseinrichtung außerhalb der schulischen und betrieblichen Berufsbildung (§ 2 Abs. 1 Nr. 3) mit in der Regel mindestens fünf Auszubildenden stattfindet und die nicht wahlberechtigt zum Betriebsrat nach § 7 des Betriebsverfassungsgesetzes, zur Jugend- und Auszubildendenvertretung nach § 60 des Betriebsverfassungsgesetzes oder zur Mitwirkungsvertretung nach § 52 des Neunten Buches Sozialgesetzbuch sind (außerbetriebliche Auszubildende), wählen eine besondere Interessenvertretung.

(2) Absatz 1 findet keine Anwendung auf Berufsbildungseinrichtungen von Religionsgemeinschaften sowie auf andere Berufsbildungseinrichtungen, soweit sie eigene gleichwertige Regelungen getroffen haben.

§ 52
Verordnungsermächtigung

Das Bundesministerium für Bildung und Forschung kann durch Rechtsverordnung, die nicht der Zustimmung des Bundesrates bedarf, die Fragen bestimmen, auf die sich die Beteiligung erstreckt, die Zusammensetzung und die Amtszeit der Interessenvertretung, die Durchführung der Wahl, insbesondere die Feststellung der Wahlberechtigung und der Wählbarkeit sowie Art und Umfang der Beteiligung.

Kapitel 2
Berufliche Fortbildung

Abschnitt 1
Fortbildungsordnungen des Bundes

§ 53
Fortbildungsordnungen der höherqualifizierenden Berufsbildung

(1) Als Grundlage für eine einheitliche höherqualifizierende Berufsbildung kann das Bundesministerium für Bildung und Forschung im Einvernehmen mit dem Bundesministerium für Wirtschaft und Energie oder mit dem sonst zuständigen Fachministerium nach Anhörung des Hauptausschusses des Bundesinstituts für Berufsbildung durch Rechtsverordnung, die nicht der Zustimmung des Bundesrates bedarf, Abschlüsse der höherqualifizierenden Berufsbildung anerkennen und hierfür Prüfungsregelungen erlassen (Fortbildungsordnungen).

(2) Die Fortbildungsordnungen haben festzulegen:
1. die Bezeichnung des Fortbildungsabschlusses,
2. die Fortbildungsstufe,
3. das Ziel, den Inhalt und die Anforderungen der Prüfung,
4. die Zulassungsvoraussetzungen für die Prüfung und
5. das Prüfungsverfahren.

(3) Abweichend von Absatz 1 werden Fortbildungsordnungen
1. in den Berufen der Landwirtschaft, einschließlich der ländlichen Hauswirtschaft, durch das Bundesministerium für Ernährung und Landwirtschaft im Einvernehmen mit dem Bundesministerium für Bildung und Forschung erlassen und
2. in Berufen der Hauswirtschaft durch das Bundesministerium für Wirtschaft und Energie im Einvernehmen mit dem Bundesministerium für Bildung und Forschung erlassen.

§ 53a
Fortbildungsstufen

(1) Die Fortbildungsstufen der höherqualifizierenden Berufsbildung sind
1. als erste Fortbildungsstufe der Geprüfte Berufsspezialist und die Geprüfte Berufsspezialistin,
2. als zweite Fortbildungsstufe der Bachelor Professional und
3. als dritte Fortbildungsstufe der Master Professional.

(2) Jede Fortbildungsordnung, die eine höherqualifizierende Berufsbildung der ersten Fortbildungsstufe regelt, soll auf einen Abschluss der zweiten Fortbildungsstufe hinführen.

§ 53b
Geprüfter Berufsspezialist und Geprüfte Berufsspezialistin

(1) Den Fortbildungsabschluss des Geprüften Berufsspezialisten oder der Geprüften Berufsspezialistin erlangt, wer eine Prüfung der ersten beruflichen Fortbildungsstufe besteht.

(2) In der Fortbildungsprüfung der ersten beruflichen Fortbildungsstufe wird festgestellt, ob der Prüfling
1. die Fertigkeiten, Kenntnisse und Fähigkeiten, die er in der Regel im Rahmen der Berufsausbildung erworben hat, vertieft hat und
2. die in der Regel im Rahmen der Berufsausbildung erworbene berufliche Handlungsfähigkeit um neue Fertigkeiten, Kenntnisse und Fähigkeiten ergänzt hat.
Der Lernumfang für den Erwerb dieser Fertigkeiten, Kenntnisse und Fähigkeiten soll mindestens 400 Stunden betragen.

(3) Als Voraussetzung zur Zulassung für eine Prüfung der ersten beruflichen Fortbildungsstufe ist als Regelzugang der Abschluss in einem anerkannten Ausbildungsberuf vorzusehen.

(4) Die Bezeichnung eines Fortbildungsabschlusses der ersten beruflichen Fortbildungsstufe beginnt mit den Wörtern „Geprüfter Berufsspezialist für" oder „Geprüfte Berufsspezialistin für". Die Fortbildungsordnung kann vorsehen, dass dieser Abschlussbezeichnung eine weitere Abschlussbezeichnung vorangestellt wird. Diese Abschlussbezeichnung der ersten beruflichen Fortbildungsstufe darf nur führen, wer
1. die Prüfung der ersten beruflichen Fortbildungsstufe bestanden hat oder
2. die Prüfung einer gleichwertigen beruflichen Fortbildung auf der Grundlage bundes- oder landesrechtlicher Regelungen, die diese Abschlussbezeichnung vorsehen, bestanden hat.

§ 53c
Bachelor Professional

(1) Den Fortbildungsabschluss Bachelor Professional erlangt, wer eine Prüfung der zweiten beruflichen Fortbildungsstufe erfolgreich besteht.

(2) In der Fortbildungsprüfung der zweiten beruflichen Fortbildungsstufe wird festgestellt, ob der Prüfling in der Lage ist, Fach- und Führungsfunktionen zu übernehmen, in denen zu verantwortende Leitungsprozesse von Organisationen eigenständig gesteuert werden, eigenständig ausgeführt werden und dafür Mitarbeiter und Mitarbeiterinnen geführt werden. Der Lernumfang für den Erwerb dieser Fertigkeiten, Kenntnisse und Fähigkeiten soll mindestens 1 200 Stunden betragen.

(3) Als Voraussetzung zur Zulassung für eine Prüfung der zweiten beruflichen Fortbildungsstufe ist als Regelzugang vorzusehen:
1. der Abschluss in einem anerkannten Ausbildungsberuf oder
2. ein Abschluss der ersten beruflichen Fortbildungsstufe.

(4) Die Bezeichnung eines Fortbildungsabschlusses der zweiten beruflichen Fortbildungsstufe beginnt mit den Wörtern „Bachelor Professional in". Die Fortbildungsordnung kann vorsehen, dass dieser Abschlussbezeichnung eine weitere Abschlussbezeichnung vorangestellt wird. Die Abschlussbezeichnung der zweiten beruflichen Fortbildungsstufe darf nur führen, wer
1. die Prüfung der zweiten beruflichen Fortbildungsstufe bestanden hat oder
2. die Prüfung einer gleichwertigen beruflichen Fortbildung auf der Grundlage bundes- oder landesrechtlicher Regelungen, die diese Abschlussbezeichnung vorsehen, bestanden hat.

§ 53d
Master Professional

(1) Den Fortbildungsabschluss Master Professional erlangt, wer die Prüfung der dritten beruflichen Fortbildungsstufe besteht.

(2) In der Fortbildungsprüfung der dritten beruflichen Fortbildungsstufe wird festgestellt, ob der Prüfling
1. die Fertigkeiten, Kenntnisse und Fähigkeiten, die er in der Regel mit der Vorbereitung auf eine Fortbildungsprüfung der zweiten Fortbildungsstufe erworben hat, vertieft hat und
2. neue Fertigkeiten, Kenntnisse und Fähigkeiten erworben hat, die erforderlich sind für die verantwortliche Führung von Organisationen oder zur Bearbeitung von neuen, komplexen Aufgaben- und Problemstellungen wie der Entwicklung von Verfahren und Produkten.
Der Lernumfang für den Erwerb dieser Fertigkeiten, Kenntnisse und Fähigkeiten soll mindestens 1 600 Stunden betragen.

(3) Als Voraussetzung zur Zulassung für eine Prüfung der dritten beruflichen Fortbildungsstufe ist als Regelzugang ein Abschluss auf der zweiten beruflichen Fortbildungsstufe vorzusehen.

(4) Die Bezeichnung eines Fortbildungsabschlusses der dritten beruflichen Fortbildungsstufe beginnt mit den Wörtern „Master Professional in". Die Fortbildungsordnung kann vorsehen, dass dieser Abschlussbezeichnung eine weitere Abschlussbezeichnung vorangestellt wird. Die Abschlussbezeichnung der dritten beruflichen Fortbildungsstufe darf nur führen, wer
1. die Prüfung der dritten beruflichen Fortbildungsstufe bestanden hat oder
2. die Prüfung einer gleichwertigen beruflichen Fortbildung auf der Grundlage bundes- oder landesrechtlicher Regelungen, die diese Abschlussbezeichnung vorsehen, bestanden hat.

§ 53e
Anpassungsfortbildungsordnungen

(1) Als Grundlage für eine einheitliche Anpassungsfortbildung kann das Bundesministerium für Bildung und Forschung im Einvernehmen mit dem Bundesministerium für Wirtschaft und Energie oder dem sonst zuständigen Fachministerium nach Anhörung des Hauptausschusses des Bundesinstituts für Berufsbildung durch Rechtsverordnung, die nicht der Zustimmung des Bundesrates bedarf, Fortbildungsabschlüsse anerkennen und hierfür Prüfungsregelungen erlassen (Anpassungsfortbildungsordnungen).

(2) Die Anpassungsfortbildungsordnungen haben festzulegen:
1. die Bezeichnung des Fortbildungsabschlusses,
2. das Ziel, den Inhalt und die Anforderungen der Prüfung,
3. die Zulassungsvoraussetzungen und
4. das Prüfungsverfahren.

(3) Abweichend von Absatz 1 werden Anpassungsfortbildungsordnungen
1. in den Berufen der Landwirtschaft, einschließlich der ländlichen Hauswirtschaft, durch das Bundesministerium für Ernährung und Landwirtschaft im Einvernehmen mit dem Bundesministerium für Bildung und Forschung erlassen und
2. in Berufen der Hauswirtschaft durch das Bundesministerium für Wirtschaft und Energie im Einvernehmen mit dem Bundesministerium für Bildung und Forschung erlassen.

Abschnitt 2
Fortbildungsprüfungsregelungen der zuständigen Stellen

§ 54
Fortbildungsprüfungsregelungen der zuständigen Stellen

(1) Sofern für einen Fortbildungsabschluss weder eine Fortbildungsordnung noch eine Anpassungsfortbildungsordnung erlassen worden ist, kann die zuständige Stelle Fortbildungsprüfungsregelungen erlassen. Wird im Fall des § 71 Absatz 8 als zuständige Stelle eine Landesbehörde bestimmt, so erlässt die zuständige Landesregierung die Fortbildungsprüfungsregelungen durch Rechtsverordnung. Die Ermächtigung nach Satz 2 kann durch Rechtsverordnung auf die von ihr bestimmte zuständige Stelle übertragen werden.

(2) Die Fortbildungsprüfungsregelungen haben festzulegen:
1. die Bezeichnung des Fortbildungsabschlusses,
2. das Ziel, den Inhalt und die Anforderungen der Prüfungen,
3. die Zulassungsvoraussetzungen für die Prüfung und
4. das Prüfungsverfahren.

(3) Bestätigt die zuständige oberste Landesbehörde,
1. dass die Fortbildungsprüfungsregelungen die Voraussetzungen des § 53b Absatz 2 und 3 sowie des § 53a Absatz 2 erfüllen, so beginnt die Bezeichnung des Fortbildungsabschlusses mit den Wörtern „Geprüfter Berufsspezialist für" oder „Geprüfte Berufsspezialistin für",
2. dass die Fortbildungsprüfungsregelungen die Voraussetzungen des § 53c Absatz 2 und 3 erfüllen, so beginnt die Bezeichnung des Fortbildungsabschlusses mit den Wörtern „Bachelor Professional in",
3. dass die Fortbildungsprüfungsregelungen die Voraussetzungen des § 53d Absatz 2 und 3 erfüllen, so beginnt die Bezeichnung des Fortbildungsabschlusses mit den Wörtern „Master Professional in".

Der Abschlussbezeichnung nach Satz 1 ist in Klammern ein Zusatz beizufügen, aus dem sich zweifelsfrei die zuständige Stelle ergibt, die die Fortbildungsprüfungsregelungen erlassen hat. Die Fortbildungsprüfungsregelungen können vorsehen, dass dieser Abschlussbezeichnung eine weitere Abschlussbezeichnung vorangestellt wird.

(4) Eine Abschlussbezeichnung, die in einer von der zuständigen obersten Landesbehörde bestätigten Fortbildungsprüfungsregelung enthalten ist, darf nur führen, wer die Prüfung bestanden hat.

Abschnitt 3
Ausländische Vorqualifikationen, Prüfungen

§ 55
Berücksichtigung ausländischer Vorqualifikationen

Sofern Fortbildungsordnungen, Anpassungsfortbildungsordnungen oder Fortbildungsprüfungsregelungen nach § 54 Zulassungsvoraussetzungen zu Prüfungen vorsehen, sind ausländische Bildungsabschlüsse und Zeiten der Berufstätigkeit im Ausland zu berücksichtigen.

§ 56
Fortbildungsprüfungen

(1) Für die Durchführung von Prüfungen im Bereich der beruflichen Fortbildung errichtet die zuständige Stelle Prüfungsausschüsse. § 37 Absatz 2 Satz 1 und 2 und Absatz 3 Satz 1 sowie § 39 Absatz 1 Satz 2, Absatz 2 und 3 und die §§ 40 bis 42, 46 und 47 sind entsprechend anzuwenden.

(2) Der Prüfling ist auf Antrag von der Ablegung einzelner Prüfungsbestandteile durch die zuständige Stelle zu befreien, wenn

1. er eine andere vergleichbare Prüfung vor einer öffentlichen oder einer staatlich anerkannten Bildungseinrichtung oder vor einem staatlichen Prüfungsausschuss erfolgreich abgelegt hat und
2. die Anmeldung zur Fortbildungsprüfung innerhalb von zehn Jahren nach der Bekanntgabe des Bestehens der Prüfung erfolgt.

§ 57
Gleichstellung von Prüfungszeugnissen

Das Bundesministerium für Wirtschaft und Energie oder das sonst zuständige Fachministerium kann im Einvernehmen mit dem Bundesministerium für Bildung und Forschung nach Anhörung des Hauptausschusses des Bundesinstituts für Berufsbildung durch Rechtsverordnung Prüfungszeugnisse, die außerhalb des Anwendungsbereichs dieses Gesetzes oder im Ausland erworben worden sind, den entsprechenden Zeugnissen über das Bestehen einer Fortbildungsprüfung auf der Grundlage der §§ 53b bis 53e und 54 gleichstellen, wenn die in der Prüfung nachzuweisenden beruflichen Fertigkeiten, Kenntnisse und Fähigkeiten gleichwertig sind.

§ 58
Umschulungsordnung

Als Grundlage für eine geordnete und einheitliche berufliche Umschulung kann das Bundesministerium für Bildung und Forschung im Einvernehmen mit dem Bundesministerium für Wirtschaft und Energie oder dem sonst zuständigen Fachministerium nach Anhörung des Hauptausschusses des Bundesinstituts für Berufsbildung durch Rechtsverordnung, die nicht der Zustimmung des Bundesrates bedarf,

1. die Bezeichnung des Umschulungsabschlusses,
2. das Ziel, den Inhalt, die Art und Dauer der Umschulung,
3. die Anforderungen der Umschulungsprüfung und die Zulassungsvoraussetzungen sowie
4. das Prüfungsverfahren der Umschulung

unter Berücksichtigung der besonderen Erfordernisse der beruflichen Erwachsenenbildung bestimmen (Umschulungsordnung).

§ 59
Umschulungsprüfungsregelungen der zuständigen Stellen

Soweit Rechtsverordnungen nach § 58 nicht erlassen sind, kann die zuständige Stelle Umschulungsprüfungsregelungen erlassen. Wird im Fall des § 71 Absatz 8 als zuständige Stelle eine Landesbehörde bestimmt, so erlässt die zuständige Landesregierung die Umschulungsprüfungsregelungen durch Rechtsverordnung. Die Ermächtigung nach Satz 2 kann durch Rechtsverordnung auf die von ihr bestimmte zuständige Stelle übertragen werden. Die zuständige Stelle regelt die Bezeichnung des Umschulungsabschlusses, Ziel, Inhalt und Anforderungen der Prüfungen, die Zulassungsvoraussetzungen sowie das Prüfungsverfahren unter Berücksichtigung der besonderen Erfordernisse beruflicher Erwachsenenbildung.

§ 60
Umschulung für einen anerkannten Ausbildungsberuf

Sofern sich die Umschulungsordnung (§ 58) oder eine Regelung der zuständigen Stelle (§ 59) auf die Umschulung für einen anerkannten Ausbildungsberuf richtet, sind das Ausbildungsberufsbild (§ 5 Abs. 1 Nr. 3), der Ausbildungsrahmenplan (§ 5 Abs. 1 Nr. 4) und die Prüfungsanforderungen (§ 5 Abs. 1 Nr. 5) zugrunde zu legen. Die §§ 27 bis 33 gelten entsprechend.

§ 61
Berücksichtigung ausländischer Vorqualifikationen

Sofern die Umschulungsordnung (§ 58) oder eine Regelung der zuständigen Stelle (§ 59) Zulassungsvoraussetzungen vorsieht, sind ausländische Bildungsabschlüsse und Zeiten der Berufstätigkeit im Ausland zu berücksichtigen.

§ 62
Umschulungsmaßnahmen; Umschulungsprüfungen

(1) Maßnahmen der beruflichen Umschulung müssen nach Inhalt, Art, Ziel und Dauer den besonderen Erfordernissen der beruflichen Erwachsenenbildung entsprechen.

(2) Umschulende haben die Durchführung der beruflichen Umschulung vor Beginn der Maßnahme der zuständigen Stelle schriftlich anzuzeigen. Die Anzeigepflicht erstreckt sich auf den wesentlichen Inhalt des Umschulungsverhältnisses. Bei Abschluss eines Umschulungsvertrages ist eine Ausfertigung der Vertragsniederschrift beizufügen.

(3) Für die Durchführung von Prüfungen im Bereich der beruflichen Umschulung errichtet die zuständige Stelle Prüfungsausschüsse. § 37 Absatz 2
und 3 sowie § 39 Absatz 2 und die §§ 40 bis 42, 46 und 47 gelten entsprechend.

(4) Der Prüfling ist auf Antrag von der Ablegung einzelner Prüfungsbestandteile durch die zuständige Stelle zu befreien, wenn er eine andere vergleichbare Prüfung vor einer öffentlichen oder staatlich anerkannten Bildungseinrichtung oder vor einem staatlichen Prüfungsausschuss erfolgreich
abgelegt hat und die Anmeldung zur Umschulungsprüfung innerhalb von
zehn Jahren nach der Bekanntgabe des Bestehens der anderen Prüfung erfolgt.

§ 63
Gleichstellung von Prüfungszeugnissen

Das Bundesministerium für Wirtschaft und Energie oder das sonst zuständige
Fachministerium kann im Einvernehmen mit dem Bundesministerium für Bildung und Forschung nach Anhörung des Hauptausschusses des Bundesinstituts
für Berufsbildung durch Rechtsverordnung außerhalb des Anwendungsbereichs
dieses Gesetzes oder im Ausland erworbene Prüfungszeugnisse den entsprechenden Zeugnissen über das Bestehen einer Umschulungsprüfung auf der
Grundlage der §§ 58 und 59 gleichstellen, wenn die in der Prüfung nachzuweisenden beruflichen Fertigkeiten, Kenntnisse und Fähigkeiten gleichwertig
sind.

Kapitel 4
Berufsbildung für besondere Personengruppen

Abschnitt 1
Berufsbildung behinderter Menschen

§ 64
Berufsausbildung

Behinderte Menschen (§ 2 Abs. 1 Satz 1 des Neunten Buches Sozialgesetzbuch)
sollen in anerkannten Ausbildungsberufen ausgebildet werden.

§ 65
Berufsausbildung in anerkannten Ausbildungsberufen

(1) Regelungen nach den §§ 9 und 47 sollen die besonderen Verhältnisse behinderter Menschen berücksichtigen. Dies gilt insbesondere für die zeitliche und sachliche Gliederung der Ausbildung, die Dauer von Prüfungszeiten, die Zulassung von Hilfsmitteln und die Inanspruchnahme von Hilfeleistungen Dritter wie Gebärdensprachdolmetscher für hörbehinderte Menschen.

(2) Der Berufsausbildungsvertrag mit einem behinderten Menschen ist in das Verzeichnis der Berufsausbildungsverhältnisse (§ 34) einzutragen. Der behinderte Mensch ist zur Abschlussprüfung auch zuzulassen, wenn die Voraussetzungen des § 43 Abs. 1 Nr. 2 und 3 nicht vorliegen.

§ 66
Ausbildungsregelungen der zuständigen Stellen

(1) Für behinderte Menschen, für die wegen Art und Schwere ihrer Behinderung eine Ausbildung in einem anerkannten Ausbildungsberuf nicht in Betracht kommt, treffen die zuständigen Stellen auf Antrag der behinderten Menschen oder ihrer gesetzlichen Vertreter oder Vertreterinnen Ausbildungsregelungen entsprechend den Empfehlungen des Hauptausschusses des Bundesinstituts für Berufsbildung. Die Ausbildungsinhalte sollen unter Berücksichtigung von Lage und Entwicklung des allgemeinen Arbeitsmarktes aus den Inhalten anerkannter Ausbildungsberufe entwickelt werden. Im Antrag nach Satz 1 ist eine Ausbildungsmöglichkeit in dem angestrebten Ausbildungsgang nachzuweisen.

(2) § 65 Abs. 2 Satz 1 gilt entsprechend.

§ 67
Berufliche Fortbildung, berufliche Umschulung

Für die berufliche Fortbildung und die berufliche Umschulung behinderter Menschen gelten die §§ 64 bis 66 entsprechend, soweit es Art und Schwere der Behinderung erfordern.

Abschnitt 2
Berufsausbildungsvorbereitung

§ 68
Personenkreis und Anforderungen

(1) Die Berufsausbildungsvorbereitung richtet sich an lernbeeinträchtigte oder sozial benachteiligte Personen, deren Entwicklungsstand eine erfolgreiche Ausbildung in einem anerkannten Ausbildungsberuf noch nicht erwarten lässt. Sie muss nach Inhalt, Art, Ziel und Dauer den besonderen Erfordernissen des in Satz 1 genannten Personenkreises entsprechen und durch umfassende sozialpädagogische Betreuung und Unterstützung begleitet werden.

(2) Für die Berufsausbildungsvorbereitung, die nicht im Rahmen des Dritten Buches Sozialgesetzbuch oder anderer vergleichbarer, öffentlich geförderter Maßnahmen durchgeführt wird, gelten die §§ 27 bis 33 entsprechend.

§ 69
Qualifizierungsbausteine, Bescheinigung

(1) Die Vermittlung von Grundlagen für den Erwerb beruflicher Handlungsfähigkeit (§ 1 Abs. 2) kann insbesondere durch inhaltlich und zeitlich abgegrenzte Lerneinheiten erfolgen, die aus den Inhalten anerkannter Ausbildungsberufe entwickelt werden (Qualifizierungsbausteine).

(2) Über vermittelte Grundlagen für den Erwerb beruflicher Handlungsfähigkeit stellt der Anbieter der Berufsausbildungsvorbereitung eine Bescheinigung aus. Das Nähere regelt das Bundesministerium für Bildung und Forschung im Einvernehmen mit den für den Erlass von Ausbildungsordnungen zuständigen Fachministerien nach Anhörung des Hauptausschusses des Bundesinstituts für Berufsbildung durch Rechtsverordnung, die nicht der Zustimmung des Bundesrates bedarf.

§ 70
Überwachung, Beratung

(1) Die nach Landesrecht zuständige Behörde hat die Berufsausbildungsvorbereitung zu untersagen, wenn die Voraussetzungen des § 68 Abs. 1 nicht vorliegen.

(2) Der Anbieter hat die Durchführung von Maßnahmen der Berufsausbildungsvorbereitung vor Beginn der Maßnahme der zuständigen Stelle schriftlich anzuzeigen. Die Anzeigepflicht erstreckt sich auf den wesentlichen Inhalt des Qualifizierungsvertrages.

(3) Die Absätze 1 und 2 sowie § 76 finden keine Anwendung, soweit die Berufsausbildungsvorbereitung im Rahmen des Dritten Buches Sozialgesetzbuch oder anderer vergleichbarer, öffentlich geförderter Maßnahmen durchgeführt wird.

Teil 3
Organisation der Berufsbildung

Kapitel 1
Zuständige Stellen; zuständige Behörden

Abschnitt 1
Bestimmung der zuständigen Stelle

§ 71
Zuständige Stellen

(1) Für die Berufsbildung in Berufen der Handwerksordnung ist die Handwerkskammer zuständige Stelle im Sinne dieses Gesetzes.

(2) Für die Berufsbildung in nichthandwerklichen Gewerbeberufen ist die Industrie- und Handelskammer zuständige Stelle im Sinne dieses Gesetzes.

(3) Für die Berufsbildung in Berufen der Landwirtschaft, einschließlich der ländlichen Hauswirtschaft, ist die Landwirtschaftskammer zuständige Stelle im Sinne dieses Gesetzes.

(4) Für die Berufsbildung der Fachangestellten im Bereich der Rechtspflege sind jeweils für ihren Bereich die Rechtsanwalts-, Patentanwalts- und Notarkammern und für ihren Tätigkeitsbereich die Notarkassen zuständige Stelle im Sinne dieses Gesetzes.

(5) Für die Berufsbildung der Fachangestellten im Bereich der Wirtschaftsprüfung und Steuerberatung sind jeweils für ihren Bereich die Wirtschaftsprüferkammern und die Steuerberaterkammern zuständige Stelle im Sinne dieses Gesetzes.

(6) Für die Berufsbildung der Fachangestellten im Bereich der Gesundheitsdienstberufe sind jeweils für ihren Bereich die Ärzte-, Zahnärzte-, Tierärzte- und Apothekerkammern zuständige Stelle im Sinne dieses Gesetzes.

(7) Soweit die Berufsausbildungsvorbereitung, die Berufsausbildung und die berufliche Umschulung in Betrieben zulassungspflichtiger Handwerke, zulassungsfreier Handwerke und handwerksähnlicher Gewerbe durchgeführt wird, ist abweichend von den Absätzen 2 bis 6 die Handwerkskammer zuständige Stelle im Sinne dieses Gesetzes.

(8) Soweit Kammern für einzelne Berufsbereiche der Absätze 1 bis 6 nicht bestehen, bestimmt das Land die zuständige Stelle.

(9) Zuständige Stellen können vereinbaren, dass die ihnen jeweils durch Gesetz zugewiesenen Aufgaben im Bereich der Berufsbildung durch eine von ihnen für die Beteiligten wahrgenommen werden. Die Vereinbarung bedarf der Genehmigung durch die zuständigen obersten Bundes- oder Landesbehörden.

§ 72
Bestimmung durch Rechtsverordnung

Das zuständige Fachministerium kann im Einvernehmen mit dem Bundesministerium für Bildung und Forschung durch Rechtsverordnung mit Zustimmung des Bundesrates für Berufsbereiche, die durch § 71 nicht geregelt sind, die zuständige Stelle bestimmen.

§ 73
Zuständige Stellen im Bereich des öffentlichen Dienstes

(1) Im öffentlichen Dienst bestimmt für den Bund die oberste Bundesbehörde für ihren Geschäftsbereich die zuständige Stelle
1. in den Fällen der §§ 32, 33 und 76 sowie der §§ 23, 24 und 41a der Handwerksordnung,
2. für die Berufsbildung in anderen durch die in den §§ 71 und 72 erfassten Berufsbereichen;
dies gilt auch für die der Aufsicht des Bundes unterstehenden Körperschaften, Anstalten und Stiftungen des öffentlichen Rechts.
(2) Im öffentlichen Dienst bestimmen die Länder für ihren Bereich sowie für die Gemeinden und Gemeindeverbände die zuständige Stelle für die Berufsbildung in anderen als den durch die §§ 71 und 72 erfassten Berufsbereichen. Dies gilt auch für die der Aufsicht der Länder unterstehenden Körperschaften, Anstalten und Stiftungen des öffentlichen Rechts.
(3) § 71 Absatz 9 gilt entsprechend.

§ 74
Erweiterte Zuständigkeit

§ 73 gilt entsprechend für Ausbildungsberufe, in denen im Bereich der Kirchen und sonstigen Religionsgemeinschaften des öffentlichen Rechts oder außerhalb des öffentlichen Dienstes nach Ausbildungsordnungen des öffentlichen Dienstes ausgebildet wird.

§ 75
Zuständige Stellen im Bereich der Kirchen und sonstigen Religionsgemeinschaften des öffentlichen Rechts

Die Kirchen und sonstigen Religionsgemeinschaften des öffentlichen Rechts bestimmen für ihren Bereich die zuständige Stelle für die Berufsbildung in anderen als den durch die §§ 71, 72 und 74 erfassten Berufsbereichen. Die §§ 77 bis 80 finden keine Anwendung.

Abschnitt 2
Überwachung der Berufsbildung

§ 76
Überwachung, Beratung

(1) Die zuständige Stelle überwacht die Durchführung
1. der Berufsausbildungsvorbereitung,
2. der Berufsausbildung und
3. der beruflichen Umschulung

und fördert diese durch Beratung der an der Berufsbildung beteiligten Personen. Sie hat zu diesem Zweck Berater oder Beraterinnen zu bestellen.

(2) Ausbildende, Umschulende und Anbieter von Maßnahmen der Berufsausbildungsvorbereitung sind auf Verlangen verpflichtet, die für die Überwachung notwendigen Auskünfte zu erteilen und Unterlagen vorzulegen sowie die Besichtigung der Ausbildungsstätten zu gestatten.

(3) Die Durchführung von Auslandsaufenthalten nach § 2 Abs. 3 überwacht und fördert die zuständige Stelle in geeigneter Weise. Beträgt die Dauer eines Ausbildungsabschnitts im Ausland mehr als acht Wochen, ist hierfür ein mit der zuständigen Stelle abgestimmter Plan erforderlich.

(4) Auskunftspflichtige können die Auskunft auf solche Fragen verweigern, deren Beantwortung sie selbst oder einen der in § 52 der Strafprozessordnung bezeichneten Angehörigen der Gefahr strafgerichtlicher Verfolgung oder eines Verfahrens nach dem Gesetz über Ordnungswidrigkeiten aussetzen würde.

(5) Die zuständige Stelle teilt der Aufsichtsbehörde nach dem Jugendarbeitsschutzgesetz Wahrnehmungen mit, die für die Durchführung des Jugendarbeitsschutzgesetzes von Bedeutung sein können.

Abschnitt 3
Berufsbildungsausschuss der zuständigen Stelle

§ 77
Errichtung

(1) Die zuständige Stelle errichtet einen Berufsbildungsausschuss. Ihm gehören sechs Beauftragte der Arbeitgeber, sechs Beauftragte der Arbeitnehmer und sechs Lehrkräfte an berufsbildenden Schulen an, die Lehrkräfte mit beratender Stimme.

(2) Die Beauftragten der Arbeitgeber werden auf Vorschlag der zuständigen Stelle, die Beauftragten der Arbeitnehmer auf Vorschlag der im Bezirk der zuständigen Stelle bestehenden Gewerkschaften und selbständigen Vereinigungen von Arbeitnehmern mit sozial- oder berufspolitischer Zwecksetzung, die Lehrkräfte an berufsbildenden Schulen von der nach Landesrecht zuständigen Behörde längstens für vier Jahre als Mitglieder berufen.

(3) Die Tätigkeit im Berufsbildungsausschuss ist ehrenamtlich. Für bare Auslagen und für Zeitversäumnis ist, soweit eine Entschädigung nicht von anderer Seite gewährt wird, eine angemessene Entschädigung zu zahlen, deren Höhe von der zuständigen Stelle mit Genehmigung der obersten Landesbehörde festgesetzt wird.

(4) Die Mitglieder können nach Anhören der an ihrer Berufung Beteiligten aus wichtigem Grund abberufen werden.

(5) Die Mitglieder haben Stellvertreter oder Stellvertreterinnen. Die Absätze 1 bis 4 gelten für die Stellvertreter und Stellvertreterinnen entsprechend.

(6) Der Berufsbildungsausschuss wählt ein Mitglied, das den Vorsitz führt und ein weiteres Mitglied, das den Vorsitz stellvertretend übernimmt. Der Vorsitz und seine Stellvertretung sollen nicht derselben Mitgliedergruppe angehören.

§ 78
Beschlussfähigkeit, Abstimmung

(1) Der Berufsbildungsausschuss ist beschlussfähig, wenn mehr als die Hälfte seiner stimmberechtigten Mitglieder anwesend ist. Er beschließt mit der Mehrheit der abgegebenen Stimmen.

(2) Zur Wirksamkeit eines Beschlusses ist es erforderlich, dass der Gegenstand bei der Einberufung des Ausschusses bezeichnet ist, es sei denn, dass er mit Zustimmung von zwei Dritteln der stimmberechtigten Mitglieder nachträglich auf die Tagesordnung gesetzt wird.

§ 79
Aufgaben

(1) Der Berufsbildungsausschuss ist in allen wichtigen Angelegenheiten der beruflichen Bildung zu unterrichten und zu hören. Er hat im Rahmen seiner Aufgaben auf eine stetige Entwicklung der Qualität der beruflichen Bildung hinzuwirken.

(2) Wichtige Angelegenheiten, in denen der Berufsbildungsausschuss anzuhören ist, sind insbesondere:

1. Erlass von Verwaltungsgrundsätzen über die Eignung von Ausbildungs-
und Umschulungsstätten, für das Führen von Ausbildungsnachweisen
nach § 13 Satz 2 Nummer 7, für die Verkürzung der Ausbildungsdauer,
für die vorzeitige Zulassung zur Abschlussprüfung, für die Durchführung der Prüfungen, zur Durchführung von über- und außerbe-
trieblicher Ausbildung sowie Verwaltungsrichtlinien zur beruflichen
Bildung,

2. Umsetzung der vom Landesausschuss für Berufsbildung empfohlenen
Maßnahmen,

3. wesentliche inhaltliche Änderungen des Ausbildungsvertragsmusters.

(3) Wichtige Angelegenheiten, in denen der Berufsbildungsausschuss zu unterrichten ist, sind insbesondere:

1. Zahl und Art der der zuständigen Stelle angezeigten Maßnahmen der
Berufsausbildungsvorbereitung und beruflichen Umschulung sowie der
eingetragenen Berufsausbildungsverhältnisse,

2. Zahl und Ergebnisse von durchgeführten Prüfungen sowie hierbei gewonnene Erfahrungen,

3. Tätigkeit der Berater und Beraterinnen nach § 76 Abs. 1 Satz 2,

4. für den räumlichen und fachlichen Zuständigkeitsbereich der zuständigen Stelle neue Formen, Inhalte und Methoden der Berufsbildung,

5. Stellungnahmen oder Vorschläge der zuständigen Stelle gegenüber anderen Stellen und Behörden, soweit sie sich auf die Durchführung dieses Gesetzes oder der auf Grund dieses Gesetzes erlassenen Rechtsvorschriften beziehen,

6. Bau eigener überbetrieblicher Berufsbildungsstätten,

7. Beschlüsse nach Absatz 5 sowie beschlossene Haushaltsansätze zur
Durchführung der Berufsbildung mit Ausnahme der Personalkosten,

8. Verfahren zur Beilegung von Streitigkeiten aus Ausbildungsverhältnissen,

9. Arbeitsmarktfragen, soweit sie die Berufsbildung im Zuständigkeitsbereich der zuständigen Stelle berühren.

(4) Der Berufsbildungsausschuss hat die auf Grund dieses Gesetzes von der
zuständigen Stelle zu erlassenden Rechtsvorschriften für die Durchführung
der Berufsbildung zu beschließen. Gegen Beschlüsse, die gegen Gesetz oder
Satzung verstoßen, kann die zur Vertretung der zuständigen Stelle berechtigte Person innerhalb einer Woche Einspruch einlegen. Der Einspruch ist
zu begründen und hat aufschiebende Wirkung. Der Berufsbildungsausschuss hat seinen Beschluss zu überprüfen und erneut zu beschließen.

(5) Beschlüsse, zu deren Durchführung die für Berufsbildung im laufenden Haushalt vorgesehenen Mittel nicht ausreichen, bedürfen für ihre Wirksamkeit der Zustimmung der für den Haushaltsplan zuständigen Organe. Das Gleiche gilt für Beschlüsse, zu deren Durchführung in folgenden Haushaltsjahren Mittel bereitgestellt werden müssen, die die Ausgaben für Berufsbildung des laufenden Haushalts nicht unwesentlich übersteigen.

(6) Abweichend von § 77 Abs. 1 haben die Lehrkräfte Stimmrecht bei Beschlüssen zu Angelegenheiten der Berufsausbildungsvorbereitung und Berufsausbildung, soweit sich die Beschlüsse unmittelbar auf die Organisation der schulischen Berufsbildung auswirken.

§ 80
Geschäftsordnung

Der Berufsbildungsausschuss gibt sich eine Geschäftsordnung. Sie kann die Bildung von Unterausschüssen vorsehen und bestimmen, dass ihnen nicht nur Mitglieder des Ausschusses angehören. Für die Unterausschüsse gelten § 77 Abs. 2 bis 6 und § 78 entsprechend.

Abschnitt 4
Zuständige Behörden

§ 81
Zuständige Behörden

(1) Im Bereich des Bundes ist die oberste Bundesbehörde oder die von ihr bestimmte Behörde die zuständige Behörde im Sinne des § 30 Absatz 6, der §§ 32, 33, 40 Absatz 6 und der §§ 47, 54 Absatz 3 und des § 77 Absatz 2 und 3.

(2) Ist eine oberste Bundesbehörde oder eine oberste Landesbehörde zuständige Stelle im Sinne dieses Gesetzes, so bedarf es im Fall des § 40 Absatz 6, des § 47 Absatz 1 und des § 77 Absatz 3 keiner Genehmigung und im Fall des § 54 keiner Bestätigung.

Kapitel 2
Landesausschüsse für Berufsbildung

§ 82
Errichtung, Geschäftsordnung, Abstimmung

(1) Bei der Landesregierung wird ein Landesausschuss für Berufsbildung errichtet. Er setzt sich zusammen aus einer gleichen Zahl von Beauftragten der Arbeitgeber, der Arbeitnehmer und der obersten Landesbehörden. Die Hälfte der Beauftragten der obersten Landesbehörden muss in Fragen des Schulwesens sachverständig sein.

(2) Die Mitglieder des Landesausschusses werden längstens für vier Jahre von der Landesregierung berufen, die Beauftragten der Arbeitgeber auf Vorschlag der auf Landesebene bestehenden Zusammenschlüsse der Kammern, der Arbeitgeberverbände und der Unternehmerverbände, die Beauftragten der Arbeitnehmer auf Vorschlag der auf Landesebene bestehenden Gewerkschaften und selbständigen Vereinigungen von Arbeitnehmern mit sozial- oder berufspolitischer Zwecksetzung. Die Tätigkeit im Landesausschuss ist ehrenamtlich. Für bare Auslagen und für Zeitversäumnis ist, soweit eine Entschädigung nicht von anderer Seite gewährt wird, eine angemessene Entschädigung zu zahlen, deren Höhe von der Landesregierung oder der von ihr bestimmten obersten Landesbehörde festgesetzt wird. Die Mitglieder können nach Anhören der an ihrer Berufung Beteiligten aus wichtigem Grund abberufen werden. Der Ausschuss wählt ein Mitglied, das den Vorsitz führt, und ein weiteres Mitglied, das den Vorsitz stellvertretend übernimmt. Der Vorsitz und seine Stellvertretung sollen nicht derselben Mitgliedergruppe angehören.

(3) Die Mitglieder haben Stellvertreter oder Stellvertreterinnen. Absätze 1 und 2 gelten für die Stellvertreter und Stellvertreterinnen entsprechend.

(4) Der Landesausschuss gibt sich eine Geschäftsordnung, die der Genehmigung der Landesregierung oder der von ihr bestimmten obersten Landesbehörde bedarf. Sie kann die Bildung von Unterausschüssen vorsehen und bestimmen, dass ihnen nicht nur Mitglieder des Landesausschusses angehören. Absatz 2 Satz 2 gilt für die Unterausschüsse hinsichtlich der Entschädigung entsprechend. An den Sitzungen des Landesausschusses und der Unterausschüsse können Vertreter der beteiligten obersten Landesbehörden, der Gemeinden und Gemeindeverbände sowie der Agentur für Arbeit teilnehmen.

(5) Der Landesausschuss ist beschlussfähig, wenn mehr als die Hälfte seiner Mitglieder anwesend ist. Er beschließt mit der Mehrheit der abgegebenen Stimmen.

§ 83
Aufgaben

(1) Der Landesausschuss hat die Landesregierung in den Fragen der Berufsbildung zu beraten, die sich für das Land ergeben. Er hat im Rahmen seiner
Aufgaben auf eine stetige Entwicklung der Qualität der beruflichen Bildung
hinzuwirken.

(2) Er hat insbesondere im Interesse einer einheitlichen Berufsbildung auf eine
Zusammenarbeit zwischen der schulischen Berufsbildung und der Berufsbildung nach diesem Gesetz sowie auf eine Berücksichtigung der Berufsbildung bei der Neuordnung und Weiterentwicklung des Schulwesens hinzuwirken. Der Landesausschuss kann zur Stärkung der regionalen Aus-
bildungs- und Beschäftigungssituation Empfehlungen zur inhaltlichen und
organisatorischen Abstimmung und zur Verbesserung der Ausbildungs-
angebote aussprechen.

Teil 4
Berufsbildungsforschung, Planung und Statistik

§ 84
Ziele der Berufsbildungsforschung

Die Berufsbildungsforschung soll
1. Grundlagen der Berufsbildung klären,
2. inländische, europäische und internationale Entwicklungen in der Berufsbildung beobachten,
3. Anforderungen an Inhalte und Ziele der Berufsbildung ermitteln,
4. Weiterentwicklungen der Berufsbildung im Hinblick auf gewandelte wirt-
schaftliche, gesellschaftliche und technische Erfordernisse vorbereiten,
5. Instrumente und Verfahren der Vermittlung von Berufsbildung sowie den
Wissens- und Technologietransfer fördern.

§ 85
Ziele der Berufsbildungsplanung

(1) Durch die Berufsbildungsplanung sind Grundlagen für eine abgestimmte
und den technischen, wirtschaftlichen und gesellschaftlichen Anforderungen entsprechende Entwicklung der beruflichen Bildung zu schaffen.

(2) Die Berufsbildungsplanung hat insbesondere dazu beizutragen, dass die
Ausbildungsstätten nach Art, Zahl, Größe und Standort ein qualitativ und
quantitativ ausreichendes Angebot an beruflichen Ausbildungsplätzen gewährleisten und dass sie unter Berücksichtigung der voraussehbaren Nachfrage und des langfristig zu erwartenden Bedarfs an Ausbildungsplätzen
möglichst günstig genutzt werden.

§ 86
Berufsbildungsbericht

(1) Das Bundesministerium für Bildung und Forschung hat Entwicklungen in der beruflichen Bildung ständig zu beobachten und darüber bis zum 15. Mai jeden Jahres der Bundesregierung einen Bericht (Berufsbildungsbericht) vorzulegen. In dem Bericht sind Stand und voraussichtliche Weiterentwicklungen der Berufsbildung darzustellen. Erscheint die Sicherung eines regional und sektoral ausgewogenen Angebots an Ausbildungsplätzen als gefährdet, sollen in den Bericht Vorschläge für die Behebung aufgenommen werden.

(2) Der Bericht soll angeben

1. für das vergangene Kalenderjahr

   a) auf der Grundlage von Angaben der zuständigen Stellen die in das Verzeichnis der Berufsausbildungsverhältnisse nach diesem Gesetz oder der Handwerksordnung eingetragenen Berufsausbildungsverträge, die vor dem 1. Oktober des vergangenen Jahres in den vorangegangenen zwölf Monaten abgeschlossen worden sind und am 30. September des vergangenen Jahres noch bestehen, sowie

   b) die Zahl der am 30. September des vergangenen Jahres nicht besetzten, der Bundesagentur für Arbeit zur Vermittlung angebotenen Ausbildungsplätze und die Zahl der zu diesem Zeitpunkt bei der Bundesagentur für Arbeit gemeldeten Ausbildungsplätze suchenden Personen;

2. für das laufende Kalenderjahr

   a) die bis zum 30. September des laufenden Jahres zu erwartende Zahl der Ausbildungsplätze suchenden Personen,

   b) eine Einschätzung des bis zum 30. September des laufenden Jahres zu erwartenden Angebots an Ausbildungsplätzen.

§ 87
Zweck und Durchführung der Berufsbildungsstatistik

(1) Für Zwecke der Planung und Ordnung der Berufsbildung wird eine Bundesstatistik durchgeführt.

(2) Das Bundesinstitut für Berufsbildung und die Bundesagentur für Arbeit unterstützen das Statistische Bundesamt bei der technischen und methodischen Vorbereitung der Statistik.

(3) Das Erhebungs- und Aufbereitungsprogramm ist im Benehmen mit dem Bundesinstitut für Berufsbildung so zu gestalten, dass die erhobenen Daten für Zwecke der Planung und Ordnung der Berufsbildung im Rahmen der jeweiligen Zuständigkeiten Verwendung finden können.

§ 88
Erhebungen

(1) Die jährliche Bundesstatistik erfasst
1. für jeden Berufsausbildungsvertrag:
    a) Geschlecht, Geburtsjahr, Staatsangehörigkeit der Auszubildenden,
    b) Amtlicher Gemeindeschlüssel des Wohnortes der Auszubildenden bei Vertragsabschluss,
    c) allgemeinbildender Schulabschluss, vorausgegangene Teilnahme an berufsvorbereitender Qualifizierung oder beruflicher Grundbildung, vorherige Berufsausbildung sowie vorheriges Studium der Auszubildenden,
    d) Ausbildungsberuf einschließlich Fachrichtung,
    e) Amtlicher Gemeindeschlüssel und geografische Gitterzelle der Ausbildungsstätte, Wirtschaftszweig, Zugehörigkeit zum öffentlichen Dienst,
    f) Verkürzung der Ausbildungsdauer, Teilzeitberufsausbildung, Dauer der Probezeit,
    g) die bei Vertragsabschluss vereinbarte Vergütung für jedes Ausbildungsjahr,
    h) Tag, Monat und Jahr des vertraglich vereinbarten Beginns und Endes der aktuellen Ausbildung, Tag, Monat und Jahr einer vorzeitigen Auflösung des Berufsausbildungsverhältnisses,
    i) Anschlussvertrag bei Anrechnung einer zuvor absolvierten dualen Berufsausbildung nach diesem Gesetz oder nach der Handwerksordnung mit Angabe des Ausbildungsberufs,
    j) Art der Förderung bei überwiegend öffentlich, insbesondere auf Grund des Dritten Buches Sozialgesetzbuch geförderten Berufsausbildungsverhältnissen,
    k) Tag, Monat und Jahr der Abschlussprüfung, Art der Zulassung zur Prüfung, Tag, Monat und Jahr der Wiederholungsprüfungen, Prüfungserfolg,
    l) ausbildungsintegrierendes duales Studium,
2. für jede Prüfungsteilnahme in der beruflichen Bildung mit Ausnahme der durch Nummer 1 erfassten Ausbildungsverträge: Geschlecht, Geburtsjahr und Vorbildung der Teilnehmenden, Berufsrichtung, Wiederholungsprüfung, Art der Prüfung, Prüfungserfolg,
3. für jeden Ausbilder und jede Ausbilderin: Geschlecht, Geburtsjahr, Art der fachlichen Eignung.
Der Berichtszeitraum für die Erhebungen ist das Kalenderjahr. Die Angaben werden mit dem Datenstand zum 31. Dezember des Berichtszeitraums erhoben.

(2) Hilfsmerkmale sind Name und Anschrift der Auskunftspflichtigen, die laufenden Nummern der Datensätze zu den Auszubildenden, den Prüfungsteilnehmenden und den Ausbildern und Ausbilderinnen sowie die Betriebsnummer der Ausbildungsstätte nach § 18i Absatz 1 oder § 18k Absatz 1 des Vierten Buches Sozialgesetzbuch. Die Hilfsmerkmale sind zum frühestmöglichen Zeitpunkt, spätestens jedoch nach Abschluss der wiederkehrenden Erhebung, zu löschen. Die Merkmale nach Absatz 1 Satz 1 Nummer 1 Buchstabe e Wirtschaftszweig, Amtlicher Gemeindeschlüssel und geografische Gitterzelle dürfen mittels des Hilfsmerkmals Betriebsnummer der Ausbildungsstätte nach § 18i Absatz 1 oder § 18k Absatz 1 des Vierten Buches Sozialgesetzbuch aus den Daten des Statistikregisters nach § 13 Absatz 1 des Bundesstatistikgesetzes ermittelt werden und mit den Daten nach Absatz 1 Satz 1 und nach Absatz 2 Satz 1 zusammengeführt

(3) Auskunftspflichtig sind die zuständigen Stellen.

(4) Zu Zwecken der Erstellung der Berufsbildungsberichterstattung sowie zur Durchführung der Berufsbildungsforschung nach § 84 werden die nach Absatz 1 Satz 1 Nummer 1 bis 3 erhobenen Daten als Einzelangaben vom Statistischen Bundesamt und von den statistischen Ämtern der Länder verarbeitet und an das Bundesinstitut für Berufsbildung übermittelt. Hierzu wird beim Bundesinstitut für Berufsbildung eine Organisationseinheit eingerichtet, die räumlich, organisatorisch und personell von den anderen Aufgabenbereichen des Bundesinstituts für Berufsbildung zu trennen ist. Die in der Organisationseinheit tätigen Personen müssen Amtsträger oder für den öffentlichen Dienst besonders Verpflichtete sein. Sie dürfen aus ihrer Tätigkeit gewonnene Erkenntnisse nur zur Erstellung des Berufsbildungsberichts sowie zur Durchführung der Berufsbildungsforschung verwenden. Die nach Satz 1 übermittelten Daten dürfen nicht mit anderen personenbezogenen Daten zusammengeführt werden. Das Nähere zur Ausführung der Sätze 2 und 3 regelt das Bundesministerium für Bildung und Forschung durch Erlass.

Teil 5
Bundesinstitut für Berufsbildung

§ 89
Bundesinstitut für Berufsbildung

Das Bundesinstitut für Berufsbildung ist eine bundesunmittelbare rechtsfähige Anstalt des öffentlichen Rechts. Es hat seinen Sitz in Bonn.

§ 90
Aufgaben

(1) Das Bundesinstitut für Berufsbildung führt seine Aufgaben im Rahmen der Bildungspolitik der Bundesregierung durch.

(2) Das Bundesinstitut für Berufsbildung hat die Aufgabe, durch wissenschaftliche Forschung zur Berufsbildungsforschung beizutragen. Die Forschung wird auf der Grundlage eines jährlichen Forschungsprogramms durchgeführt; das Forschungsprogramm bedarf der Genehmigung des Bundesministeriums für Bildung und Forschung. Weitere Forschungsaufgaben können dem Bundesinstitut für Berufsbildung von obersten Bundesbehörden im Einvernehmen mit dem Bundesministerium für Bildung und Forschung übertragen werden. Die wesentlichen Ergebnisse der Forschungsarbeit des Bundesinstituts für Berufsbildung sind zu veröffentlichen.

(3) Das Bundesinstitut für Berufsbildung hat die sonstigen Aufgaben:

1. nach Weisung des zuständigen Bundesministeriums

   a) an der Vorbereitung von Ausbildungsordnungen und sonstigen Rechtsverordnungen, die nach diesem Gesetz oder nach dem zweiten Teil der Handwerksordnung zu erlassen sind, mitzuwirken,

   b) an der Vorbereitung des Berufsbildungsberichts mitzuwirken,

   c) an der Durchführung der Berufsbildungsstatistik nach Maßgabe des § 87 mitzuwirken,

   d) Modellversuche einschließlich wissenschaftlicher Begleituntersuchungen zu fördern,

   e) an der internationalen Zusammenarbeit in der beruflichen Bildung mitzuwirken,

   f) weitere Verwaltungsaufgaben des Bundes zur Förderung der Berufsbildung zu übernehmen;

2. nach allgemeinen Verwaltungsvorschriften des zuständigen Bundesministeriums die Förderung überbetrieblicher Berufsbildungsstätten durchzuführen und die Planung, Errichtung und Weiterentwicklung dieser Einrichtungen zu unterstützen;

3. das Verzeichnis der anerkannten Ausbildungsberufe zu führen und zu veröffentlichen;

4. die im Fernunterrichtsschutzgesetz beschriebenen Aufgaben nach den vom Hauptausschuss erlassenen und vom zuständigen Bundesministerium genehmigten Richtlinien wahrzunehmen und durch Förderung von Entwicklungsvorhaben zur Verbesserung und Ausbau des berufsbildenden Fernunterrichts beizutragen.

(4) Das Bundesinstitut für Berufsbildung kann mit Zustimmung des Bundesministeriums für Bildung und Forschung mit Stellen außerhalb der Bundesverwaltung Verträge zur Übernahme weiterer Aufgaben schließen.

§ 91
Organe

Die Organe des Bundesinstituts für Berufsbildung sind:
1. der Hauptausschuss,
2. der Präsident oder die Präsidentin.

§ 92
Hauptausschuss

(1) Der Hauptausschuss hat neben den ihm durch sonstige Vorschriften dieses Gesetzes zugewiesenen Aufgaben folgende weitere Aufgaben:
1. er beschließt über die Angelegenheiten des Bundesinstituts für Berufsbildung, soweit sie nicht dem Präsidenten oder der Präsidentin übertragen sind;
2. er berät die Bundesregierung in grundsätzlichen Fragen der Berufsbildung und kann eine Stellungnahme zu dem Entwurf des Berufsbildungsberichts abgeben;
3. er beschließt das jährliche Forschungsprogramm;
4. er kann Empfehlungen zur einheitlichen Anwendung dieses Gesetzes geben;
5. er kann zu den vom Bundesinstitut vorbereiteten Entwürfen der Verordnungen gemäß § 4 Abs. 1 unter Berücksichtigung der entsprechenden Entwürfe der schulischen Rahmenlehrpläne Stellung nehmen;
6. er beschließt über die in § 90 Abs. 3 Nr. 3 und 4 sowie § 97 Abs. 4 genannten Angelegenheiten des Bundesinstituts für Berufsbildung.

(2) Der Präsident oder die Präsidentin unterrichtet den Hauptausschuss unverzüglich über erteilte Weisungen zur Durchführung von Aufgaben nach § 90 Abs. 3 Nr. 1 und erlassene Verwaltungsvorschriften nach § 90 Abs. 3 Nr. 2.

(3) Dem Hauptausschuss gehören je acht Beauftragte der Arbeitgeber, der Arbeitnehmer und der Länder sowie fünf Beauftragte des Bundes an. Die Beauftragten des Bundes führen acht Stimmen, die nur einheitlich abgegeben werden können; bei der Beratung der Bundesregierung in grundsätzlichen Fragen der Berufsbildung, bei der Stellungnahme zum Entwurf des Berufsbildungsberichts und im Rahmen von Anhörungen nach diesem Gesetz haben sie kein Stimmrecht. An den Sitzungen des Hauptausschusses können je ein Beauftragter oder eine Beauftragte der Bundesagentur für Arbeit, der auf Bundesebene bestehenden kommunalen Spitzenverbände sowie des wissenschaftlichen Beirats mit beratender Stimme teilnehmen.

(4) Die Beauftragten der Arbeitgeber werden auf Vorschlag der auf Bundesebene bestehenden Zusammenschlüsse der Kammern, Arbeitgeberverbände und Unternehmensverbände, die Beauftragten der Arbeitnehmer auf Vorschlag der auf Bundesebene bestehenden Gewerkschaften, die Beauftragten des Bundes auf Vorschlag der Bundesregierung und die Beauftragten der Länder auf Vorschlag des Bundesrates vom Bundesministerium für Bildung und Forschung längstens für vier Jahre berufen.

(5) Der Hauptausschuss wählt auf die Dauer eines Jahres ein Mitglied, das den Vorsitz führt, und ein weiteres Mitglied, das den Vorsitz stellvertretend übernimmt. Der oder die Vorsitzende wird der Reihe nach von den Beauftragten der Arbeitgeber, der Arbeitnehmer, der Länder und des Bundes vorgeschlagen.

(6) Die Tätigkeit im Hauptausschuss ist ehrenamtlich. Für bare Auslagen und Verdienstausfälle ist, soweit eine Entschädigung nicht von anderer Seite gewährt wird, eine angemessene Entschädigung zu zahlen, deren Höhe vom Bundesinstitut für Berufsbildung mit Genehmigung des Bundesministeriums für Bildung und Forschung festgesetzt wird. Die Genehmigung ergeht im Einvernehmen mit dem Bundesministerium der Finanzen.

(7) Die Mitglieder können nach Anhören der an ihrer Berufung Beteiligten aus wichtigem Grund abberufen werden.

(8) Die Beauftragten haben Stellvertreter oder Stellvertreterinnen. Die Absätze 4, 6 und 7 gelten entsprechend.

(9) Der Hauptausschuss kann nach näherer Regelung der Satzung Unterausschüsse einsetzen, denen auch andere als Mitglieder des Hauptausschusses angehören können. Den Unterausschüssen sollen Beauftragte der Arbeitgeber, der Arbeitnehmer, der Länder und des Bundes angehören. Die Absätze 4 bis 7 gelten für die Unterausschüsse entsprechend.

(10) Bei der Wahrnehmung seiner Aufgaben unterliegt der Hauptausschuss keinen Weisungen.

§ 93
Präsident oder Präsidentin

(1) Der Präsident oder die Präsidentin vertritt das Bundesinstitut für Berufsbildung gerichtlich und außergerichtlich. Er oder sie verwaltet das Bundesinstitut und führt dessen Aufgaben durch. Soweit er oder sie nicht Weisungen und allgemeine Verwaltungsvorschriften des zuständigen Bundesministeriums zu beachten hat (§ 90 Abs. 3 Nr. 1 und 2), führt er oder sie die Aufgaben nach Richtlinien des Hauptausschusses durch.

(2) Der Präsident oder die Präsidentin wird auf Vorschlag der Bundesregierung, der Ständige Vertreter oder die Ständige Vertreterin des Präsidenten oder der Präsidentin auf Vorschlag des Bundesministeriums für Bildung und Forschung im Benehmen mit dem Präsidenten oder der Präsidentin unter Berufung in das Beamtenverhältnis von dem Bundespräsidenten oder der Bundespräsidentin ernannt.

§ 94
Wissenschaftlicher Beirat

(1) Der wissenschaftliche Beirat berät die Organe des Bundesinstituts für Berufsbildung durch Stellungnahmen und Empfehlungen
1. zum Forschungsprogramm des Bundesinstituts für Berufsbildung,
2. zur Zusammenarbeit des Instituts mit Hochschulen und anderen Forschungseinrichtungen und
3. zu den jährlichen Berichten über die wissenschaftlichen Ergebnisse des Bundesinstituts für Berufsbildung.

(2) Zur Wahrnehmung seiner Aufgaben werden dem Beirat von dem Präsidenten oder der Präsidentin des Bundesinstituts für Berufsbildung die erforderlichen Auskünfte erteilt. Auf Wunsch werden ihm einmal jährlich im Rahmen von Kolloquien die wissenschaftlichen Arbeiten des Bundesinstituts für Berufsbildung erläutert.

(3) Dem Beirat gehören bis zu elf anerkannte Fachleute auf dem Gebiet der Berufsbildungsforschung aus dem In- und Ausland an, die nicht Angehörige des Bundesinstituts für Berufsbildung sind. Sie werden von dem Präsidenten oder der Präsidentin des Bundesinstituts für Berufsbildung im Einvernehmen mit dem Bundesministerium für Bildung und Forschung auf vier Jahre bestellt. Einmalige Wiederberufung in Folge ist möglich. An den Sitzungen des wissenschaftlichen Beirats können vier Mitglieder des Hauptausschusses, und zwar je ein Beauftragter oder eine Beauftragte der Arbeitgeber, der Arbeitnehmer, der Länder und des Bundes ohne Stimmrecht teilnehmen.

(4) Der wissenschaftliche Beirat kann sich eine Geschäftsordnung geben.

(5) § 92 Abs. 6 gilt entsprechend.

§ 95
Ausschuss für Fragen behinderter Menschen

(1) Zur Beratung des Bundesinstituts für Berufsbildung bei seinen Aufgaben auf dem Gebiet der beruflichen Bildung behinderter Menschen wird ein ständiger Unterausschuss des Hauptausschusses errichtet. Der Ausschuss hat darauf hinzuwirken, dass die besonderen Belange der behinderten Menschen in der beruflichen Bildung berücksichtigt werden und die berufliche Bildung behinderter Menschen mit den übrigen Leistungen zur Teilhabe am Arbeitsleben koordiniert wird. Das Bundesinstitut für Berufsbildung trifft Entscheidungen über die Durchführung von Forschungsvorhaben, die die berufliche Bildung behinderter Menschen betreffen, unter Berücksichtigung von Vorschlägen des Ausschusses.

(2) Der Ausschuss besteht aus 17 Mitgliedern, die von dem Präsidenten oder der Präsidentin längstens für vier Jahre berufen werden. Eine Wiederberufung ist zulässig. Die Mitglieder des Ausschusses werden auf Vorschlag des Beirats für die Teilhabe behinderter Menschen (§ 86 des Neunten Buches Sozialgesetzbuch) berufen, und zwar

ein Mitglied, das die Arbeitnehmer vertritt,

ein Mitglied, das die Arbeitgeber vertritt,

drei Mitglieder, die Organisationen behinderter Menschen vertreten,

ein Mitglied, das die Bundesagentur für Arbeit vertritt,

ein Mitglied, das die gesetzliche Rentenversicherung vertritt,

ein Mitglied, das die gesetzliche Unfallversicherung vertritt,

ein Mitglied, das die Freie Wohlfahrtspflege vertritt,

zwei Mitglieder, die Einrichtungen der beruflichen Rehabilitation vertreten,

sechs weitere für die berufliche Bildung behinderter Menschen sachkundige Personen, die in Bildungsstätten oder ambulanten Diensten für behinderte Menschen tätig sind.

(3) Der Ausschuss kann behinderte Menschen, die beruflich ausgebildet, fortgebildet oder umgeschult werden, zu den Beratungen hinzuziehen.

§ 96
Finanzierung des Bundesinstituts für Berufsbildung

(1) Die Ausgaben für die Errichtung und Verwaltung des Bundesinstituts für Berufsbildung werden durch Zuschüsse des Bundes gedeckt. Die Höhe der Zuschüsse des Bundes regelt das Haushaltsgesetz.

(2) Die Ausgaben zur Durchführung von Aufträgen nach § 90 Abs. 2 Satz 3 und von Aufgaben nach § 90 Abs. 3 Nr. 1 Buchstabe f werden durch das beauftragende Bundesministerium gedeckt. Die Ausgaben zur Durchführung von Verträgen nach § 90 Abs. 4 sind durch den Vertragspartner zu decken.

§ 97
Haushalt

(1) Der Haushaltsplan wird von dem Präsidenten oder der Präsidentin aufgestellt. Der Hauptausschuss stellt den Haushaltsplan fest.

(2) Der Haushaltsplan bedarf der Genehmigung des Bundesministeriums für Bildung und Forschung. Die Genehmigung erstreckt sich auch auf die Zweckmäßigkeit der Ansätze.

(3) Der Haushaltsplan soll rechtzeitig vor Einreichung der Voranschläge zum Bundeshaushalt, spätestens zum 15. Oktober des vorhergehenden Jahres, dem Bundesministerium für Bildung und Forschung vorgelegt werden.

(4) Über- und außerplanmäßige Ausgaben können vom Hauptausschuss auf Vorschlag des Präsidenten oder der Präsidentin bewilligt werden. Die Bewilligung bedarf der Einwilligung des Bundesministeriums für Bildung und Forschung und des Bundesministeriums der Finanzen. Die Sätze 1 und 2 gelten entsprechend für Maßnahmen, durch die für das Bundesinstitut für Berufsbildung Verpflichtungen entstehen können, für die Ausgaben im Haushaltsplan nicht veranschlagt sind.

(5) Nach Ende des Haushaltsjahres wird die Rechnung von dem Präsidenten oder der Präsidentin aufgestellt. Die Entlastung obliegt dem Hauptausschuss. Sie bedarf nicht der Genehmigung nach § 109 Abs. 3 der Bundeshaushaltsordnung.

§ 98
Satzung

(1) Durch die Satzung des Bundesinstituts für Berufsbildung sind
1. die Art und Weise der Aufgabenerfüllung (§ 90 Abs. 2 und 3) sowie
2. die Organisation
näher zu regeln.

(2) Der Hauptausschuss beschließt mit einer Mehrheit von vier Fünfteln der Stimmen seiner Mitglieder die Satzung. Sie bedarf der Genehmigung des Bundesministeriums für Bildung und Forschung und ist im Bundesanzeiger bekannt zu geben.

(3) Absatz 2 gilt für Satzungsänderungen entsprechend.

§ 99
Personal

(1) Die Aufgaben des Bundesinstituts für Berufsbildung werden von Beamten, Beamtinnen und Dienstkräften, die als Angestellte, Arbeiter und Arbeiterinnen beschäftigt sind, wahrgenommen. Es ist Dienstherr im Sinne des § 2 des Bundesbeamtengesetzes. Die Beamten und Beamtinnen sind Bundesbeamte und Bundesbeamtinnen.

(2) Das Bundesministerium für Bildung und Forschung ernennt und entlässt die Beamten und Beamtinnen des Bundesinstituts, soweit das Recht zur Ernennung und Entlassung der Beamten und Beamtinnen, deren Amt in der Bundesbesoldungsordnung B aufgeführt ist, nicht von dem Bundespräsidenten oder der Bundespräsidentin ausgeübt wird. Das zuständige Bundesministerium kann seine Befugnisse auf den Präsidenten oder die Präsidentin übertragen.

(3) Oberste Dienstbehörde für die Beamten und Beamtinnen des Bundesinstituts ist das Bundesministerium für Bildung und Forschung. Es kann seine Befugnisse auf den Präsidenten oder die Präsidentin übertragen. § 144 Abs. 1 des Bundesbeamtengesetzes und § 83 Abs. 1 des Bundesdisziplinargesetzes bleiben unberührt.

(4) Auf die Angestellten, Arbeiter und Arbeiterinnen des Bundesinstituts sind die für Arbeitnehmer und Arbeitnehmerinnen des Bundes geltenden Tarifverträge und sonstigen Bestimmungen anzuwenden. Ausnahmen bedürfen der vorherigen Zustimmung des Bundesministeriums für Bildung und Forschung; die Zustimmung ergeht im Einvernehmen mit dem Bundesministerium des Innern, für Bau und Heimat und dem Bundesministerium der Finanzen.

§ 100
Aufsicht über das Bundesinstitut für Berufsbildung

Das Bundesinstitut für Berufsbildung unterliegt, soweit in diesem Gesetz nicht weitergehende Aufsichtsbefugnisse vorgesehen sind, der Rechtsaufsicht des Bundesministeriums für Bildung und Forschung.

Teil 6
Bußgeldvorschriften

§ 101
Bußgeldvorschriften

(1) Ordnungswidrig handelt, wer
1. entgegen § 11 Abs. 1 Satz 1, auch in Verbindung mit Abs. 4, den wesentlichen Inhalt des Vertrages oder eine wesentliche Änderung nicht, nicht richtig, nicht vollständig, nicht in der vorgeschriebenen Weise oder nicht rechtzeitig niederlegt,
2. entgegen § 11 Abs. 3, auch in Verbindung mit Abs. 4, eine Ausfertigung der Niederschrift nicht oder nicht rechtzeitig aushändigt,
3. entgegen § 14 Absatz 3 Auszubildenden eine Verrichtung überträgt, die dem Ausbildungszweck nicht dient,
4. entgegen § 15 Absatz 1 Satz 1 oder 2 Auszubildende beschäftigt oder nicht freistellt,
5. entgegen § 18 Absatz 3 Satz 1, auch in Verbindung mit Satz 2, eine dort genannte Vergütung nicht, nicht richtig, nicht vollständig oder nicht rechtzeitig zahlt,
6. entgegen § 28 Abs. 1 oder 2 Auszubildende einstellt oder ausbildet,
7. einer vollziehbaren Anordnung nach § 33 Abs. 1 oder 2 zuwiderhandelt,
8. entgegen § 36 Abs. 1 Satz 1 oder 2, jeweils auch in Verbindung mit Satz 3, die Eintragung in das dort genannte Verzeichnis nicht oder nicht rechtzeitig beantragt oder eine Ausfertigung der Vertragsniederschrift nicht beifügt,
9. entgegen § 53b Absatz 4 Satz 3, § 53c Absatz 4 Satz 3, § 53d Absatz 4 Satz 3 und § 54 Absatz 4 eine Abschlussbezeichnung führt oder
10. entgegen § 76 Abs. 2 eine Auskunft nicht, nicht richtig, nicht vollständig oder nicht rechtzeitig erteilt, eine Unterlage nicht, nicht richtig, nicht vollständig oder nicht rechtzeitig vorlegt oder eine Besichtigung nicht oder nicht rechtzeitig gestattet.

(2) Die Ordnungswidrigkeit kann in den Fällen des Absatzes 1 Nr. 3 bis 7 mit einer Geldbuße bis zu fünftausend Euro, in den Fällen des Absatzes 1 Nummer 1 mit einer Geldbuße bis zu zweitausend Euro und in den übrigen Fällen mit einer Geldbuße bis zu tausend Euro geahndet werden.

Teil 7
Übergangs- und Schlussvorschriften

§ 102
Gleichstellung von Abschlusszeugnissen im Rahmen der deutschen Einheit

Prüfungszeugnisse nach der Systematik der Ausbildungsberufe und der Systematik der Facharbeiterberufe und Prüfungszeugnisse nach § 37 Abs. 2 stehen einander gleich.

§ 103
Fortgeltung bestehender Regelungen

(1) Die vor dem 1. September 1969 anerkannten Lehrberufe und Anlernberufe oder vergleichbar geregelten Ausbildungsberufe gelten als Ausbildungsberufe im Sinne des § 4. Die Berufsbilder, die Berufsbildungspläne, die Prüfungsanforderungen und die Prüfungsordnungen für diese Berufe sind bis zum Erlass von Ausbildungsordnungen nach § 4 und der Prüfungsordnungen nach § 47 anzuwenden.

(2) Die vor dem 1. September 1969 erteilten Prüfungszeugnisse in Berufen, die nach Absatz 1 als anerkannte Ausbildungsberufe gelten, stehen Prüfungszeugnissen nach § 37 Abs. 2 gleich.

(3) Auf Ausbildungsverträge, die vor dem 30. September 2017 abgeschlossen wurden oder bis zu diesem Zeitpunkt abgeschlossen werden, sind § 5 Absatz 2 Satz 1, § 11 Absatz 1 Satz 2, § 13 Satz 2, die §§ 14, 43 Absatz 1 Nummer 2, § 79 Absatz 2 Nummer 1 sowie § 101 Absatz 1 Nummer 3 in ihrer bis zum 5. April 2017 geltenden Fassung weiter anzuwenden.

§ 104
Übertragung von Zuständigkeiten

Die Landesregierungen werden ermächtigt, durch Rechtsverordnung die nach diesem Gesetz den nach Landesrecht zuständigen Behörden übertragenen Zuständigkeiten nach den §§ 27, 30, 32, 33 und 70 auf zuständige Stellen zu übertragen.

§ 105
Evaluation

Die Regelungen zur Mindestvergütung, zu Prüferdelegationen und die Regelung des § 5 Absatz 2 Satz 1 Nummer 2a werden vom Bundesinstitut für Berufsbildung fünf Jahre nach dem Inkrafttreten des Gesetzes zur Modernisierung und Stärkung der beruflichen Bildung wissenschaftlich evaluiert.

§ 106
Übergangsregelung

(1) Auf Berufsausbildungsverträge, die bis zum Ablauf des 31. Dezember 2019 abgeschlossen werden, ist § 17 in der bis dahin geltenden Fassung anzuwenden.

(2) Für Berufsausbildungsverträge mit Ausbildungsbeginn ab dem 1. Januar 2020 gelten § 34 Absatz 2 Nummer 7 und § 88 Absatz 1 Satz 1 Nummer 1 Buchstabe g in der ab dem 1. Januar 2020 geltenden Fassung. Im Übrigen sind für Berufsausbildungsverträge mit Ausbildungsbeginn bis zum Ablauf des 31. Dezember 2020 die §§ 34, 35 Absatz 3 Satz 1 und § 88 in der am 31. Dezember 2019 geltenden Fassung weiterhin anzuwenden.

(3) Sofern für einen anerkannten Fortbildungsabschluss eine Fortbildungsordnung auf Grund des § 53 in der bis zum Ablauf des 31. Dezember 2019 geltenden Fassung erlassen worden ist, ist diese Fortbildungsordnung bis zum erstmaligen Erlass einer Fortbildungsordnung nach § 53 in der ab dem 1. Januar 2020 geltenden Fassung weiterhin anzuwenden. Sofern eine Fortbildungsprüfungsregelung nach § 54 in der bis zum Ablauf des 31. Dezember 2019 geltenden Fassung erlassen worden ist, ist diese Fortbildungsprüfungsregelung bis zum erstmaligen Erlass einer Fortbildungsprüfungsregelung nach § 54 in der ab dem 1. Januar 2020 geltenden Fassung weiterhin anzuwenden.

Jugendarbeitsschutzgesetz vom 12. April 1976 (BGBl. I S. 965), das zuletzt durch Artikel 2 des Gesetzes vom 16. Juli 2021 (BGBl. I S. 2970) geändert worden ist

Inhaltsübersicht

Der Bundestag hat mit Zustimmung des Bundesrates das folgende Gesetz beschlossen:

Erster Abschnitt
Allgemeine Vorschriften

§ 1
Geltungsbereich

(1) Dieses Gesetz gilt in der Bundesrepublik Deutschland und in der ausschließlichen Wirtschaftszone für die Beschäftigung von Personen, die noch nicht 18 Jahre alt sind,
1. in der Berufsausbildung,
2. als Arbeitnehmer oder Heimarbeiter,
3. mit sonstigen Dienstleistungen, die der Arbeitsleistung von Arbeitnehmern oder Heimarbeitern ähnlich sind,
4. in einem der Berufsausbildung ähnlichen Ausbildungsverhältnis.
(2) Dieses Gesetz gilt nicht
1. für geringfügige Hilfeleistungen, soweit sie gelegentlich
   a) aus Gefälligkeit,
   b) auf Grund familienrechtlicher Vorschriften,
   c) in Einrichtungen der Jugendhilfe,
   d) in Einrichtungen zur Eingliederung Behinderter erbracht werden,
2. für die Beschäftigung durch die Personensorgeberechtigten im Familienhaushalt.

§ 2
Kind, Jugendlicher

(1) Kind im Sinne dieses Gesetzes ist, wer noch nicht 15 Jahre alt ist.
(2) Jugendlicher im Sinne dieses Gesetzes ist, wer 15, aber noch nicht 18 Jahre alt ist.
(3) Auf Jugendliche, die der Vollzeitschulpflicht unterliegen, finden die für Kinder geltenden Vorschriften Anwendung.

§ 3
Arbeitgeber

Arbeitgeber im Sinne dieses Gesetzes ist, wer ein Kind oder einen Jugendlichen gemäß § 1 beschäftigt.

§ 4
Arbeitszeit

(1) Tägliche Arbeitszeit ist die Zeit vom Beginn bis zum Ende der täglichen Beschäftigung ohne die Ruhepausen (§ 11).

(2) Schichtzeit ist die tägliche Arbeitszeit unter Hinzurechnung der Ruhepausen (§ 11).

(3) Im Bergbau unter Tage gilt die Schichtzeit als Arbeitszeit. Sie wird gerechnet vom Betreten des Förderkorbs bei der Einfahrt bis zum Verlassen des Förderkorbs bei der Ausfahrt oder vom Eintritt des einzelnen Beschäftigten in das Stollenmundloch bis zu seinem Wiederaustritt.

(4) Für die Berechnung der wöchentlichen Arbeitszeit ist als Woche die Zeit von Montag bis einschließlich Sonntag zugrunde zu legen. Die Arbeitszeit, die an einem Werktag infolge eines gesetzlichen Feiertags ausfällt, wird auf die wöchentliche Arbeitszeit angerechnet.

(5) Wird ein Kind oder ein Jugendlicher von mehreren Arbeitgebern beschäftigt, so werden die Arbeits- und Schichtzeiten sowie die Arbeitstage zusammengerechnet.

Zweiter Abschnitt
Beschäftigung von Kindern

§ 5
Verbot der Beschäftigung von Kindern

(1) Die Beschäftigung von Kindern (§ 2 Abs. 1) ist verboten.

(2) Das Verbot des Absatzes 1 gilt nicht für die Beschäftigung von Kindern
1. zum Zwecke der Beschäftigungs- und Arbeitstherapie,
2. im Rahmen des Betriebspraktikums während der Vollzeitschulpflicht,
3. in Erfüllung einer richterlichen Weisung.
   Auf die Beschäftigung finden § 7 Satz 1 Nr. 2 und die §§ 9 bis 46 entsprechende Anwendung.

(3) Das Verbot des Absatzes 1 gilt ferner nicht für die Beschäftigung von Kindern über 13 Jahre mit Einwilligung des Personensorgeberechtigten, soweit die Beschäftigung leicht und für Kinder geeignet ist. Die Beschäftigung ist leicht, wenn sie auf Grund ihrer Beschaffenheit und der besonderen Bedingungen, unter denen sie ausgeführt wird,
1. die Sicherheit, Gesundheit und Entwicklung der Kinder,
2. ihren Schulbesuch, ihre Beteiligung an Maßnahmen zur Berufswahlvorbereitung oder Berufsausbildung, die von der zuständigen Stelle anerkannt sind, und
3. ihre Fähigkeit, dem Unterricht mit Nutzen zu folgen, nicht nachteilig beeinflußt.
   Die Kinder dürfen nicht mehr als zwei Stunden täglich, in landwirtschaftlichen Familienbetrieben nicht mehr als drei Stunden täglich, nicht zwischen 18 und 8 Uhr, nicht vor dem Schulunterricht und nicht während des Schulunterrichts beschäftigt werden. Auf die Beschäftigung finden die §§ 15 bis 31 entsprechende Anwendung.

(4) Das Verbot des Absatzes 1 gilt ferner nicht für die Beschäftigung von Jugendlichen (§ 2 Abs. 3) während der Schulferien für höchstens vier Wochen im Kalenderjahr. Auf die Beschäftigung finden die §§ 8 bis 31 entsprechende Anwendung.

(4a) Die Bundesregierung hat durch Rechtsverordnung mit Zustimmung des Bundesrates die Beschäftigung nach Absatz 3 näher zu bestimmen.

(4b) Der Arbeitgeber unterrichtet die Personensorgeberechtigten der von ihm beschäftigten Kinder über mögliche Gefahren sowie über alle zu ihrer Sicherheit und ihrem Gesundheitsschutz getroffenen Maßnahmen.

(5) Für Veranstaltungen kann die Aufsichtsbehörde Ausnahmen gemäß § 6 bewilligen.

§ 6
Behördliche Ausnahmen für Veranstaltungen

(1) Die Aufsichtsbehörde kann auf Antrag bewilligen, daß
1. bei Theatervorstellungen Kinder über sechs Jahre bis zu vier Stunden täglich in der Zeit von 10 bis 23 Uhr,
2. bei Musikaufführungen und anderen Aufführungen, bei Werbeveranstaltungen sowie bei Aufnahmen im Rundfunk (Hörfunk und Fernsehen), auf Ton- und Bildträger sowie bei Film- und Fotoaufnahmen
   a) Kinder über drei bis sechs Jahre bis zu zwei Stunden täglich in der Zeit von 8 bis 17 Uhr,
   b) Kinder über sechs Jahre bis zu drei Stunden täglich in der Zeit von 8 bis 22 Uhr
   gestaltend mitwirken und an den erforderlichen Proben teilnehmen. Eine Ausnahme darf nicht bewilligt werden für die Mitwirkung in Kabaretts, Tanzlokalen und ähnlichen Betrieben sowie auf Vergnügungsparks, Kirmessen, Jahrmärkten und bei ähnlichen Veranstaltungen, Schaustellungen oder Darbietungen.

(2) Die Aufsichtsbehörde darf nach Anhörung des zuständigen Jugendamts die Beschäftigung nur bewilligen, wenn
1. die Personensorgeberechtigten in die Beschäftigung schriftlich eingewilligt haben,
2. der Aufsichtsbehörde eine nicht länger als vor drei Monaten ausgestellte ärztliche Bescheinigung vorgelegt wird, nach der gesundheitliche Bedenken gegen die Beschäftigung nicht bestehen,
3. die erforderlichen Vorkehrungen und Maßnahmen zum Schutz des Kindes gegen Gefahren für Leben und Gesundheit sowie zur Vermeidung einer Beeinträchtigung der körperlichen oder seelisch-geistigen Entwicklung getroffen sind,
4. Betreuung und Beaufsichtigung des Kindes bei der Beschäftigung sichergestellt sind,

5. nach Beendigung der Beschäftigung eine ununterbrochene Freizeit von mindestens 14 Stunden eingehalten wird,
6. das Fortkommen in der Schule nicht beeinträchtigt wird.

(3) Die Aufsichtsbehörde bestimmt,
1. wie lange, zu welcher Zeit und an welchem Tag das Kind beschäftigt werden darf,
2. Dauer und Lage der Ruhepausen,
3. die Höchstdauer des täglichen Aufenthalts an der Beschäftigungsstätte.

(4) Die Entscheidung der Aufsichtsbehörde ist dem Arbeitgeber schriftlich bekanntzugeben. Er darf das Kind erst nach Empfang des Bewilligungsbescheids beschäftigen.

§ 7
Beschäftigung von nicht vollzeitschulpflichtigen Kindern

Kinder, die der Vollzeitschulpflicht nicht mehr unterliegen, dürfen
1. im Berufsausbildungsverhältnis,
2. außerhalb eines Berufsausbildungsverhältnisses nur mit leichten und für sie geeigneten Tätigkeiten bis zu sieben Stunden täglich und 35 Stunden wöchentlich
beschäftigt werden. Auf die Beschäftigung finden die §§ 8 bis 46 entsprechende Anwendung.

Dritter Abschnitt
Beschäftigung Jugendlicher

E r s t e r   T i t e l
Arbeitszeit und Freizeit

§ 8
Dauer der Arbeitszeit

(1) Jugendliche dürfen nicht mehr als acht Stunden täglich und nicht mehr als 40 Stunden wöchentlich beschäftigt werden.

(2) Wenn in Verbindung mit Feiertagen an Werktagen nicht gearbeitet wird, damit die Beschäftigten eine längere zusammenhängende Freizeit haben, so darf die ausfallende Arbeitszeit auf die Werktage von fünf zusammenhängenden, die Ausfalltage einschließenden Wochen nur dergestalt verteilt werden, daß die Wochenarbeitszeit im Durchschnitt dieser fünf Wochen 40 Stunden nicht überschreitet. Die tägliche Arbeitszeit darf hierbei achteinhalb Stunden nicht überschreiten.

(2a) Wenn an einzelnen Werktagen die Arbeitszeit auf weniger als acht Stunden verkürzt ist, können Jugendliche an den übrigen Werktagen derselben Woche achteinhalb Stunden beschäftigt werden.

(3) In der Landwirtschaft dürfen Jugendliche über 16 Jahre während der Erntezeit nicht mehr als neun Stunden täglich und nicht mehr als 85 Stunden in der Doppelwoche beschäftigt werden.

§ 9
Berufsschule

(1) Der Arbeitgeber hat den Jugendlichen für die Teilnahme am Berufsschulunterricht freizustellen. Er darf den Jugendlichen nicht beschäftigen
1. vor einem vor 9 Uhr beginnenden Unterricht; dies gilt auch für Personen, die über 18 Jahre alt und noch berufsschulpflichtig sind,
2. an einem Berufsschultag mit mehr als fünf Unterrichtsstunden von mindestens je 45 Minuten, einmal in der Woche,
3. in Berufsschulwochen mit einem planmäßigen Blockunterricht von mindestens 25 Stunden an mindestens fünf Tagen; zusätzliche betriebliche Ausbildungsveranstaltungen bis zu zwei Stunden wöchentlich sind zulässig.

(2) Auf die Arbeitszeit des Jugendlichen werden angerechnet
1. Berufsschultage nach Absatz 1 Satz 2 Nummer 2 mit der durchschnittlichen täglichen Arbeitszeit,
2. Berufsschulwochen nach Absatz 1 Satz 2 Nummer 3 mit der durchschnittlichen wöchentlichen Arbeitszeit,
3. im Übrigen die Unterrichtszeit einschließlich der Pausen.

(3) Ein Entgeltausfall darf durch den Besuch der Berufsschule nicht eintreten.

(4) (weggefallen)

§ 10
Prüfungen und außerbetriebliche Ausbildungsmaßnahmen

(1) Der Arbeitgeber hat den Jugendlichen
1. für die Teilnahme an Prüfungen und Ausbildungsmaßnahmen, die auf Grund öffentlich-rechtlicher oder vertraglicher Bestimmungen außerhalb der Ausbildungsstätte durchzuführen sind,
2. an dem Arbeitstag, der der schriftlichen Abschlußprüfung unmittelbar vorangeht,

freizustellen.

(2) Auf die Arbeitszeit des Jugendlichen werden angerechnet
1. die Freistellung nach Absatz 1 Nummer 1 mit der Zeit der Teilnahme einschließlich der Pausen,
2. die Freistellung nach Absatz 1 Nummer 2 mit der durchschnittlichen täglichen Arbeitszeit.

Ein Entgeltausfall darf nicht eintreten.

§ 11
Ruhepausen, Aufenthaltsräume

(1) Jugendlichen müssen im voraus feststehende Ruhepausen von angemessener Dauer gewährt werden. Die Ruhepausen müssen mindestens betragen
1. 30 Minuten bei einer Arbeitszeit von mehr als viereinhalb bis zu sechs Stunden,
2. 60 Minuten bei einer Arbeitszeit von mehr als sechs Stunden.

Als Ruhepause gilt nur eine Arbeitsunterbrechung von mindestens 15 Minuten.

(2) Die Ruhepausen müssen in angemessener zeitlicher Lage gewährt werden, frühestens eine Stunde nach Beginn und spätestens eine Stunde vor Ende der Arbeitszeit. Länger als viereinhalb Stunden hintereinander dürfen Jugendliche nicht ohne Ruhepause beschäftigt werden.

(3) Der Aufenthalt während der Ruhepausen in Arbeitsräumen darf den Jugendlichen nur gestattet werden, wenn die Arbeit in diesen Räumen während dieser Zeit eingestellt ist und auch sonst die notwendige Erholung nicht beeinträchtigt wird.

(4) Absatz 3 gilt nicht für den Bergbau unter Tage.

§ 12
Schichtzeit

Bei der Beschäftigung Jugendlicher darf die Schichtzeit (§ 4 Abs. 2) 10 Stunden, im Bergbau unter Tage 8 Stunden, im Gaststättengewerbe, in der Landwirtschaft, in der Tierhaltung, auf Bau- und Montagestellen 11 Stunden nicht überschreiten.

§ 13
Tägliche Freizeit

Nach Beendigung der täglichen Arbeitszeit dürfen Jugendliche nicht vor Ablauf einer ununterbrochenen Freizeit von mindestens 12 Stunden beschäftigt werden.

§ 14
Nachtruhe

(1) Jugendliche dürfen nur in der Zeit von 6 bis 20 Uhr beschäftigt werden.
(2) Jugendliche über 16 Jahre dürfen
  1. im Gaststätten- und Schaustellergewerbe bis 22 Uhr,
  2. in mehrschichtigen Betrieben bis 23 Uhr,
  3. in der Landwirtschaft ab 5 Uhr oder bis 21 Uhr,
  4. in Bäckereien und Konditoreien ab 5 Uhr
  beschäftigt werden.
(3) Jugendliche über 17 Jahre dürfen in Bäckereien ab 4 Uhr beschäftigt werden.
(4) An dem einem Berufsschultag unmittelbar vorangehenden Tag dürfen Jugendliche auch nach Absatz 2 Nr. 1 bis 3 nicht nach 20 Uhr beschäftigt werden, wenn der Berufsschulunterricht am Berufsschultag vor 9 Uhr beginnt.
(5) Nach vorheriger Anzeige an die Aufsichtsbehörde dürfen in Betrieben, in denen die übliche Arbeitszeit aus verkehrstechnischen Gründen nach 20 Uhr endet, Jugendliche bis 21 Uhr beschäftigt werden, soweit sie hierdurch unnötige Wartezeiten vermeiden können. Nach vorheriger Anzeige an die Aufsichtsbehörde dürfen ferner in mehrschichtigen Betrieben Jugendliche über 16 Jahre ab 5.30 Uhr oder bis 23.30 Uhr beschäftigt werden, soweit sie hierdurch unnötige Wartezeiten vermeiden können.
(6) Jugendliche dürfen in Betrieben, in denen die Beschäftigten in außergewöhnlichem Grade der Einwirkung von Hitze ausgesetzt sind, in der warmen Jahreszeit ab 5 Uhr beschäftigt werden. Die Jugendlichen sind berechtigt, sich vor Beginn der Beschäftigung und danach in regelmäßigen Zeitabständen arbeitsmedizinisch untersuchen zu lassen. Die Kosten der Untersuchungen hat der Arbeitgeber zu tragen, sofern er diese nicht kostenlos durch einen Betriebsarzt oder einen überbetrieblichen Dienst von Betriebsärzten anbietet.

(7) Jugendliche dürfen bei Musikaufführungen, Theatervorstellungen und anderen Aufführungen, bei Aufnahmen im Rundfunk (Hörfunk und Fernsehen), auf Ton- und Bildträger sowie bei Film- und Fotoaufnahmen bis 23 Uhr gestaltend mitwirken. Eine Mitwirkung ist nicht zulässig bei Veranstaltungen, Schaustellungen oder Darbietungen, bei denen die Anwesenheit Jugendlicher nach den Vorschriften des Jugendschutzgesetz verboten ist. Nach Beendigung der Tätigkeit dürfen Jugendliche nicht vor Ablauf einer ununterbrochenen Freizeit von mindestens 14 Stunden beschäftigt werden. Die Sätze 1 bis 3 gelten entsprechend auch für die Tätigkeit von Jugendlichen als Sportler im Rahmen von Sportveranstaltungen.

§ 15
Fünf-Tage-Woche

Jugendliche dürfen nur an fünf Tagen in der Woche beschäftigt werden. Die beiden wöchentlichen Ruhetage sollen nach Möglichkeit aufeinander folgen.

§ 16
Samstagsruhe

(1) An Samstagen dürfen Jugendliche nicht beschäftigt werden.
(2) Zulässig ist die Beschäftigung Jugendlicher an Samstagen nur
1. in Krankenanstalten sowie in Alten-, Pflege- und Kinderheimen,
2. in offenen Verkaufsstellen, in Betrieben mit offenen Verkaufsstellen, in Bäckereien und Konditoreien, im Friseurhandwerk und im Marktverkehr,
3. im Verkehrswesen,
4. in der Landwirtschaft und Tierhaltung,
5. im Familienhaushalt,
6. im Gaststätten- und Schaustellergewerbe,
7. bei Musikaufführungen, Theatervorstellungen und anderen Aufführungen, bei Aufnahmen im Rundfunk (Hörfunk und Fernsehen), auf Ton- und Bildträger sowie bei Film- und Fotoaufnahmen,
8. bei außerbetrieblichen Ausbildungsmaßnahmen,
9. beim Sport,
10. im ärztlichen Notdienst,
11. in Reparaturwerkstätten für Kraftfahrzeuge.
Mindestens zwei Samstage im Monat sollen beschäftigungsfrei bleiben.
(3) Werden Jugendliche am Samstag beschäftigt, ist ihnen die Fünf-Tage-Woche (§ 15) durch Freistellung an einem anderen berufsschulfreien Arbeitstag derselben Woche sicherzustellen. In Betrieben mit einem Betriebsruhetag in der Woche kann die Freistellung auch an diesem Tag erfolgen, wenn die Jugendlichen an diesem Tag keinen Berufsschulunterricht haben.

(4) Können Jugendliche in den Fällen des Absatzes 2 Nr. 2 am Samstag nicht acht Stunden beschäftigt werden, kann der Unterschied zwischen der tatsächlichen und der nach § 8 Abs. 1 höchstzulässigen Arbeitszeit an dem Tage bis 13 Uhr ausgeglichen werden, an dem die Jugendlichen nach Absatz 3 Satz 1 freizustellen sind.

§ 17
Sonntagsruhe

(1) An Sonntagen dürfen Jugendliche nicht beschäftigt werden.

(2) Zulässig ist die Beschäftigung Jugendlicher an Sonntagen nur
1. in Krankenanstalten sowie in Alten-, Pflege- und Kinderheimen,
2. in der Landwirtschaft und Tierhaltung mit Arbeiten, die auch an Sonn- und Feiertagen naturnotwendig vorgenommen werden müssen,
3. im Familienhaushalt, wenn der Jugendliche in die häusliche Gemeinschaft aufgenommen ist,
4. im Schaustellergewerbe,
5. bei Musikaufführungen, Theatervorstellungen und anderen Aufführungen sowie bei Direktsendungen im Rundfunk (Hörfunk und Fernsehen),
6. beim Sport,
7. im ärztlichen Notdienst,
8. im Gaststättengewerbe.
Jeder zweite Sonntag soll, mindestens zwei Sonntage im Monat müssen beschäftigungsfrei bleiben.

(3) Werden Jugendliche am Sonntag beschäftigt, ist ihnen die Fünf-Tage-Woche (§ 15) durch Freistellung an einem anderen berufsschulfreien Arbeitstag derselben Woche sicherzustellen. In Betrieben mit einem Betriebsruhetag in der Woche kann die Freistellung auch an diesem Tag erfolgen, wenn die Jugendlichen an diesem Tag keinen Berufsschulunterricht haben.

§ 18
Feiertagsruhe

(1) Am 24. und 31. Dezember nach 14 Uhr und an gesetzlichen Feiertagen dürfen Jugendliche nicht beschäftigt werden.

(2) Zulässig ist die Beschäftigung Jugendlicher an gesetzlichen Feiertagen in den Fällen des § 17 Abs. 2, ausgenommen am 25. Dezember, am 1. Januar, am ersten Osterfeiertag und am 1. Mai.

(3) Für die Beschäftigung an einem gesetzlichen Feiertag, der auf einen Werktag fällt, ist der Jugendliche an einem anderen berufsschulfreien Arbeitstag derselben oder der folgenden Woche freizustellen. In Betrieben mit einem Betriebsruhetag in der Woche kann die Freistellung auch an diesem Tag erfolgen, wenn die Jugendlichen an diesem Tag keinen Berufsschulunterricht haben.

§ 19
Urlaub

(1) Der Arbeitgeber hat Jugendlichen für jedes Kalenderjahr einen bezahlten Erholungsurlaub zu gewähren.

(2) Der Urlaub beträgt jährlich
1. mindestens 30 Werktage, wenn der Jugendliche zu Beginn des Kalenderjahrs noch nicht 16 Jahre alt ist,
2. mindestens 27 Werktage, wenn der Jugendliche zu Beginn des Kalenderjahrs noch nicht 17 Jahre alt ist,
3. mindestens 25 Werktage, wenn der Jugendliche zu Beginn des Kalenderjahrs noch nicht 18 Jahre alt ist.

Jugendliche, die im Bergbau unter Tage beschäftigt werden, erhalten in jeder Altersgruppe einen zusätzlichen Urlaub von drei Werktagen.

(3) Der Urlaub soll Berufsschülern in der Zeit der Berufsschulferien gegeben werden. Soweit er nicht in den Berufsschulferien gegeben wird, ist für jeden Berufsschultag, an dem die Berufsschule während des Urlaubs besucht wird, ein weiterer Urlaubstag zu gewähren.

(4) Im übrigen gelten für den Urlaub der Jugendlichen § 3 Abs. 2, §§ 4 bis 12 und § 13 Abs. 3 des Bundesurlaubsgesetzes. Der Auftraggeber oder Zwischenmeister hat jedoch abweichend von § 12 Nr. 1 des Bundesurlaubsgesetzes den jugendlichen Heimarbeitern für jedes Kalenderjahr einen bezahlten Erholungsurlaub entsprechend Absatz 2 zu gewähren; das Urlaubsentgelt der jugendlichen Heimarbeiter beträgt bei einem Urlaub von 30 Werktagen 11,6 vom Hundert, bei einem Urlaub von 27 Werktagen 10,3 vom Hundert und bei einem Urlaub von 25 Werktagen 9,5 vom Hundert.

§ 20
Binnenschiffahrt

(1) In der Binnenschiffahrt gelten folgende Abweichungen:
1. Abweichend von § 12 darf die Schichtzeit Jugendlicher über 16 Jahre während der Fahrt bis auf 14 Stunden täglich ausgedehnt werden, wenn ihre Arbeitszeit sechs Stunden täglich nicht überschreitet. Ihre tägliche Freizeit kann abweichend von § 13 der Ausdehnung der Schichtzeit entsprechend bis auf 10 Stunden verkürzt werden.
2. Abweichend von § 14 Abs. 1 dürfen Jugendliche über 16 Jahre während der Fahrt bis 22 Uhr beschäftigt werden.
3. Abweichend von §§ 15, 16 Abs. 1, § 17 Abs. 1 und § 18 Abs. 1 dürfen Jugendliche an jedem Tag der Woche beschäftigt werden, jedoch nicht am 24. Dezember, an den Weihnachtsfeiertagen, am 31. Dezember, am 1. Januar, an den Osterfeiertagen und am 1. Mai. Für die Beschäftigung an einem Samstag, Sonntag und an einem gesetzlichen Feiertag, der auf einen Werktag fällt, ist ihnen je ein freier Tag zu gewähren. Diese freien Tage sind den Jugendlichen in Verbindung mit anderen freien Tagen zu gewähren, spätestens, wenn ihnen 10 freie Tage zustehen.

(2) In der gewerblichen Binnenschifffahrt hat der Arbeitgeber Aufzeichnungen nach Absatz 3 über die tägliche Arbeits- oder Freizeit jedes Jugendlichen zu führen, um eine Kontrolle der Einhaltung der §§ 8 bis 21a dieses Gesetzes zu ermöglichen. Die Aufzeichnungen sind in geeigneten Zeitabständen, spätestens bis zum nächsten Monatsende, gemeinsam vom Arbeitgeber oder seinem Vertreter und von dem Jugendlichen zu prüfen und zu bestätigen. Im Anschluss müssen die Aufzeichnungen für mindestens zwölf Monate an Bord aufbewahrt werden und dem Jugendlichen ist eine Kopie der bestätigten Aufzeichnungen auszuhändigen. Der Jugendliche hat die Kopien daraufhin zwölf Monate für eine Kontrolle bereitzuhalten.

(3) Die Aufzeichnungen nach Absatz 2 müssen mindestens folgende Angaben enthalten:
1. Name des Schiffes,
2. Name des Jugendlichen,
3. Name des verantwortlichen Schiffsführers,
4. Datum des jeweiligen Arbeits- oder Ruhetages,
5. für jeden Tag der Beschäftigung, ob es sich um einen Arbeits- oder um einen Ruhetag handelt sowie
6. Beginn und Ende der täglichen Arbeitszeit oder der täglichen Freizeit.

§ 21
Ausnahmen in besonderen Fällen

(1) §§ 8 und 11 bis 18 finden keine Anwendung auf die Beschäftigung Jugendlicher mit vorübergehenden und unaufschiebbaren Arbeiten in Notfällen, soweit erwachsene Beschäftigte nicht zur Verfügung stehen.

(2) Wird in den Fällen des Absatzes 1 über die Arbeitszeit des § 8 hinaus Mehrarbeit geleistet, so ist sie durch entsprechende Verkürzung der Arbeitszeit innerhalb der folgenden drei Wochen auszugleichen.

§ 21a
Abweichende Regelungen

(1) In einem Tarifvertrag oder auf Grund eines Tarifvertrages in einer Betriebsvereinbarung kann zugelassen werden
1. abweichend von den §§ 8, 15, 16 Abs. 3 und 4, § 17 Abs. 3 und § 18 Abs. 3 die Arbeitszeit bis zu neun Stunden täglich, 44 Stunden wöchentlich und bis zu fünfeinhalb Tagen in der Woche anders zu verteilen, jedoch nur unter Einhaltung einer durchschnittlichen Wochenarbeitszeit von 40 Stunden in einem Ausgleichszeitraum von zwei Monaten,
2. abweichend von § 11 Abs. 1 Satz 2 Nr. 2 und Abs. 2 die Ruhepausen bis zu 15 Minuten zu kürzen und die Lage der Pausen anders zu bestimmen,
3. abweichend von § 12 die Schichtzeit mit Ausnahme des Bergbaus unter Tage bis zu einer Stunde täglich zu verlängern,
4. abweichend von § 16 Abs. 1 und 2 Jugendliche an 26 Samstagen im Jahr oder an jedem Samstag zu beschäftigen, wenn statt dessen der Jugendliche an einem anderen Werktag derselben Woche von der Beschäftigung freigestellt wird,
5. abweichend von den §§ 15, 16 Abs. 3 und 4, § 17 Abs. 3 und § 18 Abs. 3 Jugendliche bei einer Beschäftigung an einem Samstag oder an einem Sonn- oder Feiertag unter vier Stunden an einem anderen Arbeitstag derselben oder der folgenden Woche vor- oder nachmittags von der Beschäftigung freizustellen,
6. abweichend von § 17 Abs. 2 Satz 2 Jugendliche im Gaststätten- und Schaustellergewerbe sowie in der Landwirtschaft während der Saison oder der Erntezeit an drei Sonntagen im Monat zu beschäftigen.

(2) Im Geltungsbereich eines Tarifvertrages nach Absatz 1 kann die abweichende tarifvertragliche Regelung im Betrieb eines nicht tarifgebundenen Arbeitgebers durch Betriebsvereinbarung oder, wenn ein Betriebsrat nicht besteht, durch schriftliche Vereinbarung zwischen dem Arbeitgeber und dem Jugendlichen übernommen werden.

(3) Die Kirchen und die öffentlich-rechtlichen Religionsgesellschaften können die in Absatz 1 genannten Abweichungen in ihren Regelungen vorsehen.

§ 21b
Ermächtigung

Das Bundesministerium für Arbeit und Soziales kann im Interesse der Berufsausbildung oder der Zusammenarbeit von Jugendlichen und Erwachsenen durch Rechtsverordnung mit Zustimmung des Bundesrates Ausnahmen von den Vorschriften

1. des § 8, der §§ 11 und 12, der §§ 15 und 16, des § 17 Abs. 2 und 3 sowie des § 18 Abs. 3 im Rahmen des § 21a Abs. 1,
2. des § 14, jedoch nicht vor 5 Uhr und nicht nach 23 Uhr, sowie
3. des § 17 Abs. 1 und § 18 Abs. 1 an höchstens 26 Sonn- und Feiertagen im Jahr

zulassen, soweit eine Beeinträchtigung der Gesundheit oder der körperlichen oder seelisch-geistigen Entwicklung der Jugendlichen nicht zu befürchten ist.

Zweiter Titel
Beschäftigungsverbote und -beschränkungen

§ 22
Gefährliche Arbeiten

(1) Jugendliche dürfen nicht beschäftigt werden
1. mit Arbeiten, die ihre physische oder psychische Leistungsfähigkeit übersteigen,
2. mit Arbeiten, bei denen sie sittlichen Gefahren ausgesetzt sind,
3. mit Arbeiten, die mit Unfallgefahren verbunden sind, von denen anzunehmen ist, daß Jugendliche sie wegen mangelnden Sicherheitsbewußtseins oder mangelnder Erfahrung nicht erkennen oder nicht abwenden können,
4. mit Arbeiten, bei denen ihre Gesundheit durch außergewöhnliche Hitze oder Kälte oder starke Nässe gefährdet wird,
5. mit Arbeiten, bei denen sie schädlichen Einwirkungen von Lärm, Erschütterungen oder Strahlen ausgesetzt sind,
6. mit Arbeiten, bei denen sie schädlichen Einwirkungen von Gefahrstoffen im Sinne der Gefahrstoffverordnung ausgesetzt sind,
7. mit Arbeiten, bei denen sie schädlichen Einwirkungen von biologischen Arbeitsstoffen im Sinne der Biostoffverordnung ausgesetzt sind.
(2) Absatz 1 Nr. 3 bis 7 gilt nicht für die Beschäftigung Jugendlicher, soweit
1. dies zur Erreichung ihres Ausbildungszieles erforderlich ist,
2. ihr Schutz durch die Aufsicht eines Fachkundigen gewährleistet ist und
3. der Luftgrenzwert bei gefährlichen Stoffen (Absatz 1 Nr. 6) unterschritten wird.

Satz 1 findet keine Anwendung auf gezielte Tätigkeiten mit biologischen Arbeitsstoffen der Risikogruppen 3 und 4 im Sinne der Biostoffverordnung sowie auf nicht gezielte Tätigkeiten, die nach der Biostoffverordnung der Schutzstufe 3 oder 4 zuzuordnen sind.

(3) Werden Jugendliche in einem Betrieb beschäftigt, für den ein Betriebsarzt oder eine Fachkraft für Arbeitssicherheit verpflichtet ist, muß ihre betriebsärztliche oder sicherheitstechnische Betreuung sichergestellt sein.

§ 23
Akkordarbeit; tempoabhängige Arbeiten

(1) Jugendliche dürfen nicht beschäftigt werden
1. mit Akkordarbeit und sonstigen Arbeiten, bei denen durch ein gesteigertes Arbeitstempo ein höheres Entgelt erzielt werden kann,
2. in einer Arbeitsgruppe mit erwachsenen Arbeitnehmern, die mit Arbeiten nach Nummer 1 beschäftigt werden,
3. mit Arbeiten, bei denen ihr Arbeitstempo nicht nur gelegentlich vorgeschrieben, vorgegeben oder auf andere Weise erzwungen wird.

(2) Absatz 1 Nr. 2 gilt nicht für die Beschäftigung Jugendlicher,
1. soweit dies zur Erreichung ihres Ausbildungsziels erforderlich ist oder
2. wenn sie eine Berufsausbildung für diese Beschäftigung abgeschlossen haben
und ihr Schutz durch die Aufsicht eines Fachkundigen gewährleistet ist.

§ 24
Arbeiten unter Tage

(1) Jugendliche dürfen nicht mit Arbeiten unter Tage beschäftigt werden.

(2) Absatz 1 gilt nicht für die Beschäftigung Jugendlicher über 16 Jahre,
1. soweit dies zur Erreichung ihres Ausbildungszieles erforderlich ist,
2. wenn sie eine Berufsausbildung für die Beschäftigung unter Tage abgeschlossen haben oder
3. wenn sie an einer von der Bergbehörde genehmigten Ausbildungsmaßnahme für Bergjungarbeiter teilnehmen oder teilgenommen haben
und ihr Schutz durch die Aufsicht eines Fachkundigen gewährleistet ist.

§ 25
Verbot der Beschäftigung durch bestimmte Personen

(1) Personen, die
1. wegen eines Verbrechens zu einer Freiheitsstrafe von mindestens zwei Jahren,

2. wegen einer vorsätzlichen Straftat, die sie unter Verletzung der ihnen als Arbeitgeber, Ausbildender oder Ausbilder obliegenden Pflichten zum Nachteil von Kindern oder Jugendlichen begangen haben, zu einer Freiheitsstrafe von mehr als drei Monaten,
3. wegen einer Straftat nach §§ 109h, 171, 174 bis 184l, 225, 232 bis 233a des Strafgesetzbuches,
4. wegen einer Straftat nach dem Betäubungsmittelgesetz oder
5. wegen einer Straftat nach dem Jugendschutzgesetz oder nach dem Gesetz über die Verbreitung jugendgefährdender Schriften wenigstens zweimal rechtskräftig verurteilt worden sind, dürfen Jugendliche nicht beschäftigen sowie im Rahmen eines Rechtsverhältnisses im Sinne des § 1 nicht beaufsichtigen, nicht anweisen, nicht ausbilden und nicht mit der Beaufsichtigung, Anweisung oder Ausbildung von Jugendlichen beauftragt werden. Eine Verurteilung bleibt außer Betracht, wenn seit dem Tag ihrer Rechtskraft fünf Jahre verstrichen sind. Die Zeit, in welcher der Täter auf behördliche Anordnung in einer Anstalt verwahrt worden ist, wird nicht eingerechnet.

(2) Das Verbot des Absatzes 1 Satz 1 gilt auch für Personen, gegen die wegen einer Ordnungswidrigkeit nach § 58 Abs. 1 bis 4 wenigstens dreimal eine Geldbuße rechtskräftig festgesetzt worden ist. Eine Geldbuße bleibt außer Betracht, wenn seit dem Tag ihrer rechtskräftigen Festsetzung fünf Jahre verstrichen sind.

(3) Das Verbot des Absatzes 1 und 2 gilt nicht für die Beschäftigung durch die Personensorgeberechtigten.

§ 26
Ermächtigungen

Das Bundesministerium für Arbeit und Soziales kann zum Schutz der Jugendlichen gegen Gefahren für Leben und Gesundheit sowie zur Vermeidung einer Beeinträchtigung der körperlichen oder seelisch-geistigen Entwicklung durch Rechtsverordnung mit Zustimmung des Bundesrates
1. die für Kinder, die der Vollzeitschulpflicht nicht mehr unterliegen, geeigneten und leichten Tätigkeiten nach § 7 Satz 1 Nr. 2 und die Arbeiten nach § 22 Abs. 1 und den §§ 23 und 24 näher bestimmen,
2. über die Beschäftigungsverbote in den §§ 22 bis 25 hinaus die Beschäftigung Jugendlicher in bestimmten Betriebsarten oder mit bestimmten Arbeiten verbieten oder beschränken, wenn sie bei diesen Arbeiten infolge ihres Entwicklungsstands in besonderem Maß Gefahren ausgesetzt sind oder wenn das Verbot oder die Beschränkung der Beschäftigung infolge der technischen Entwicklung oder neuer arbeitsmedizinischer oder sicherheitstechnischer Erkenntnisse notwendig ist.

§ 27
Behördliche Anordnungen und Ausnahmen

(1) Die Aufsichtsbehörde kann in Einzelfällen feststellen, ob eine Arbeit unter die Beschäftigungsverbote oder -beschränkungen der §§ 22 bis 24 oder einer Rechtsverordnung nach § 26 fällt. Sie kann in Einzelfällen die Beschäftigung Jugendlicher mit bestimmten Arbeiten über die Beschäftigungsverbote und -beschränkungen der §§ 22 bis 24 und einer Rechtsverordnung nach § 26 hinaus verbieten oder beschränken, wenn diese Arbeiten mit Gefahren für Leben, Gesundheit oder für die körperliche oder seelisch-geistige Entwicklung der Jugendlichen verbunden sind.

(2) Die zuständige Behörde kann

1. den Personen, die die Pflichten, die ihnen kraft Gesetzes zugunsten der von ihnen beschäftigten, beaufsichtigten, angewiesenen oder auszubildenden Kinder und Jugendlichen obliegen, wiederholt oder gröblich verletzt haben,

2. den Personen, gegen die Tatsachen vorliegen, die sie in sittlicher Beziehung zur Beschäftigung, Beaufsichtigung, Anweisung oder Ausbildung von Kindern und Jugendlichen ungeeignet erscheinen lassen,

verbieten, Kinder und Jugendliche zu beschäftigen oder im Rahmen eines Rechtsverhältnisses im Sinne des § 1 zu beaufsichtigen, anzuweisen oder auszubilden.

(3) Die Aufsichtsbehörde kann auf Antrag Ausnahmen von § 23 Abs. 1 Nr. 2 und 3 für Jugendliche über 16 Jahre bewilligen,

1. wenn die Art der Arbeit oder das Arbeitstempo eine Beeinträchtigung der Gesundheit oder der körperlichen oder seelisch-geistigen Entwicklung des Jugendlichen nicht befürchten lassen und

2. wenn eine nicht länger als vor drei Monaten ausgestellte ärztliche Bescheinigung vorgelegt wird, nach der gesundheitliche Bedenken gegen die Beschäftigung nicht bestehen.

Dritter Titel
Sonstige Pflichten des Arbeitgebers

§ 28
Menschengerechte Gestaltung der Arbeit

(1) Der Arbeitgeber hat bei der Einrichtung und der Unterhaltung der Arbeitsstätte einschließlich der Maschinen, Werkzeuge und Geräte und bei der Regelung der Beschäftigung die Vorkehrungen und Maßnahmen zu treffen, die zum Schutz der Jugendlichen gegen Gefahren für Leben und Gesundheit sowie zur Vermeidung einer Beeinträchtigung der körperlichen oder seelisch-geistigen Entwicklung der Jugendlichen erforderlich sind. Hierbei sind das mangelnde Sicherheitsbewußtsein, die mangelnde Erfahrung und der Entwicklungsstand der Jugendlichen zu berücksichtigen und die allgemein anerkannten sicherheitstechnischen und arbeitsmedizinischen Regeln sowie die sonstigen gesicherten arbeitswissenschaftlichen Erkenntnisse zu beachten.

(2) Das Bundesministerium für Arbeit und Soziales kann durch Rechtsverordnung mit Zustimmung des Bundesrates bestimmen, welche Vorkehrungen und Maßnahmen der Arbeitgeber zur Erfüllung der sich aus Absatz 1 ergebenden Pflichten zu treffen hat.

(3) Die Aufsichtsbehörde kann in Einzelfällen anordnen, welche Vorkehrungen und Maßnahmen zur Durchführung des Absatzes 1 oder einer vom Bundesministerium für Arbeit und Soziales gemäß Absatz 2 erlassenen Verordnung zu treffen sind.

§ 28a
Beurteilung der Arbeitsbedingungen

Vor Beginn der Beschäftigung Jugendlicher und bei wesentlicher Änderung der Arbeitsbedingungen hat der Arbeitgeber die mit der Beschäftigung verbundenen Gefährdungen Jugendlicher zu beurteilen. Im Übrigen gelten die Vorschriften des Arbeitsschutzgesetzes.

§ 29
Unterweisung über Gefahren

(1) Der Arbeitgeber hat die Jugendlichen vor Beginn der Beschäftigung und bei wesentlicher Änderung der Arbeitsbedingungen über die Unfall- und Gesundheitsgefahren, denen sie bei der Beschäftigung ausgesetzt sind, sowie über die Einrichtung und Maßnahmen zur Abwendung dieser Gefahren zu unterweisen. Er hat die Jugendlichen vor der erstmaligen Beschäftigung an Maschinen oder gefährlichen Arbeitsstellen oder mit Arbeiten, bei denen sie mit gesundheitsgefährdenden Stoffen in Berührung kommen, über die besonderen Gefahren dieser Arbeiten sowie über das bei ihrer Verrichtung erforderliche Verhalten zu unterweisen.

(2) Die Unterweisungen sind in angemessenen Zeitabständen, mindestens aber halbjährlich, zu wiederholen.

(3) Der Arbeitgeber beteiligt die Betriebsärzte und die Fachkräfte für Arbeitssicherheit an der Planung, Durchführung und Überwachung der für die Sicherheit und den Gesundheitsschutz bei der Beschäftigung Jugendlicher geltenden Vorschriften.

§ 30
Häusliche Gemeinschaft

(1) Hat der Arbeitgeber einen Jugendlichen in die häusliche Gemeinschaft aufgenommen, so muß er
1. ihm eine Unterkunft zur Verfügung stellen und dafür sorgen, daß sie so beschaffen, ausgestattet und belegt ist und so benutzt wird, dass die Gesundheit des Jugendlichen nicht beeinträchtigt wird, und
2. ihm bei einer Erkrankung, jedoch nicht über die Beendigung der Beschäftigung hinaus, die erforderliche Pflege und ärztliche Behandlung zuteil werden lassen, soweit diese nicht von einem Sozialversicherungsträger geleistet wird.

(2) Die Aufsichtsbehörde kann im Einzelfall anordnen, welchen Anforderungen die Unterkunft (Absatz 1 Nr. 1) und die Pflege bei Erkrankungen (Absatz 1 Nr. 2) genügen müssen.

§ 31
Züchtigungsverbot; Verbot der Abgabe von Alkohol und Tabak

(1) Wer Jugendliche beschäftigt oder im Rahmen eines Rechtsverhältnisses im Sinne des § 1 beaufsichtigt, anweist oder ausbildet, darf sie nicht körperlich züchtigen.

(2) Wer Jugendliche beschäftigt, muß sie vor körperlicher Züchtigung und Mißhandlung und vor sittlicher Gefährdung durch andere bei ihm Beschäftigte und durch Mitglieder seines Haushalts an der Arbeitsstätte und in seinem Haus schützen. Soweit deren Abgabe nach § 9 Absatz 1 oder § 10 Absatz 1 und 4 des Jugendschutzgesetzes verboten ist, darf der Arbeitgeber Jugendlichen keine alkoholischen Getränke, Tabakwaren oder anderen dort genannten Erzeugnisse geben.

Vierter Titel
Gesundheitliche Betreuung

§ 32
Erstuntersuchung

(1) Ein Jugendlicher, der in das Berufsleben eintritt, darf nur beschäftigt werden, wenn
1. er innerhalb der letzten vierzehn Monate von einem Arzt untersucht worden ist (Erstuntersuchung) und
2. dem Arbeitgeber eine von diesem Arzt ausgestellte Bescheinigung vorliegt.
(2) Absatz 1 gilt nicht für eine nur geringfügige oder eine nicht länger als zwei Monate dauernde Beschäftigung mit leichten Arbeiten, von denen keine gesundheitlichen Nachteile für den Jugendlichen zu befürchten sind.

§ 33
Erste Nachuntersuchung

(1) Ein Jahr nach Aufnahme der ersten Beschäftigung hat sich der Arbeitgeber die Bescheinigung eines Arztes darüber vorlegen zu lassen, daß der Jugendliche nachuntersucht worden ist (erste Nachuntersuchung). Die Nachuntersuchung darf nicht länger als drei Monate zurückliegen. Der Arbeitgeber soll den Jugendlichen neun Monate nach Aufnahme der ersten Beschäftigung nachdrücklich auf den Zeitpunkt, bis zu dem der Jugendliche ihm die ärztliche Bescheinigung nach Satz 1 vorzulegen hat, hinweisen und ihn auffordern, die Nachuntersuchung bis dahin durchführen zu lassen.
(2) Legt der Jugendliche die Bescheinigung nicht nach Ablauf eines Jahres vor, hat ihn der Arbeitgeber innerhalb eines Monats unter Hinweis auf das Beschäftigungsverbot nach Absatz 3 schriftlich aufzufordern, ihm die Bescheinigung vorzulegen. Je eine Durchschrift des Aufforderungsschreibens hat der Arbeitgeber dem Personensorgeberechtigten und dem Betriebs- oder Personalrat zuzusenden.

(3) Der Jugendliche darf nach Ablauf von 14 Monaten nach Aufnahme der ersten Beschäftigung nicht weiterbeschäftigt werden, solange er die Bescheinigung nicht vorgelegt hat.

§ 34
Weitere Nachuntersuchungen

Nach Ablauf jedes weiteren Jahres nach der ersten Nachuntersuchung kann sich der Jugendliche erneut nachuntersuchen lassen (weitere Nachuntersuchungen). Der Arbeitgeber soll ihn auf dieses Möglichkeit rechtzeitig hinweisen und darauf hinwirken, daß der Jugendliche ihm die Bescheinigung über die weitere Nachuntersuchung vorlegt.

§ 35
Außerordentliche Nachuntersuchung

(1) Der Arzt soll eine außerordentliche Nachuntersuchung anordnen, wenn eine Untersuchung ergibt, daß
1. ein Jugendlicher hinter dem seinem Alter entsprechenden Entwicklungsstand zurückgeblieben ist,
2. gesundheitliche Schwächen oder Schäden vorhanden sind,
3. die Auswirkungen der Beschäftigung auf die Gesundheit oder Entwicklung des Jugendlichen noch nicht zu übersehen sind.
(2) Die in § 33 Abs. 1 festgelegten Fristen werden durch die Anordnung einer außerordentlichen Nachuntersuchung nicht berührt.

§ 36
Ärztliche Untersuchungen und Wechsel des Arbeitgebers

Wechselt der Jugendliche den Arbeitgeber, so darf ihn der neue Arbeitgeber erst beschäftigen, wenn ihm die Bescheinigung über die Erstuntersuchung (§ 32 Abs. 1) und, falls seit der Aufnahme der Beschäftigung ein Jahr vergangen ist, die Bescheinigung über die erste Nachuntersuchung (§ 33) vorliegen.

§ 37
Inhalt und Durchführung der ärztlichen Untersuchungen

(1) Die ärztliche Untersuchungen haben sich auf den Gesundheits- und Entwicklungsstand und die körperliche Beschaffenheit, die Nachuntersuchungen außerdem auf die Auswirkungen der Beschäftigung auf Gesundheit und Entwicklung des Jugendlichen zu erstrecken.
(2) Der Arzt hat unter Berücksichtigung der Krankheitsvorgeschichte des Jugendlichen auf Grund der Untersuchungen zu beurteilen,

1. ob die Gesundheit oder die Entwicklung des Jugendlichen durch die Ausführung bestimmter Arbeiten oder durch die Beschäftigung während bestimmter Zeiten gefährdet wird,
2. ob besondere der Gesundheit dienende Maßnahmen erforderlich sind,
3. ob eine außerordentliche Nachuntersuchung (§ 35 Abs. 1) erforderlich ist.

(3) Der Arzt hat schriftlich festzuhalten:
1. den Untersuchungsbefund,
2. die Arbeiten, durch deren Ausführung er die Gesundheit oder die Entwicklung des Jugendlichen für gefährdet hält,
3. die besonderen der Gesundheit dienenden Maßnahmen einschließlich Maßnahmen zur Verbesserung des Impfstatus,
4. die Anordnung einer außerordentlichen Nachuntersuchung (§ 35 Abs. 1).

§ 38
Ergänzungsuntersuchung

Kann der Arzt den Gesundheits- und Entwicklungsstand des Jugendlichen nur beurteilen, wenn das Ergebnis einer Ergänzungsuntersuchung durch einen anderen Arzt oder einen Zahnarzt vorliegt, so hat er die Ergänzungsuntersuchung zu veranlassen und ihre Notwendigkeit schriftlich zu begründen.

§ 39
Mitteilung, Bescheinigung

(1) Der Arzt hat dem Personensorgeberechtigten schriftlich mitzuteilen:
1. das wesentliche Ergebnis der Untersuchung,
2. die Arbeiten, durch deren Ausführung er die Gesundheit oder die Entwicklung des Jugendlichen für gefährdet hält,
3. die besonderen der Gesundheit dienenden Maßnahmen einschließlich Maßnahmen zur Verbesserung des Impfstatus,
4. die Anordnung einer außerordentlichen Nachuntersuchung (§ 35 Abs. 1).

(2) Der Arzt hat eine für den Arbeitgeber bestimmte Bescheinigung darüber auszustellen, daß die Untersuchung stattgefunden hat und darin die Arbeiten zu vermerken, durch deren Ausführung er die Gesundheit oder die Entwicklung des Jugendlichen für gefährdet hält.

§ 40
Bescheinigung mit Gefährdungsvermerk

(1) Enthält die Bescheinigung des Arztes (§ 39 Abs. 2) einen Vermerk über Arbeiten, durch deren Ausführung er die Gesundheit oder die Entwicklung des Jugendlichen für gefährdet hält, so darf der Jugendliche mit solchen Arbeiten nicht beschäftigt werden.

(2) Die Aufsichtsbehörde kann die Beschäftigung des Jugendlichen mit den in der Bescheinigung des Arztes (§ 39 Abs. 2) vermerkten Arbeiten im Einvernehmen mit einem Arzt zulassen und die Zulassung mit Auflagen verbinden.

§ 41
Aufbewahren der ärztlichen Bescheinigungen

(1) Der Arbeitgeber hat die ärztliche Bescheinigungen bis zur Beendigung der Beschäftigung, längstens jedoch bis zur Vollendung des 18. Lebensjahrs des Jugendlichen aufzubewahren und der Aufsichtsbehörde sowie der Berufsgenossenschaft auf Verlangen zur Einsicht vorzulegen oder einzusenden.

(2) Scheidet der Jugendliche aus dem Beschäftigungsverhältnis aus, so hat ihm der Arbeitgeber die Bescheinigung auszuhändigen.

§ 42
Eingreifen der Aufsichtsbehörde

Die Aufsichtsbehörde hat, wenn die dem Jugendlichen übertragenen Arbeiten Gefahren für seine Gesundheit befürchten lassen, dies dem Personensorgeberechtigten und dem Arbeitgeber mitzuteilen und den Jugendlichen aufzufordern, sich durch einen von ihr ermächtigten Arzt untersuchen zu lassen.

§ 43
Freistellung für Untersuchungen

Der Arbeitgeber hat den Jugendlichen für die Durchführung der ärztlichen Untersuchungen nach diesem Abschnitt freizustellen. Ein Entgeltausfall darf hierdurch nicht eintreten.

§ 44
Kosten der Untersuchungen

Die Kosten der Untersuchungen trägt das Land.

§ 45
Gegenseitige Unterrichtung der Ärzte

(1) Die Ärzte, die Untersuchungen nach diesem Abschnitt vorgenommen haben, müssen, wenn der Personensorgeberechtigte und der Jugendliche damit einverstanden sind,

1. dem staatlichen Gewerbearzt,
2. dem Arzt, der einen Jugendlichen nach diesem Abschnitt nachuntersucht, auf Verlangen die Aufzeichnungen über die Untersuchungsbefunde zur Einsicht aushändigen.

(2) Unter den Voraussetzungen des Absatzes 1 kann der Amtsarzt des Gesundheitsamts einem Arzt, der einen Jugendlichen nach diesem Abschnitt untersucht, Einsicht in andere in seiner Dienststelle vorhandene Unterlagen über Gesundheit und Entwicklung des Jugendlichen gewähren.

§ 46
Ermächtigungen

(1) Das Bundesministerium für Arbeit und Soziales kann zum Zweck einer gleichmäßigen und wirksamen gesundheitlichen Betreuung durch Rechtsverordnung mit Zustimmung des Bundesrates Vorschriften über die Durchführung der ärztlichen Untersuchungen und über die für die Aufzeichnungen der Untersuchungsbefunde, die Bescheinigungen und Mitteilungen zu verwendenden Vordrucke erlassen.

(2) Die Landesregierung kann durch Rechtsverordnung
1. zur Vermeidung von mehreren Untersuchungen innerhalb eines kurzen Zeitraumes aus verschiedenen Anlässen bestimmen, daß die Untersuchungen nach §§ 32 bis 34 zusammen mit Untersuchungen nach anderen Vorschriften durchzuführen sind, und hierbei von der Frist des § 32 Abs. 1 Nr. 1 bis zu drei Monaten abweichen,
2. zur Vereinfachung der Abrechnung
   a) Pauschbeträge für die Kosten der ärztlichen Untersuchungen im Rahmen der geltenden Gebührenordnungen festsetzen,
   b) Vorschriften über die Erstattung der Kosten beim Zusammentreffen mehrerer Untersuchungen nach Nummer 1 erlassen.

Vierter Abschnitt
Durchführung des Gesetzes

Erster Titel
Aushänge und Verzeichnisse

§ 47
Bekanntgabe des Gesetzes und der Aufsichtsbehörde

Arbeitgeber, die regelmäßig mindestens einen Jugendlichen beschäftigen, haben einen Abdruck dieses Gesetzes und die Anschrift der zuständigen Aufsichtsbehörde an geeigneter Stelle im Betrieb zur Einsicht auszulegen oder auszuhängen.

§ 48
Aushang über Arbeitszeit und Pausen

Arbeitgeber, die regelmäßig mindestens drei Jugendliche beschäftigen, haben einen Aushang über Beginn und Ende der regelmäßigen täglichen Arbeitszeit und der Pausen der Jugendlichen an geeigneter Stelle im Betrieb anzubringen.

§ 49
Verzeichnisse der Jugendlichen

Arbeitgeber haben Verzeichnisse der bei ihnen beschäftigten Jugendlichen unter Angabe des Vor- und Familiennamens, des Geburtsdatums und der Wohnanschrift zu führen, in denen das Datum des Beginns der Beschäftigung bei ihnen, bei einer Beschäftigung unter Tage auch das Datum des Beginns dieser Beschäftigung, enthalten ist.

§ 50
Auskunft, Vorlage der Verzeichnisse

(1) Der Arbeitgeber ist verpflichtet, der Aufsichtsbehörde auf Verlangen
1. die zur Erfüllung ihrer Aufgaben erforderlichen Angaben wahrheitsgemäß und vollständig zu machen,
2. die Verzeichnisse gemäß § 49, die Unterlagen, aus denen Name, Beschäftigungsart und -zeiten der Jugendlichen sowie Lohn- und Gehaltszahlungen ersichtlich sind, und alle sonstigen Unterlagen, die sich auf die nach Nummer 1 zu machenden Angaben beziehen, zur Einsicht vorzulegen oder einzusenden.
(2) Die Verzeichnisse und Unterlagen sind mindestens bis zum Ablauf von zwei Jahren nach der letzten Eintragung aufzubewahren.

Zweiter Titel
Aufsicht

§ 51
Aufsichtsbehörde, Besichtigungsrechte und Berichtspflicht

(1) Die Aufsicht über die Ausführung dieses Gesetzes und der auf Grund dieses Gesetzes erlassenen Rechtsverordnungen obliegt der nach Landesrecht zuständigen Behörde (Aufsichtsbehörde). Die Landesregierung kann durch Rechtsverordnung die Aufsicht über die Ausführung dieser Vorschriften in Familienhaushalten auf gelegentliche Prüfungen beschränken.

(2) Die Beauftragten der Aufsichtsbehörde sind berechtigt, die Arbeitsstätten während der üblichen Betriebs- und Arbeitszeit zu betreten und zu besichtigen; außerhalb dieser Zeit oder wenn sich die Arbeitsstätten in einer Wohnung befinden, dürfen sie nur zur Verhütung von dringenden Gefahren für die öffentliche Sicherheit und Ordnung betreten und besichtigt werden. Der Arbeitgeber hat das Betreten und Besichtigen der Arbeitsstätten zu gestatten. Das Grundrecht der Unverletzlichkeit der Wohnung (Artikel 13 des Grundgesetzes) wird insoweit eingeschränkt.

(3) Die Aufsichtsbehörden haben im Rahmen der Jahresberichte nach § 139b Abs. 3 der Gewerbeordnung über ihre Aufsichtstätigkeit gemäß Absatz 1 zu berichten.

§ 52
(weggefallen)

§ 53
Mitteilung über Verstöße

Die Aufsichtsbehörde teilt schwerwiegende Verstöße gegen die Vorschriften dieses Gesetzes oder gegen die auf Grund dieses Gesetzes erlassenen Rechtsverordnungen der nach dem Berufsbildungsgesetz oder der Handwerksordnung zuständigen Stelle mit. Die zuständige Agentur für Arbeit erhält eine Durchschrift dieser Mitteilung.

§ 54
Ausnahmebewilligungen

(1) Ausnahmen, die die Aufsichtsbehörde nach diesem Gesetz oder den auf Grund dieses Gesetzes erlassenen Rechtsverordnungen bewilligen kann, sind zu befristen. Die Ausnahmebewilligungen können

1. mit einer Bedingung erlassen werden,
2. mit einer Auflage oder mit einem Vorbehalt der nachträglichen Aufnahme, Änderung oder Ergänzung einer Auflage verbunden werden und
3. jederzeit widerrufen werden.

(2) Ausnahmen können nur für einzelne Beschäftigte, einzelne Betriebe oder einzelne Teile des Betriebs bewilligt werden.

(3) Ist eine Ausnahme für einen Betrieb oder einen Teil des Betriebs bewilligt worden, so hat der Arbeitgeber hierüber an geeigneter Stelle im Betrieb einen Aushang anzubringen.

Dritter Titel
Ausschüsse für Jugendarbeitsschutz

§ 55
Bildung des Landesausschusses für Jugendarbeitsschutz

(1) Bei der von der Landesregierung bestimmten obersten Landesbehörde kann ein Landesausschuss für Jugendarbeitsschutz gebildet werden.

(2) Dem Landesausschuß gehören als Mitglieder an:
1. je sechs Vertreter der Arbeitgeber und der Arbeitnehmer,
2. ein Vertreter des Landesjugendrings,
3. ein von der Bundesagentur für Arbeit benannter Vertreter und je ein Vertreter des Landesjugendamts, der für das Gesundheitswesen zuständigen obersten Landesbehörde und der für die berufsbildenden Schulen zuständigen obersten Landesbehörde und
4. ein Arzt.

(3) Die Mitglieder des Landesausschusses werden von der von der Landesregierung bestimmten obersten Landesbehörde berufen, die Vertreter der Arbeitgeber und Arbeitnehmer auf Vorschlag der auf Landesebene bestehenden Arbeitgeberverbände und Gewerkschaften, der Arzt auf Vorschlag der Landesärztekammer, die übrigen Vertreter auf Vorschlag der in Absatz 2 Nr. 2 und 3 genannten Stellen.

(4) Die Tätigkeit im Landesausschuß ist ehrenamtlich. Für bare Auslagen und für Entgeltausfall ist, soweit eine Entschädigung nicht von anderer Seite gewährt wird, eine angemessene Entschädigung zu zahlen, deren Höhe nach Landesrecht oder von der von der Landesregierung bestimmten obersten Landesbehörde festgesetzt wird.

(5) Die Mitglieder können nach Anhören der an ihrer Berufung beteiligten Stellen aus wichtigem Grund abberufen werden.

(6) Die Mitglieder haben Stellvertreter. Die Absätze 2 bis 5 gelten für die Stellvertreter entsprechend.

(7) Der Landesausschuß wählt aus seiner Mitte einen Vorsitzenden und dessen Stellvertreter. Der Vorsitzende und sein Stellvertreter sollen nicht derselben Mitgliedergruppe angehören.

(8) Der Landesausschuß gibt sich eine Geschäftsordnung. Die Geschäftsordnung kann die Bildung von Unterausschüssen vorsehen und bestimmen, daß ihnen ausnahmsweise nicht nur Mitglieder des Landesausschusses angehören. Absatz 4 Satz 2 gilt für die Unterausschüsse hinsichtlich der Entschädigung entsprechend. An den Sitzungen des Landesausschusses und der Unterausschüsse können Vertreter der beteiligten obersten Landesbehörden teilnehmen.

§ 56
Bildung des Ausschusses für Jugendarbeitsschutz bei der Aufsichtsbehörde

(1) Bei der Aufsichtsbehörde kann ein Ausschuss für Jugendarbeitsschutz gebildet werden. In Städten, in denen mehrere Aufsichtsbehörden ihren Sitz haben, kann ein gemeinsamer Ausschuss für Jugendarbeitsschutz gebildet werden. In Ländern, in denen nicht mehr als zwei Aufsichtsbehörden eingerichtet sind, kann der Landesausschuss für Jugendarbeitsschutz die Aufgaben dieses Ausschusses übernehmen.

(2) Dem Ausschuß gehören als Mitglieder an:

1. je sechs Vertreter der Arbeitgeber und der Arbeitnehmer,
2. ein Vertreter des im Bezirk der Aufsichtsbehörde wirkenden Jugendrings,
3. je ein Vertreter eines Arbeits-, Jugend- und Gesundheitsamts,
4. ein Arzt und ein Lehrer an einer berufsbildenden Schule.

(3) Die Mitglieder des Jugendarbeitsschutzausschusses werden von der Aufsichtsbehörde berufen, die Vertreter der Arbeitgeber und Arbeitnehmer auf Vorschlag der im Aufsichtsbezirk bestehenden Arbeitgeberverbände und Gewerkschaften, der Arzt auf Vorschlag der Ärztekammer, der Lehrer auf Vorschlag der nach Landesrecht zuständigen Behörde, die übrigen Vertreter auf Vorschlag der in Absatz 2 Nr. 2 und 3 genannten Stellen. § 55 Abs. 4 bis 8 gilt mit der Maßgabe entsprechend, daß die Entschädigung von der Aufsichtsbehörde mit Genehmigung der von der Landesregierung bestimmten obersten Landesbehörde festgesetzt wird.

§ 57
Aufgaben der Ausschüsse

(1) Der Landesausschuß berät die oberste Landesbehörde in allen allgemeinen Angelegenheiten des Jugendarbeitsschutzes und macht Vorschläge für die Durchführung dieses Gesetzes. Er klärt über Inhalt und Ziel des Jugendarbeitsschutzes auf.

(2) Die oberste Landesbehörde beteiligt den Landesausschuß in Angelegenheiten von besonderer Bedeutung, insbesondere vor Erlaß von Rechtsvorschriften zur Durchführung dieses Gesetzes.

(3) Der Landesausschuß hat über seine Tätigkeit im Zusammenhang mit dem Bericht der Aufsichtsbehörden nach § 51 Abs. 3 zu berichten.

(4) Der Ausschuß für Jugendarbeitsschutz bei der Aufsichtsbehörde berät diese in allen allgemeinen Angelegenheiten des Jugendarbeitsschutzes und macht dem Landesausschuß Vorschläge für die Durchführung dieses Gesetzes. Er klärt über Inhalt und Ziel des Jugendarbeitsschutzes auf.

Fünfter Abschnitt
Straf- und Bußgeldvorschriften

§ 58
Bußgeld- und Strafvorschriften

(1) Ordnungswidrig handelt, wer als Arbeitgeber vorsätzlich oder fahrlässig
1. entgegen § 5 Abs. 1, auch in Verbindung mit § 2 Abs. 3, ein Kind oder einen Jugendlichen, der der Vollzeitschulpflicht unterliegt, beschäftigt,
2. entgegen § 5 Abs. 3 Satz 1 oder Satz 3, jeweils auch in Verbindung mit § 2 Abs. 3, ein Kind über 13 Jahre oder einen Jugendlichen, der der Vollzeitschulpflicht unterliegt, in anderer als der zugelassenen Weise beschäftigt,
3. (weggefallen)
4. entgegen § 7 Satz 1 Nr. 2, auch in Verbindung mit einer Rechtsverordnung nach § 26 Nr. 1, ein Kind, das der Vollzeitschulpflicht nicht mehr unterliegt, in anderer als der zugelassenen Weise beschäftigt,
5. entgegen § 8 einen Jugendlichen über die zulässige Dauer der Arbeitszeit hinaus beschäftigt,
6. entgegen § 9 Absatz 1 einen Jugendlichen beschäftigt oder nicht freistellt,
7. entgegen § 10 Abs. 1 einen Jugendlichen für die Teilnahme an Prüfungen oder Ausbildungsmaßnahmen oder an dem Arbeitstag, der der schriftlichen Abschlußprüfung unmittelbar vorangeht, nicht freistellt,
8. entgegen § 11 Abs. 1 oder 2 Ruhepausen nicht, nicht mit der vorgeschriebenen Mindestdauer oder nicht in der vorgeschriebenen zeitlichen Lage gewährt,
9. entgegen § 12 einen Jugendlichen über die zulässige Schichtzeit hinaus beschäftigt,
10.entgegen § 13 die Mindestfreizeit nicht gewährt,
11.entgegen § 14 Abs. 1 einen Jugendlichen außerhalb der Zeit von 6 bis 20 Uhr oder entgegen § 14 Abs. 7 Satz 3 vor Ablauf der Mindestfreizeit beschäftigt,

12. entgegen § 15 einen Jugendlichen an mehr als fünf Tagen in der Woche beschäftigt,
13. entgegen § 16 Abs. 1 einen Jugendlichen an Samstagen beschäftigt oder entgegen § 16 Abs. 3 Satz 1 den Jugendlichen nicht freistellt,
14. entgegen § 17 Abs. 1 einen Jugendlichen an Sonntagen beschäftigt oder entgegen § 17 Abs. 2 Satz 2 Halbsatz 2 oder Abs. 3 Satz 1 den Jugendlichen nicht freistellt,
15. entgegen § 18 Abs. 1 einen Jugendlichen am 24. oder 31. Dezember nach 14 Uhr oder an gesetzlichen Feiertagen beschäftigt oder entgegen § 18 Abs. 3 nicht freistellt,
16. entgegen § 19 Abs. 1, auch in Verbindung mit Abs. 2 Satz 1 oder 2, oder entgegen § 19 Abs. 3 Satz 2 oder Abs. 4 Satz 2 Urlaub nicht oder nicht mit der vorgeschriebenen Dauer gewährt,
17. entgegen § 21 Abs. 2 die geleistete Mehrarbeit durch Verkürzung der Arbeitszeit nicht ausgleicht,
18. entgegen § 22 Abs. 1, auch in Verbindung mit einer Rechtsverordnung nach § 26 Nr. 1, einen Jugendlichen mit den dort genannten Arbeiten beschäftigt,
19. entgegen § 23 Abs. 1, auch in Verbindung mit einer Rechtsverordnung nach § 26 Nr. 1, einen Jugendlichen mit Arbeiten mit Lohnanreiz, in einer Arbeitsgruppe mit Erwachsenen, deren Entgelt vom Ergebnis ihrer Arbeit abhängt, oder mit tempoabhängigen Arbeiten beschäftigt,
20. entgegen § 24 Abs. 1, auch in Verbindung mit einer Rechtsverordnung nach § 26 Nr. 1, einen Jugendlichen mit Arbeiten unter Tage beschäftigt,
21. entgegen § 31 Abs. 2 Satz 2 einem Jugendlichen ein dort genanntes Getränk, Tabakwaren oder ein dort genanntes Erzeugnis gibt,
22. entgegen § 32 Abs. 1 einen Jugendlichen ohne ärztliche Bescheinigung über die Erstuntersuchung beschäftigt,
23. entgegen § 33 Abs. 3 einen Jugendlichen ohne ärztliche Bescheinigung über die erste Nachuntersuchung weiterbeschäftigt,
24. entgegen § 36 einen Jugendlichen ohne Vorlage der erforderlichen ärztlichen Bescheinigungen beschäftigt,
25. entgegen § 40 Abs. 1 einen Jugendlichen mit Arbeiten beschäftigt, durch deren Ausführung der Arzt nach der von ihm erteilten Bescheinigung die Gesundheit oder die Entwicklung des Jugendlichen für gefährdet hält,
26. einer Rechtsverordnung nach
    a) § 26 Nr. 2 oder
    b) § 28 Abs. 2
    zuwiderhandelt, soweit sie für einen bestimmten Tatbestand auf diese Bußgeldvorschrift verweist,
27. einer vollziehbaren Anordnung der Aufsichtsbehörde nach § 6 Abs. 3, § 27 Abs. 1 Satz 2 oder Abs. 2, § 28 Abs. 3 oder § 30 Abs. 2 zuwiderhandelt,

28. einer vollziehbaren Auflage der Aufsichtsbehörde nach § 6 Abs. 1, § 14 Abs. 7, § 27 Abs. 3 oder § 40 Abs. 2, jeweils in Verbindung mit § 54 Abs. 1, zuwiderhandelt,

29. einer vollziehbaren Anordnung oder Auflage der Aufsichtsbehörde auf Grund einer Rechtsverordnung nach § 26 Nr. 2 oder § 28 Abs. 2 zuwiderhandelt, soweit die Rechtsverordnung für einen bestimmten Tatbestand auf die Bußgeldvorschrift verweist.

(2) Ordnungswidrig handelt, wer vorsätzlich oder fahrlässig entgegen § 25 Abs. 1 Satz 1 oder Abs. 2 Satz 1 einen Jugendlichen beschäftigt, beaufsichtigt, anweist oder ausbildet, obwohl ihm dies verboten ist, oder einen anderen, dem dies verboten ist, mit der Beaufsichtigung, Anweisung oder Ausbildung eines Jugendlichen beauftragt.

(3) Absatz 1 Nr. 4, 6 bis 29 und Absatz 2 gelten auch für die Beschäftigung von Kindern (§ 2 Abs. 1) oder Jugendlichen, die der Vollzeitschulpflicht unterliegen (§ 2 Abs. 3), nach § 5 Abs. 2 Absatz 1 Nr. 6 bis 29 und Absatz 2 gelten auch für die Beschäftigung von Kindern, die der Vollzeitschulpflicht nicht mehr unterliegen, nach § 7.

(4) Die Ordnungswidrigkeit kann mit einer Geldbuße bis zu Dreißigtausend Euro geahndet werden.

(5) Wer vorsätzlich eine in Absatz 1, 2 oder 3 bezeichnete Handlung begeht und dadurch ein Kind, einen Jugendlichen oder im Fall des Absatzes 1 Nr. 6 eine Person, die noch nicht 21 Jahre alt ist, in ihrer Gesundheit oder Arbeitskraft gefährdet, wird mit Freiheitsstrafe bis zu einem Jahr oder mit Geldstrafe bestraft. Ebenso wird bestraft, wer eine in Absatz 1, 2 oder 3 bezeichnete Handlung beharrlich wiederholt.

(6) Wer in den Fällen des Absatzes 5 Satz 1 die Gefahr fahrlässig verursacht, wird mit Freiheitsstrafe bis zu sechs Monaten oder mit Geldstrafe bis zu einhundertachtzig Tagessätzen bestraft.

§ 59
Bußgeldvorschriften

(2) Ordnungswidrig handelt, wer als Arbeitgeber vorsätzlich oder fahrlässig

1. entgegen § 6 Abs. 4 Satz 2 ein Kind vor Erhalt des Bewilligungsbescheids beschäftigt,

2. entgegen § 11 Abs. 3 den Aufenthalt in Arbeitsräumen gestattet,

2a. entgegen § 20 Absatz 2 Satz 1 eine Aufzeichnung nicht oder nicht richtig führt,

2b. entgegen § 20 Absatz 2 Satz 3 eine Aufzeichnung nicht oder nicht mindestens zwölf Monate aufbewahrt,

3. entgegen § 29 einen Jugendlichen über Gefahren nicht, nicht richtig oder nicht rechtzeitig unterweist,

4. entgegen § 33 Abs. 2 Satz 1 einen Jugendlichen nicht oder nicht rechtzeitig zur Vorlage einer ärztlichen Bescheinigung auffordert,

5. entgegen § 41 die ärztliche Bescheinigung nicht aufbewahrt, vorlegt, einsendet oder aushändigt,
6. entgegen § 43 Satz 1 einen Jugendlichen für ärztliche Untersuchungen nicht freistellt,
7. entgegen § 47 einen Abdruck des Gesetzes oder die Anschrift der zuständigen Aufsichtsbehörde nicht auslegt oder aushängt,
8. entgegen § 48 Arbeitszeit und Pausen nicht oder nicht in der vorgeschriebenen Weise aushängt,
9. entgegen § 49 ein Verzeichnis nicht oder nicht in der vorgeschriebenen Weise führt,
10. entgegen § 50 Abs. 1 Angaben nicht, nicht richtig oder nicht vollständig macht oder Verzeichnisse oder Unterlagen nicht vorlegt oder einsendet oder entgegen § 50 Abs. 2 Verzeichnisse oder Unterlagen nicht oder nicht vorschriftsmäßig aufbewahrt,
11. entgegen § 51 Abs. 2 Satz 2 das Betreten oder Besichtigen der Arbeitsstätten nicht gestattet,
12. entgegen § 54 Abs. 3 einen Aushang nicht anbringt.

(2) Absatz 1 Nr. 2 bis 6 gilt auch für die Beschäftigung von Kindern (§ 2 Abs. 1 und 3) nach § 5 Abs. 2 Satz 1.

(3) Die Ordnungswidrigkeit kann mit einer Geldbuße bis zu fünftausend Euro geahndet werden.

§ 60
Verwaltungsvorschriften für die Verfolgung und Ahndung von Ordnungswidrigkeiten

Der Bundesminister für Arbeit und Sozialordnung kann mit Zustimmung des Bundesrates allgemeine Verwaltungsvorschriften für die Verfolgung und Ahndung von Ordnungswidrigkeiten nach §§ 58 und 59 durch die Verwaltungsbehörde (§ 35 des Gesetzes über Ordnungswidrigkeiten) und über die Erteilung einer Verwarnung (§§ 56, 58 Abs. 2 des Gesetzes über Ordnungswidrigkeiten) wegen einer Ordnungswidrigkeit nach §§ 58 und 59 erlassen.

Sechster Abschnitt
Schlussvorschriften

§ 61
Beschäftigung von Jugendlichen auf Kauffahrteischiffen

Für die Beschäftigung von Jugendlichen als Besatzungsmitglieder auf Kauffahrteischiffen im Sinne des § 3 des Seearbeitsgesetzes gilt anstelle dieses Gesetzes das Seearbeitsgesetz.

§ 62
Beschäftigung im Vollzug einer Freiheitsentziehung

(1) Die Vorschriften dieses Gesetzes gelten für die Beschäftigung Jugendlicher (§ 2 Abs. 2) im Vollzug einer gerichtlich angeordneten Freiheitsentziehung entsprechend, soweit es sich nicht nur um gelegentliche, geringfügige Hilfeleistungen handelt und soweit in den Absätzen 2 bis 4 nichts anderes bestimmt ist.

(2) Im Vollzug einer gerichtlich angeordneten Freiheitsentziehung finden § 19, §§ 47 bis 50 keine Anwendung.

(3) Die §§ 13, 14, 15, 16, 17 und 18 Abs. 1 und 2 gelten im Vollzug einer gerichtlich angeordneten Freiheitsentziehung nicht für die Beschäftigung jugendlicher Anstaltsinsassen mit der Zubereitung und Ausgabe der Anstaltsverpflegung.

(4) § 18 Abs. 1 und 2 gilt nicht für die Beschäftigung jugendlicher Anstaltsinsassen in landwirtschaftlichen Betrieben der Vollzugsanstalten mit Arbeiten, die auch an Sonn- und Feiertagen naturnotwendig vorgenommen werden müssen.

§§ 63 – 70
(Änderung von Gesetzen und Verordnungen)
(hier nicht abgedruckt)

§ 71
(aufgehoben)

§ 72
Inkrafttreten
(hier nicht abgedruckt)

Buchanzeigen

Lutz Völker

Arbeits- und Sozialversicherungsrecht kompakt

Das Arbeitsrecht ist ein sehr dynamisches, komplexes und manchmal schwer zu durchschauendes Rechtsgebiet. Für alle mit Fragen des Arbeitsrechts befassten Personen ist es daher unverzichtbar, ein fundiertes arbeitsrechtliches Grundwissen zu besitzen. Das vorliegende Buch will dazu einen Beitrag leisten, indem es einen kompakten Überblick über das Arbeits- und Sozialversicherungsrecht mit dem Stand von Rechtsprechung und Gesetzgebung bis Anfang 2023 gibt. Alle wesentlichen Teilgebiete des Arbeitsrechts werden unter Berücksichtigung der Rechtsprechung des Bundesarbeitsgerichts dargestellt.

Zielgruppen sind Studenten der Wirtschafts- und Sozialwissenschaften mit personalwirtschaftlichem Schwerpunkt, Teilnehmer von IHK-Lehrgängen zum „Geprüften Personalfachkaufmann" und zum „Geprüften Betriebswirt", sowie Personalverantwortliche in Betrieben.

Nach einer kurzen Darstellung der Grundbegriffe und Rechtsgrundlagen des Arbeitsrechts wird zunächst das Arbeitsvertragsrecht von der Begründung bis zur Beendigung des Arbeitsvertrags dargestellt. Anschließend wird das Arbeitsschutzrecht in Grundzügen behandelt. Der folgende Abschnitt befasst sich mit dem kollektiven Arbeitsrecht, es werden das Betriebsverfassungs-, Mitbestimmungs-, Tarifvertragsrecht sowie das Koalitions- und Arbeitskampfrecht betrachtet. Abschließend wird nach einem Überblick des arbeitsgerichtlichen Verfahrens das Sozialversicherungsrecht in Grundzügen dargestellt.

13. Auflage 2023
Books on Demand GmbH, Norderstedt

ISBN 978-3-7519-1708-7

€ 14,99